财务会计"云"系列智慧型教材

# 基础会计与实务

主　编　陈建萍　纪莉娅
副主编　孙俊科　程仲鸣

电子工业出版社
Publishing House of Electronics Industry
北京·BEIJING

## 内 容 简 介

本书兼具理论性和实务性，主要分为三部分：第一部分是会计入门基础知识和基本理论；第二部分是会计核算基本技能、会计核算方法理论体系与实务，按照会计核算工作的流程设计内容，从凭证到账簿再到报表，将教、学、做一体化贯穿全过程，突出仿真性、实用性和互动性；第三部分是综合实训，单独附册，可供裁剪，方便教师教学和学生手工实操。此外，通过第 11 章简单介绍大数据会计基础，启引学生对数智财务的学习。

本书第 1～10 章均设有学习目标、内容导图、思政元素、导入案例、中英文的关键术语、即测即评、思考题和职业能力训练。本书提供教学大纲、教学课件、习题答案等配套资源，用书教师可在华信教育资源网（www.hxedu.com.cn）免费下载。

本书既可以作为高等院校财经类专业和其他商科类专业的教材，也可以作为零基础的初学者和会计从业者的参考书。

未经许可，不得以任何方式复制或抄袭本书之部分或全部内容。
版权所有，侵权必究。

**图书在版编目（CIP）数据**

基础会计与实务 / 陈建萍，纪莉娅主编 . —北京：电子工业出版社，2024.5
ISBN 978-7-121-47814-7

Ⅰ．①基… Ⅱ．①陈… ②纪… Ⅲ．①会计学 Ⅳ．① F230

中国国家版本馆 CIP 数据核字（2024）第 089707 号

责任编辑：张云怡　　文字编辑：张　彬
印　　刷：三河市良远印务有限公司
装　　订：三河市良远印务有限公司
出版发行：电子工业出版社
　　　　　北京市海淀区万寿路 173 信箱　邮编　100036
开　　本：787×1 092　1/16　印张：12.75　字数：512 千字　黑插：58
版　　次：2024 年 5 月第 1 版
印　　次：2024 年 5 月第 1 次印刷
定　　价：59.80 元

凡所购买电子工业出版社图书有缺损问题，请向购买书店调换。若书店售缺，请与本社发行部联系，联系及邮购电话：（010）88254888，88258888。
质量投诉请发邮件至 zlts@phei.com.cn，盗版侵权举报请发邮件至 dbqq@phei.com.cn。
本书咨询联系方式：（010）88254573，zyy@phei.com.cn。

# 前言

随着经济与科技的发展，数智化背景下出现了新的盈利模式和业务流程，会计核算也在不断地更新和创新。时代和技术的变迁对会计人才的职业素养和职业能力提出了更高的要求。会计人才在基础知识入门阶段建立优良的职业道德素养和扎实的专业基础能力显得更加重要。基于上述认识，结合基础性、系统性、实务性和必要的前瞻性，我们编写了本书。本书内容与时俱进，系统吸收新的财税法规政策，反映新的会计理论知识、会计改革的新动态及数智化环境下的会计新发展，体现政策性、时效性和规范性。

本书特色如下。

（1）融理论知识于丰富的图文和案例中。本书对基本原理和会计核算的阐述注重揭示本质，在内容安排上按照业务循环谋篇布局；按照企业筹集资金、购买生产必需资料和设备、生产、销售、利润形成与分配这样的业务循环安排章节内容；通篇结合大量的案例进行解析，内容设计以图释文，图文并茂，力求通俗易懂，强化交互学习效果；力求激发读者的求知欲，提高其自学能力、分析和解决问题的能力及综合运用知识的能力。

（2）融专业教育与素质教育于一体。本书在内容体系中融入课程思政的要求，每章都安排了思政元素，并将其融入教学内容，有助于读者拓宽视野，增强人文精神和职业素养。

（3）融数智化背景下业财融合的思维引导。会计是对经济业务的"如实反映"，本书基于业财融合的理念设计篇章结构和会计核算的逻辑框架。通过深入分析经济业务，运用基本原理推导相关会计科目的核算框架，逐步引导读者建立业务导向的会计核算推导流程，帮助其通过会计处理看懂真实的业务，学会举一反三；理解数智化背景下企业经济活动引起的资金运动的本质和影响，掌握"万变不离其宗"的会计核心基础知识。

（4）融理论知识、模拟实训和学习指导于一体。本书第1～10章开头均设有本章的学习目标和内容导图，梳理出清晰的内容结构，便于读者按类掌握和归纳学习。每章均设有导入案例，希望在增加读者学习兴趣的同时能够帮助读者拓展知识面。另外，每章最后均附有同步练习，以便读者及时检测学习效果，更好地理解并掌握重难点内容。

（5）设置教、学、做一体化训练。本书专门设置了综合实训，单独附册，最大限度地体现实用性，帮助读者掌握会计理论和实操。附册提供模拟实训所需的会计资料，可供读者实操时裁剪使用。

（6）整理中英文对照的关键术语，帮助读者梳理本章重点专业知识，为其开拓国际视野打下基础。

本书既可以作为高等院校财经类专业和其他商科类专业的教材，也可以作为零基础的初学者和会计从业者的参考书。本书既适用于课堂和实验教学，也适用于自学者学习。

本书是教育部产学合作协同育人项目（课题编号：231000512261609）的重要成果，

由陈建萍和纪莉娅任主编,孙俊科和程仲鸣任副主编。第1、2、3、5、7、8、10章及综合实训由陈建萍编写,第6、11章由纪莉娅编写,第4、9章由孙俊科编写。程仲鸣教授负责组织策划全书的内容结构和审定相关案例。本书配套资料由陈建萍和纪莉娅负责。全书由陈建萍负责总纂和定稿。本书在编写过程中得到了金蝶精一信息科技服务有限公司的大力支持,在此深表谢意!

由于编者自身的局限性,书中难免存在疏漏或不足之处,欢迎广大读者批评指正,以便对本书作进一步的修改、补充和完善。服务邮箱:603523937@qq.com。

编 者

# 目录

## 第1章 总论 ............................................................. 1

### 1.1 **会计的发展史和发展动因** ............................................. 3
- 1.1.1 古代会计 ............................................. 3
- 1.1.2 近代会计 ............................................. 3
- 1.1.3 现代会计 ............................................. 4
- 1.1.4 财会数智化发展 ............................................. 5
- 1.1.5 会计发展的动因 ............................................. 6

### 1.2 **会计的定义与职能** ............................................. 6
- 1.2.1 会计的定义 ............................................. 6
- 1.2.2 会计的职能 ............................................. 7

### 1.3 **会计的核算方法** ............................................. 7

## 第2章 会计核算基础 ............................................. 10

### 2.1 **会计对象** ............................................. 12

### 2.2 **会计假设** ............................................. 13
- 2.2.1 会计主体假设——界定会计核算的空间范围 ............................................. 13
- 2.2.2 持续经营假设——界定会计核算的时间范围 ............................................. 14
- 2.2.3 会计分期假设——界定分期结算的时间范围 ............................................. 15
- 2.2.4 货币计量假设——界定会计核算的统一度量单位 ............................................. 15

### 2.3 **核算基础** ............................................. 16
- 2.3.1 权责发生制 ............................................. 16
- 2.3.2 收付实现制 ............................................. 16
- 2.3.3 权责发生制和收付实现制的应用比较 ............................................. 16

### 2.4 **会计信息质量要求** ............................................. 17

## 第3章 会计要素与会计等式 ............................................. 23

### 3.1 **会计要素** ............................................. 24

V

........... 3.1.1 资产 ........... 25
........... 3.1.2 负债 ........... 26
........... 3.1.3 所有者权益 ........... 27
........... 3.1.4 收入 ........... 29
........... 3.1.5 费用 ........... 30
........... 3.1.6 利润 ........... 31
3.2 **会计等式** ........... 31
........... 3.2.1 会计等式的含义 ........... 31
........... 3.2.2 会计等式的种类 ........... 32
3.3 **会计确认和计量** ........... 34
........... 3.3.1 会计确认 ........... 34
........... 3.3.2 会计计量 ........... 35
........... 3.3.3 会计计量属性 ........... 35
........... 3.3.4 会计确认和计量的要求 ........... 36

## 第 4 章 账户设置 ........... 41

4.1 **会计记录方法** ........... 43
4.2 **会计科目** ........... 43
........... 4.2.1 会计科目的定义 ........... 43
........... 4.2.2 设置会计科目的意义 ........... 44
........... 4.2.3 设置会计科目的原则 ........... 44
........... 4.2.4 会计科目的分类 ........... 44
4.3 **账户** ........... 46
........... 4.3.1 账户的定义与基本格式 ........... 46
........... 4.3.2 账户和会计科目的联系与区别 ........... 48
........... 4.3.3 账户的分类与设置 ........... 48

## 第 5 章 复式记账 ........... 51

5.1 **会计记账法** ........... 54
........... 5.1.1 单式记账法 ........... 54
........... 5.1.2 复式记账法 ........... 54
5.2 **借贷记账法** ........... 54
........... 5.2.1 记账符号 ........... 55
........... 5.2.2 账户结构 ........... 55
........... 5.2.3 记账规则 ........... 55

## 5.3 会计分录 ··· 58
### 5.3.1 会计分录的定义与编制 ··· 59
### 5.3.2 会计分录的书写要求 ··· 60
## 5.4 试算平衡 ··· 60
### 5.4.1 发生额试算平衡 ··· 60
### 5.4.2 余额试算平衡 ··· 60
## 5.5 账户的平行登记 ··· 62

# 第 6 章 会计凭证 ··· 67

## 6.1 会计核算过程 ··· 69
## 6.2 会计凭证概述 ··· 69
### 6.2.1 会计凭证的概念与种类 ··· 69
### 6.2.2 会计凭证的作用 ··· 70
## 6.3 原始凭证 ··· 70
### 6.3.1 原始凭证的种类 ··· 70
### 6.3.2 原始凭证的基本内容与填制 ··· 72
### 6.3.3 原始凭证的审核 ··· 74
## 6.4 记账凭证 ··· 75
### 6.4.1 记账凭证的种类 ··· 75
### 6.4.2 记账凭证的填制要求与审核 ··· 78
## 6.5 会计凭证的传递与保管 ··· 80

# 第 7 章 会计账簿 ··· 86

## 7.1 账簿的含义与作用 ··· 88
## 7.2 账簿的种类与格式 ··· 88
## 7.3 账簿的登记规则 ··· 92
## 7.4 对账 ··· 95
### 7.4.1 对账的定义 ··· 95
### 7.4.2 对账的内容 ··· 95
## 7.5 错账的更正 ··· 96
### 7.5.1 错账的类型 ··· 96
### 7.5.2 错账的更正方法 ··· 97
## 7.6 结账 ··· 99
### 7.6.1 结账的定义 ··· 99

                7.6.2　结账的内容 …………………………………………………………… 99
                7.6.3　结账的方法 …………………………………………………………… 99
        7.7　**账簿的更换与保管** …………………………………………………………… 100
                7.7.1　账簿的更换 …………………………………………………………… 100
                7.7.2　账簿的保管 …………………………………………………………… 101

## 第8章　企业主要经济业务的核算 …………………………………………………… 106

        8.1　**筹资业务的核算** ……………………………………………………………… 108
                8.1.1　权益性筹资业务 ………………………………………………………… 108
                8.1.2　债务性筹资业务 ………………………………………………………… 112
        8.2　**采购业务的核算** ……………………………………………………………… 115
                8.2.1　材料采购业务 …………………………………………………………… 116
                8.2.2　固定资产业务 …………………………………………………………… 120
        8.3　**生产业务的核算** ……………………………………………………………… 125
                8.3.1　生产业务概述 …………………………………………………………… 125
                8.3.2　设置的主要账户 ………………………………………………………… 126
                8.3.3　生产业务的账务处理 …………………………………………………… 127
        8.4　**销售业务的核算** ……………………………………………………………… 131
                8.4.1　销售业务概述 …………………………………………………………… 131
                8.4.2　设置的主要账户 ………………………………………………………… 132
                8.4.3　销售业务的账务处理 …………………………………………………… 133
        8.5　**利润形成与分配的核算** ……………………………………………………… 139
                8.5.1　利润概述 ………………………………………………………………… 139
                8.5.2　营业利润 ………………………………………………………………… 139
                8.5.3　营业外收支 ……………………………………………………………… 141
                8.5.4　利润总额 ………………………………………………………………… 141
                8.5.5　所得税费用 ……………………………………………………………… 142
                8.5.6　净利润 …………………………………………………………………… 144
                8.5.7　利润分配 ………………………………………………………………… 144

## 第9章　财产清查 ………………………………………………………………………… 157

        9.1　**财产清查的概念与意义** ……………………………………………………… 159
        9.2　**财产清查的种类** ……………………………………………………………… 159
        9.3　**财产清查的内容与方法** ……………………………………………………… 160
                9.3.1　货币资金的清查 ………………………………………………………… 160

9.3.2　实物资产的清查 ································· 162
　　　9.3.3　债权债务的清查 ································· 163
9.4　**财产清查结果的账务处理** ································· 164
　　　9.4.1　货币资金和实物资产清查结果的处理 ················ 164
　　　9.4.2　往来款项清查结果的处理 ························ 166

# 第 10 章　财务报告 ································· 171

10.1　**财务报告概述** ································· 173
10.2　**资产负债表** ································· 174
　　　10.2.1　资产负债表的定义 ································· 174
　　　10.2.2　资产负债表的基本列示格式与基本内容 ················ 174
　　　10.2.3　资产负债表的编制 ································· 175
10.3　**利润表** ································· 180
　　　10.3.1　利润表的定义与格式 ································· 180
　　　10.3.2　利润表的编制 ································· 180

# 第 11 章　大数据会计基础 ································· 187

11.1　**大数据与数据分析** ································· 189
11.2　**大数据对会计行业的影响** ································· 189
　　　11.2.1　大数据在会计领域的应用 ································· 190
　　　11.2.2　大数据对财会人员的要求 ································· 190
11.3　**大数据会计分析** ································· 191
　　　11.3.1　提出商业问题，分析目标需求 ························ 191
　　　11.3.2　采集与处理会计数据 ································· 191
　　　11.3.3　分析与应用会计数据 ································· 192

# 第 1 章

# 总　论

## 学习目标

1. 理解：会计的发展史和发展动因
2. 掌握：会计的定义与职能
3. 理解：会计的核算方法

## 内容导图

以史为镜。本章以会计的发展史为主线，首先介绍会计的变迁与发展动因，引导读者掌握会计的定义与目标，了解会计在新时代背景下的发展，明悉会计的职能，然后简单介绍会计的核算方法。

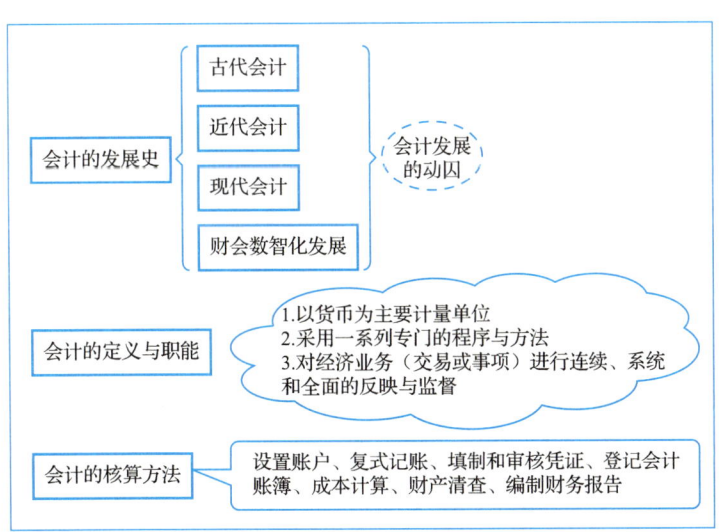

## 思政元素

坚定文化自信。会计法律法规体系的建立与完善,尤其是数智化时代的"数据资产入表",是国家财政落实国家大政方针的具体体现,服务于实现中华民族伟大复兴。

## 导入案例

### "会计当而已矣"——中国会计的文明史

"会计"一词最早出现于西周时期。西周的《周礼·天官》载有"月计岁会"("零星算之为计,总合算之为会")和"参互、月要、岁会"(分别相当于现在会计的旬报、月报和年报)。

据《孟子》记载,"孔子尝为委吏矣,曰:'会计当而已矣'"。"会计当而已矣",这句话不是指孔子说自己只是个当会计的而已。"当"字是个多音字,在这里,应该读为dàng,意思是恰当、合适。孔子把会计工作的精髓归结于"当",是指会计工作要处理得当。

秦始皇统一中国后,出现了"籍书"(或称"簿书"),这是早期会计账簿的雏形,将"入"和"出"作为记账符号,反映收入与支出事项,普遍运用"入-出=余"的基本结算公式。

西汉王朝从法律上赋予会计工作标准,制订了"上计律",并创立了"上计簿",确立了我国财务会计报告的基本形态。

魏晋南北朝时期,战火不断,社会经济衰退,会计发展的步伐基本停滞。

唐宋时期,中国会计理论与方法进一步推进,创立了四柱结算法,即旧管、新收、开除和实在,通过"旧管+新收-开除=实在"这一平衡式定期清算账目,相当于现在的"期初结存+本期收入-本期支出=期末结存"。

明代的"三脚账"是在中国单式簿记基础上产生的一种不完全的复式记账法。"三脚账"将"来"和"去"作为记账符号,把交易事项划分为现金事项与非现金事项两类,使用不同的记账规则。现金事项为单式记账,记录一笔,即只记录现金的对方,现金一方则略去不记;非现金事项为复式记账,记录两笔,即同时记录来账和去账。

明末清初的龙门账将全部账目划分为"进、缴、存、该"四大类,并在四大类下又分若干项目进行分类、分项核算,采用"进-缴=存-该"的平衡式来计算盈亏(其中,"进"相当于收入、"缴"相当于支出、"存"相当于资产、"该"相当于资本和负债)。龙门账的诞生标志着中国簿记由单式记账向复式记账转变。

清代在龙门账的基础上又出现了"四脚账"。"四脚账"有相当完善的账簿组织,遵循"有来必有去,来去必相等"的记账规则。这种记账法的基本原理已与西方复式记账法大致相当。

正如北宋王安石所说:"一部《周礼》,理财居其半。"可以说,一部人类发展史也是一部人类会计发展史。在人类历史长河中,会计参与治国安邦,在经济管理方面作出了重要的历史贡献。

## 1.1 会计的发展史和发展动因

生产活动的发生是会计产生的前提条件。但只有当人类的生产活动发展到了一定阶段，特别是剩余劳动成果出现时，人们才会关心劳动成果与劳动耗费的比较，关心剩余劳动成果的管理和分配，原始的计量和记录行为才具备了产生的条件。原始的计量和记录行为从严格意义上讲，并不是真正独立的会计工作，因此被称为会计的萌芽阶段，涵盖从旧石器时代中晚期到奴隶社会这一时期。

此后，会计随人类社会经济的发展而发展。

### 1.1.1 古代会计

古代会计是指从奴隶社会后期至封建社会这一时期的会计。古代会计的主要特征是单式记账法。

会计在我国有着悠久的历史。据史料记载，我国早在西周王朝时期就已经建立起严密的财计组织，掌管国家和地方的"百物财用"，设有负责账簿记录的人员。"会计"一词始于这个时期。

进入封建社会后，生产力得到了极大的提高。单式记账法得以沿用，其具体计算技术得到了一定的发展。

古代会计的目标主要是服务于"官厅"对全国土地、人口和财政收支等方面的管理。

### 1.1.2 近代会计

近代会计一般认为产生于 15 世纪，形成的主要标志是复式记账法。

在古代会计发展的后期，开始了对复式簿记的探索。我国唐宋时期创建的"四柱结算法"、明末清初创立的"龙门账"等，都充分体现了复式簿记的基本思想，是世界会计发展史上的辉煌成果。

中世纪（公元 5 世纪后期到公元 15 世纪中期）后，意大利最早出现了资本主义萌芽，商品经济日益活跃。欧洲成为当时的世界经济发展中心，意大利等国的商人创建了流传至今的复式记账法。1494 年，意大利数学家卢卡·帕乔利（Luca Pacioli）从理论和实务两个方面总结了已在民间流行了 200 余年的借贷记账法，并写入其专著《算术、几何、比及比例概要》中，标志着近代会计的开启。随着美洲大陆的发现和东西方贸易的发展，加之各国均建立了其统一的货币制度、用阿拉伯数字替代了罗马数字、纸张被普遍使用等，复式记账法在欧洲乃至全世界迅速传播。

复式记账法的诞生不但是会计记账方法的历史性变革，而且是会计理论体系建立的起源。卢卡·帕乔利在其著作中，不仅系统介绍了会计科目、会计账户和会计账簿等基本知识，以及复式簿记的技术方法，还提出了会计中心论、会计主体、会计分期、会计目的和会计要素等概念。这些早期的财会理论研究的重要成果，为后来的会计理论体系的构建提供了基础框架。为此，复式记账法的诞生被誉为会计发展史上的第一个里程碑，并且直到现在，我们仍然采用复式记账法。

近代会计的目标主要是服务于商人及从事一定经营活动的业主等的经营管理。

### 1.1.3 现代会计

现代会计一般指 20 世纪 30 年代以后的会计。随着社会生产力的大力发展和科学技术的迅猛发展，会计实现了跨越式的发展，发生了一些重大变化，主要体现在以下方面。

（1）管理会计与财务会计的分离。自 20 世纪 50 年代起，随着管理科学的发展，如何利用会计信息分析企业的经营活动、预测企业发展前景、为企业经营决策提供依据等，成了会计研究的重要课题。于是，在传统的财务会计中逐渐分离出一门新兴学科——管理会计。管理会计的主要职责是向企业管理层提供有助于他们进行经营预测和决策的相关信息。

（2）审计基本理论的创立。

（3）会计电算化的产生与应用。电子计算机和互联网在会计上的应用堪称会计发展史上的又一里程碑。

（4）财务会计理论体系的形成与会计准则的国际趋同。

（5）会计目标的重大历史性变化。20 世纪 30 年代，现代经济的发展加速了企业组织形式的变革。随着资本市场的发展，股份公司如雨后春笋般在世界各地涌现。股份公司的两权分离（所有权与经营权分离），要求会计目标既要服务于企业内部经营管理需要，又要服务于外部投资者的投资决策需要。于是学术界关于会计目标持两种观点。一是决策有用观。持这种观点的学者认为，会计目标是向信息使用者提供有助于其决策的有用信息。二是受托责任观。持这种观点的学者认为，因所有权和经营管理权两权分离，受托方应承担有效管理受托资产并使其保值、增值的责任，承担如实报告受托责任履行过程及其结果的义务。

我国现行的《企业会计准则》规定："企业应当编制财务会计报告（又称财务报告）。财务会计报告的目标是向财务会计报告使用者提供与企业财务状况、经营成果和现金流量等有关的会计信息，反映企业管理层受托责任履行情况，有助于财务会计报告使用者作出经济决策。财务会计报告使用者包括投资者、债权人、政府及其有关部门和社会公众等。"

现代企业会计目标如图 1-1 所示。

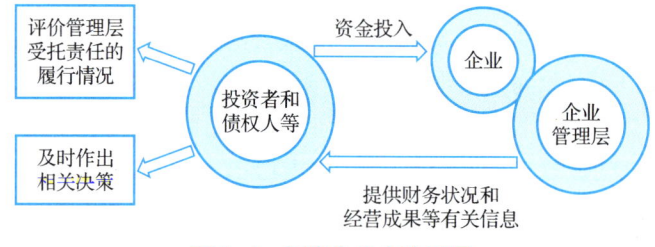

图 1-1 现代企业会计目标

### 两权分离

企业合并是市场经济高度发展的产物，在一定程度上反映了现代社会大规模生产的需要，有利于企业筹集资金、改善经营管理、发挥规模经济效应，提高企业的竞争力。但企业合并导致产生了庞大而强盛的垄断企业，也导致了企业制度的深刻变化。企业合并是企业在其发展历程中的一个必经过程。而正是通过企业合并运动，造就了新的公司形态，如辛迪加、托拉斯、控股公司等公司形态逐渐成了 20 世纪公司形式的主要体现。也正是这种新的公司形态，促生了新的公司管理模式——所有权与管理权相分离模式，从而产生了一个新的学科——管理学，出现了经理人制度。

### 1.1.4 财会数智化发展

计算机技术和互联网不断发展，人工智能、大数据、云计算、区块链、物联网等技术不断成熟，对会计工作模式、会计核算程序、审计方法等产生了前所未有的影响。数智会计（accounting information technology，AIT）是一种将现代信息技术与会计实践相结合的新型会计系统。它利用大数据、云计算、人工智能等技术手段，提高了会计工作的效率和准确性。

**1. 数智会计的特征**

（1）自动化处理。数智会计系统可以自动完成财务数据的收集、整理和分析，有助于减轻财会人员的负担，提高其工作效率。例如，数智会计系统可以自动通过银行、供应商等渠道获取企业的财务数据，并进行分类、归档和分析。

（2）实时更新。数智会计系统能够实时更新财务数据，使企业能够快速了解自身的财务状况，及时作出决策。例如，数智会计系统可以实时更新企业的现金流量表、资产负债表和利润表等财务报表。

（3）精细化管理。数智会计系统可以根据企业的需求进行定制化配置，满足不同企业的财务管理需求。例如，数智会计系统可以根据企业的行业特点和业务模式进行定制化配置，实现个性化的财务管理。

（4）数据分析。数智会计系统可以通过大数据分析技术，帮助企业发现潜在的财务问题，并提供改进方案。例如，数智会计系统可以通过数据分析技术对企业的财务数据进行深入挖掘，发现其中的规律和趋势，为企业提供针对性的财务建议。

（5）安全性。数智会计系统采用了多种安全措施，确保企业财务数据的安全性和完整性。例如，数智会计系统采用加密技术和身份验证等手段，保护企业的财务数据不被非法访问和篡改。

总之，数智会计是一种有助于提高企业财务管理水平和效率的技术手段。随着科技的发展，数智会计将在越来越多的企业中得到应用[1]。

传统的会计工作将会"丢失"。一方面，传统的会计工作转移给了业务人员，所谓的"人人财务"，即本来是财会人员做的事情，可能交给业务人员来做。换句话说，业务人员在处理业务的同时，会把会计业务也处理完，所以很多会计工作实际转移给了业务人员；另一方面，RPA（机器人流程自动化）等智能程序上线后，会替代很多财会人员。机器人员工或许是企业未来"工作人员"的一部分。那么会计会不会真正消失呢？其实会计不会消失，但是需要转型，需要在数智化环境下进行转型。

**2. 财会人员未来的发展方向**

随着技术发展与数智化转型进程加快，财会人员会从传统财务会计工作慢慢转为管

---

1 资料来源：360doc。

理会计工作。发展管理会计，将会突破传统的职业边界，未来可能出现很多新的职业，如表 1-1 所示。

表 1-1  财务数智化过程中可能出现的新职业[1]

| 序号 | 职位 | 职务内容 |
| --- | --- | --- |
| 1 | 智能财务师 | 提供企事业单位智能财务发展的咨询服务 |
| 2 | 财务大数据分析师 | 根据业务工作和财务工作的需要，提供大数据分析方法 |
| 3 | 智能财务培训师 | 提供智能财务知识培训服务 |
| 4 | 财经知识工程师 | 根据财经领域的最新发展，及时将新知识形式化并纳入知识库管理 |
| 5 | 财务流程管理师 | 根据企业环境的变化适时梳理、调整财务流程并形成自动化流程 |
| 6 | 智能财务标准建设人员 | 主导和辅助智能财务相关规范和制度建设 |
| 7 | 财务数字化员工管理师 | 管理、维护和实时调度财务机器人工作 |
| 8 | 智能财务算法构建师 | 根据财务管理的需求，设计通用或个性化的算法 |
| 9 | 智能财务需求分析师 | 参与智能财务的需求分析和场景设计 |

2023 年 8 月 1 日，财政部印发《企业数据资源相关会计处理暂行规定》，规定从 2024 年 1 月 1 日起，数据资源将被视为一种资产，纳入财务报表。"数据资产入表"将提速数据要素市场化，加速企业数智化转型，全面激发数据价值。

### 1.1.5  会计发展的动因

影响会计发展变化的因素有经济环境、政治环境、科技环境、教育环境、法律环境和文化环境。会计的发展是诸多因素共同作用的结果。

会计的发展史表明，会计是为适应人类对经济活动管理的需要而产生的，又随着社会经济的发展而不断发展。经济环境的变化是会计发展的根本动因。因此，经济越发展，会计越重要。正如马克思所说："过程越是按社会的规模进行，越会失去纯粹个人的性质，作为对过程的控制和观念总结的簿记就越是必要。因此，簿记对资本主义生产，比对手工业和农民的分散生产更为重要，对公有生产，比对资本主义生产更为重要。"

## 1.2  会计的定义与职能

对什么是会计，或者说会计的本质内涵是什么，至今仍众说不一。中外会计学界针对会计本质问题形成了两个主流观点：信息系统论和管理活动论。本书将基于管理活动论的视角来探讨会计。

### 1.2.1  会计的定义

会计（accounting）是以货币为主要计量单位，采用一系列专门的程序与方法，对企事业、

---

[1] 资料来源：上海国家会计学院智能财务研究院。

机关单位及其他经济组织的经济业务（交易或事项）[1]进行连续、系统和全面的反映与监督的一项经济管理活动。

### 1.2.2 会计的职能

会计的职能（accounting function）包括基本职能和外延职能。

#### 1. 基本职能

会计的基本职能包括反映与监督。

反映是会计最基本的职能，又称会计核算。会计核算主要是通过记账、算账、报账实现的。记账是指对特定对象的经济活动采用一定的记录方法，在会计账簿中进行登记；算账是在记账的基础上，对企业一定日期所拥有的资产、所承担的债务及两者相抵后剩余的权益和一定期间的收入、费用及两者相抵后的利润进行计算确定；报账是指在记账、算账的基础上，将企业经营活动所导致的财务状况、经营成果和现金流动情况以特定的形式进行报告。

监督是会计的另一个基本职能。会计监督（accounting supervision）是指会计根据有关授权，对企业发生的交易或事项进行合法性、合理性、有效性等方面的检查监督工作。会计监督是一种全过程的监督，包括事前监督、事中监督和事后监督。事前监督是对未来经济活动的指导，指财务部门在参与制订各种决策及相关的各项计划和费用预算时，依据相关法规、政策等规定对各项经济活动的可行性、合理性、合法性和有效性等进行审查。事中监督是指在日常会计工作中，及时审查发生的交易或事项，一旦发现问题，及时提出建议或改进意见，促使相关部门或人员采取改进措施。事后监督是指以事先制定的目标、标准和要求为依据，利用会计核算资料对已发生的经济活动进行考核、分析和评价。

#### 2. 外延职能

会计的外延职能包括预测和决策、分析和评价等。

预测经济前景，是指根据财务报告等提供的信息，定量或定性地判断和推测经济活动的发展变化规律，以指导和调节经济活动，提高经济效益。

参与经济决策，是指根据财务报告等提供的信息，运用定量分析和定性分析方法，对备选方案进行经济可行性分析，为企业经营管理等提供与决策相关的信息。

分析和评价经营业绩，是指根据财务报告等信息，采用适当的方法，对企业一定经营期间的资产运营、经济效益等经营成果，对照相应的评价标准，进行定量及定性对比分析，作出真实、客观、公正的综合评判。

## 1.3 会计的核算方法

会计方法分为会计核算方法和会计分析方法。其中，会计核算方法是基础。会计核算方法（accounting method），是指对会计对象进行连续、系统、全面、综合反映（涉及确

---

[1] 交易是发生在不同企业之间的业务；事项是发生在同一企业内部的业务。

认、计量、记录和报告，后文会介绍这些概念）时采用的各种方法，主要包括设置账户、复式记账、填制和审核凭证、登记会计账簿、成本计算、财产清查、编制财务报告。其中，填制和审核凭证、登记会计账簿和编制财务报告是三大核心环节。这些方法相互联系和依存，形成一个完整的会计方法体系。具体如图1-2所示。

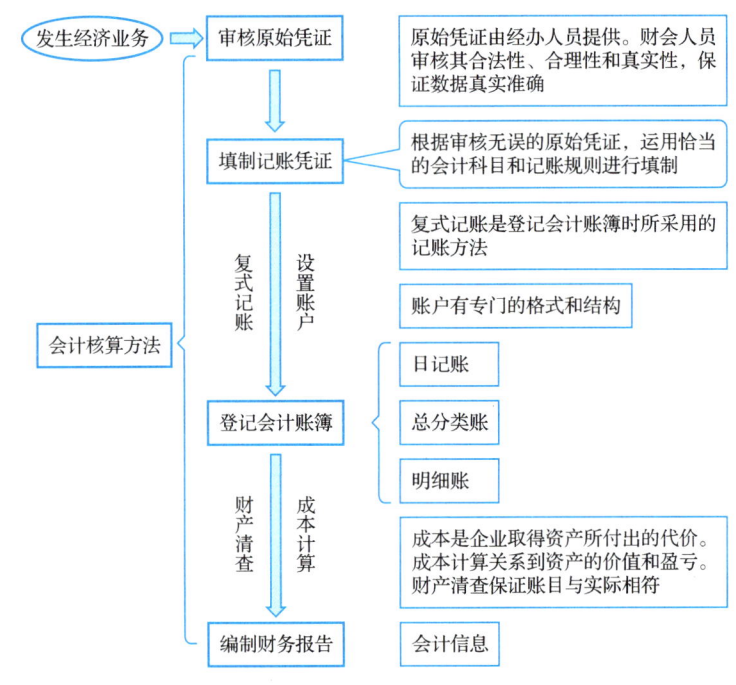

图1-2 会计核算方法

## 关键术语

数智会计（accounting information technology，AIT）

会计（accounting）

会计的职能（accounting function）

会计监督（accounting supervision）

会计核算方法（accounting method）

第1章即测即评

## 思考题

1. 阅读会计文明史，理解会计在人类历史长河中对治国安邦的贡献。
2. 在数字经济和人工智能环境下，如何理解会计转型？

**职业能力训练**

一、单选题

1. 会计的基本职能是（　　）。
   A. 控制与监督　　B. 反映与监督　　C. 反映与核算　　D. 反映与分析
2. 不属于会计反映职能的是（　　）。
   A. 记账　　　　　B. 监督　　　　　C. 算账　　　　　D. 报账
3. 现代会计目标的两种主要学术观点是（　　）。
   A. 决策有用观与受托责任观　　　　B. 决策有用观与信息系统观
   C. 信息系统观与管理活动观　　　　D. 管理活动观与决策有用观
4. 会计方法体系中，基本环节是（　　）。
   A. 会计核算方法　　　　　　　　　B. 会计分析方法
   C. 会计监督方法　　　　　　　　　D. 会计决策方法

二、多选题

1. 下列属于会计核算专门方法的有（　　）。
   A. 成本计算与复式记账　　　　　　B. 错账更正与评估预测
   C. 设置账户与填制和审核凭证　　　D. 登记会计账簿与编制财务报告
2. 财务报告使用者包括（　　）。
   A. 投资者　　　　B. 债权人　　　　C. 供应商　　　　D. 政府部门
   E. 社会公众

三、判断题

1. （　　）会计的基本职能是核算与监督。
2. （　　）近代会计采用复式记账法。
3. （　　）会计发展的根本动因是科技的发展。
4. （　　）经济越发展，会计越重要。
5. （　　）成本计算属于会计核算方法之一。
6. （　　）卢卡·帕乔利被称为会计学之父。
7. （　　）会计发展史上的第一个里程碑是复式记账法的诞生。
8. （　　）数智会计是财务发展的新趋势。

四、讨论题

一张发票由人工输入通常需要耗时两分钟左右，因为需要输入发票抬头、银行账号、开户行、纳税人识别号、金额、开票日期等大量信息，效率实在是太低了。

而智能数字员工能通过发票扫描件自动识别诸如发票抬头、银行账号、开户行、纳税人识别号、金额、开票日期等所对应的信息，并快速将其填入Excel表格，仅需20秒左右就可以轻松搞定。请问你心动了吗？

# 第 2 章

# 会计核算基础

## 学习目标

1. 理解：会计对象
2. 掌握：会计四大假设
3. 掌握：权责发生制核算基础
4. 掌握：会计信息质量特征要求

## 内容导图

在具体讲解会计核算之前，要弄明白会计核算的对象到底是什么，会计核算需要遵循哪四大假设，是采用权责发生制还是采用收付实现制，对会计核算的信息有哪些质量要求。

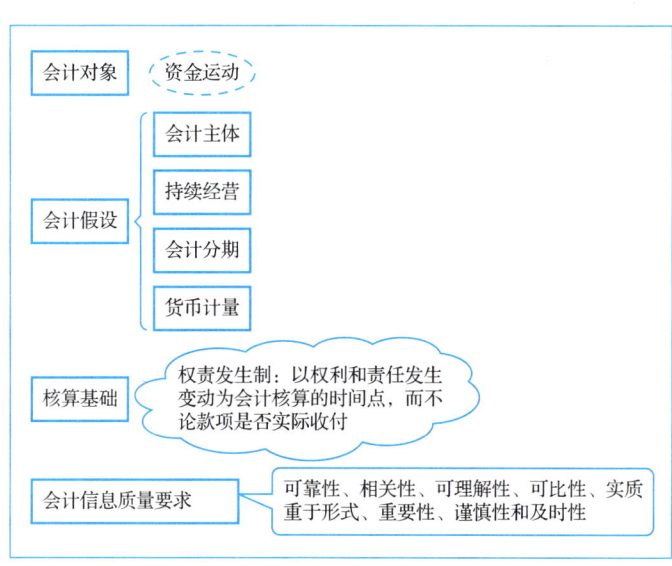

## 思政元素

明辨"会计主体与非会计主体",严格区分"公与私"的界限,力行诚信为本,不做假账,遵从可持续发展。会计信息的8个质量要求可以理解为为人处世的要求:为人可靠——可靠性;成为有用的人——相关性(有用性);多沟通——可理解性;谋发展——可比性;辩证看待问题——实质重于形式;处理问题抓主要矛盾——重要性;有风险意识——谨慎性;敢为,做事讲究效率——及时性。

## 导入案例

**凯乐科技:2023年首只退市股,曾1年亏损85亿元,退市原因是什么?**[1]

退市的原因一般有四大类,分别是交易类强制退市、财务类强制退市、规范类强制退市、重大违法类强制退市。

A股股票退市的常见原因是财务类强制退市,具体表现是净资产为负、营收低于1亿元人民币且亏损、被出具无法表示意见和否定意见的审计报告,第一年触碰到以上3个财务红线就会被戴上"*ST"(退市预警)的帽子,即被实施退市风险警示;第二年如果继续触碰以上3个任意财务红线就将被实施强制退市。2022年我国由于这个原因退市了数十家企业。

凯乐科技,2000年7月在上海证券交易所上市,成为当时中国资本市场第1 000家上市公司。

2022年5月,深陷隋田力900亿元"专网通信"骗局案的凯乐科技因涉嫌信息披露违法违规被中国证券监督管理委员会立案调查。

经查,2016—2020年,凯乐科技连续5年共计虚增营业收入512亿元,虚增利润总额59亿元,造假规模之大令人瞠目。

2022年12月2日,凯乐科技收到中国证券监督管理委员会《行政处罚和市场禁入事先告知书》(处罚字〔2022〕171号),具体内容如下。

凯乐科技2016—2020年定期报告存在虚假记载。

2016年,凯乐科技虚增营业收入41.26亿元,虚增营业成本39.49亿元,虚增利润总额1.77亿元,虚增营业收入金额占当年披露营业收入金额的48.99%,虚增利润总额占当年披露利润总额的64.97%。

2017年,凯乐科技虚增营业收入110.98亿元,虚增营业成本101.77亿元,虚增利润总额9.21亿元,虚增营业收入金额占当年披露营业收入金额的73.31%,虚增利润总额占当年披露利润总额的99.99%。

2018年,凯乐科技虚增营业收入146.38亿元,虚增营业成本126.70亿元,虚增研发费用3.37亿元,虚增利润总额16.31亿元,虚增营业收入金额占当年披露营业收入金额的86.32%,虚增利润总额占当年披露利润总额的144.84%。

---

1 资料来源:界面新闻和市场财经。

2019 年，凯乐科技虚增营业收入 136.17 亿元，虚增营业成本 114.68 亿元，虚增研发费用 3.93 亿元，虚增利润总额 17.56 亿元，虚增营业收入金额占当年披露营业收入金额的 85.85%，虚增利润总额占当年披露利润总额的 183.71%。

2020 年，凯乐科技虚增营业收入 77.46 亿元，虚增营业成本 60.88 亿元，虚增研发费用 2.07 亿元，虚增利润总额 14.51 亿元，虚增营业收入金额占当年披露营业收入金额的 91.13%，虚增利润总额占当年披露利润总额的 247.45%。

公司股票于 2021 年 8 月 16 日停牌 1 天，于 2021 年 8 月 17 日复牌，并且股票简称变更为"ST 凯乐"。

公司 2021 年亏 85 亿元，净资产直接亏成 −21 亿元，每股净资产为 −1.8 元，所以在 2022 年 4 月发布 2021 年的年报后就被实施退市风险警示了。

这次 ST 凯乐退市的直接原因并非财务类强制退市，而是交易类强制退市。交易类强制退市有 4 个指标，第一个指标是连续 20 个交易日收盘价格低于 1 元；第二个指标是连续 120 个交易日累计股票成交量低于 500 万股；第三个指标是股东数量连续 20 个交易日均低于 2 000 人；第四个指标是连续 20 个交易日市值低于 3 亿元。

这次 ST 凯乐退市的直接原因是股价连续 20 个交易日收盘价格低于 1 元，2022 年 12 月 29 日跌破 1 元后持续低于 1 元/股的红线水平，触碰了交易类强制退市红线。不需要退市整理期，直接打入新三，于 2023 年 2 月 15 日正式摘牌，摘牌后 45 个交易日内在新三板挂牌。

为什么这家公司的股东不通过增持等方式拯救一下公司股价呢？如果在连续十几个交易日交易价格低于 1 元后把股价拉起来，就可以避免交易类强制退市。

凯乐科技股价表现低迷，源于其财务造假曝光。2016—2020 年，凯乐科技累计虚增营业收入超 500 亿元、虚增利润总额近 60 亿元，虚增金额规模之大实属罕见。

如果股东和董事会能够通过提振股价避免退市，早就实施了，之所以没有去拉升股价是因为任何办法都无法改变退市的命运了。

## 2.1 会计对象

会计对象（accounting object）是指会计所反映和监督的内容，即经济运营过程中的资金运动（funds movement）。

企业拥有的资金随着经济活动的开展而不断发生变化，构成资金运动。不论是企业、行政事业单位还是非营利性组织的运营，都离不开资金运动。会计核算的对象就是企业的资金运动。企业资金按照投入、使用、退出不断地进行循环周转，如图 2-1 所示。

资金投入，从来源上分为所有者资金投入和债权人资金投入。前者构成了企业的所有者权益，后者构成了企业的债权人权益及企业的负债。从资金形式上看，资金投入可分为货币投入和非货币投入。

资金使用包括采购、生产、销售等过程。采购是指企业运用筹集的资金购买有关物资为生产经营做准备的过程，包括购买原材料和设备等。生产是指从原材料投入到产成品完工的过程。销售是指将产成品卖出去收回资金的过程。

资金退出包括偿还债权人款项和利息、股东分红，甚至企业终止营业时的资产清算。

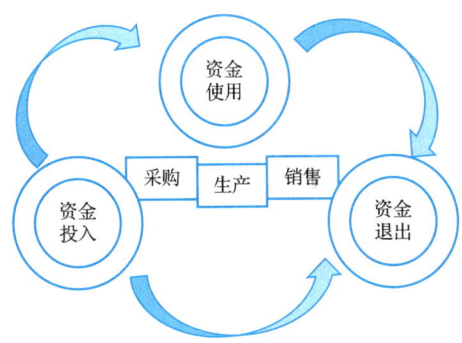

图 2-1　企业资金运动及循环示意图

## 2.2　会计假设

假设（assumptions）是进行科学研究的基础和起点，是任何理论或学科得以成立的前提（premise）。会计假设（accounting assumptions）是会计核算的基本前提，是为了保证会计工作的正常进行和会计信息的质量，对会计核算的空间范围、时间范围、基本程序、计量单位等所作的合理设定。

根据《企业会计准则》的规定，企业在组织会计核算时，应遵循四大假设：会计主体、持续经营、会计分期、货币计量。

### 2.2.1　会计主体假设——界定会计核算的空间范围

会计主体（accounting entity）是会计为其服务的特定单位或组织。会计主体假设明确了会计核算的空间范围。《企业会计准则——基本准则》第五条规定："企业应当对其本身发生的交易或者事项进行会计确认、计量和报告。"企业"本身"的含义：不反映其他企业的交易或事项；不包括企业所有者或经营者个人的财务收支。

会计核算的空间范围的界定包含两层意思：一是应划清本企业的经济业务与其他企业的经济业务，将两者区别开来；二是公私要分明，应划清本企业的和企业所有者、经营者的经济业务。

会计核算的空间范围的界定如图 2-2 所示。

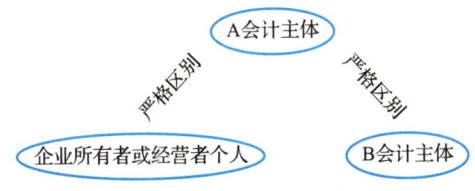

图 2-2　会计核算的空间范围的界定

因此，会计主体假设明确了财会人员"为谁核算、核算谁的经济业务"。比如，同一笔赊销的经济业务，站在买方的角度，货款未支付，确认一笔债务（应付账款）；而站在卖方的角度，货款未收到，确认一笔债权（应收账款）。

例如：A 企业向 B 企业销售产品一批，货款暂未收到，如图 2-3 所示。

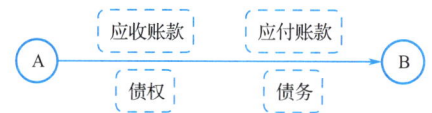

图 2-3　同一笔经济业务对不同会计主体的影响

会计主体与法律主体不是同一个概念。一般来讲，法律主体必然是会计主体，但会计主体不一定是法律主体。会计主体可以是一个有法人资格的企业，也可以是企业集团或者下属单位、企业内部独立核算部门。比如，分公司[1]不是独立的法人，但可以单独建账、单独核算，可以是独立的会计主体。

> **会计主体**
>
> 　　会计主体可以是营利性企业，如公司；也可以是非营利组织，如机关、社会团体等。会计主体中，营利性企业最为典型，其会计业务也较全面，所以本书的会计主体均以营利性企业为例。

### 2.2.2　持续经营假设——界定会计核算的时间范围

持续经营（going concern）是时间上的假定，明确了会计核算的时间范围。持续经营假设是指在可预见的未来，如果没有明确的证据表明企业不能经营下去，那么就认为企业将会持续经营下去，不会因破产、清算、停业、解散等终止经营。《企业会计准则——基本准则》第六条规定："企业会计确认、计量和报告应当以持续经营为前提。"

尽管现实中企业由于竞争而面临被淘汰的危险，但持续经营假设要求企业会计核算应当以持续正常的经营活动为前提。在此前提下，选择会计程序及处理方法进行会计核算，而不考虑企业是否会破产清算，除非出现明确证据表明企业将无法继续经营，如合同约定的投资经营期限到期或者企业被依法宣告破产等异常情况出现，这时财会人员应考虑改用清算价值进行会计处理，而非一味盲目地坚持使用持续经营假设，如图 2-4 所示。

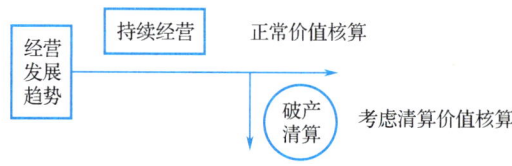

图 2-4　持续经营假设

持续经营假设是会计分期假设的前提。只有在持续经营假设下，企业拥有的各项资产才会在正常的经营过程中被耗用、出售或转换。比如，企业拥有的一处厂房可以使用 20 年，在持续经营状态下，企业就可以将厂房的成本在 20 年内平均分摊；否则，无法分摊长期资产的成本。

---

1　子公司是独立的法人。

## 2.2.3 会计分期假设——界定分期结算的时间范围

会计分期（accounting period）是对持续经营假设的一个必要的补充。在实际工作中，等到企业终止经营时才一次性核算盈亏，这既是不允许的，也是行不通的。企业应及时报告会计信息，将持续经营的过程划分为一定的会计期间。

会计分期是将企业持续经营的过程，人为地划分为若干会计期间，以便及时确认某个会计期间的财务状况和经营成果。会计分期的目的是及时分期进行会计核算，从而为会计信息使用者提供有用的会计信息。《企业会计准则——基本准则》第七条规定："企业应当划分会计期间，分期结算账目和编制财务会计报告。"会计期间分为年度和中期。一般将公历1月1日至12月31日称为一个会计年度；将短于一个会计年度的报告期间，如月度、季度和半年度[1]等，统称为会计中期。

会计分期假设如图2-5所示。

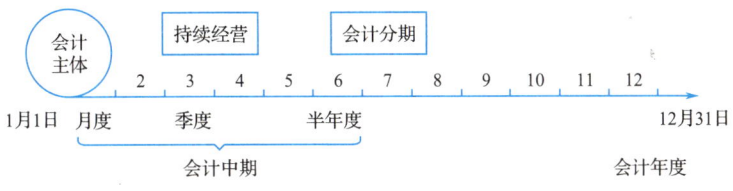

图2-5　会计分期假设

正是因为有了会计分期，才产生了本期与前期、后期的区别；才产生了权责发生制和收付实现制、配比原则、收益性支出和资本性支出的划分等，进而出现了应收与应付、折旧与摊销等会计处理方法。后文会介绍这些方法。

## 2.2.4 货币计量假设——界定会计核算的统一度量单位

货币计量（monetary measurement）是指企业在进行会计核算时应采用货币作为计量单位。《企业会计准则——基本准则》第八条规定："企业会计应当以货币计量。"

货币计量为会计核算提供了必要手段。

首先，会计必须以货币计量为前提。凡是不能用货币计量的，不能进行会计核算。其次，为了更好地记录反映，可以辅以其他的计量单位，比如原材料除了需要登记金额，还需要登记数量和单价，以更准确、全面地反映原材料的实际变动和结存情况。

企业会计核算以人民币为记账本位币。业务收支以人民币以外的其他货币为主的企业，可以选择将该外币作为记账本位币，但编制的对外财务报表应当折算为人民币[2]。

**小贴士**：会计核算统一采用货币计量存在一定的缺陷。比如，企业拥有的市场竞争力、研发能力、经营管理能力等因素无法用货币计量（称之为非财务信息），但是会对企业的持续发展、财务状况和经营成果产生重大影响，对信息使用者的决策具有重要影响。

---

1　我国上市公司除了要提供年度财务报告，还要提供第一季度报告、半年度报告和第三季度报告。
2　人民币与外币有两种表示方法：一是直接标价法，如1美元＝6.82人民币（元）；二是间接标价法，如1人民币（元）＝0.147美元。国际上大多数国家采用直接标价法。

## 2.3 核算基础

在持续经营的基础上进行会计分期，会出现不同的会计期间，产生当期与前期、后期的区别。随着商业信用的发展，现代企业广泛使用赊销（sell on credit）和赊购（purchase on credit）的方式销售和采购，使得权利、责任的变化和实际货币资金的收付经常不在同一个会计期间。会计分期会导致企业经济业务产生的权利、责任变动和相应的货币资金实际流入、流出发生在不同的会计期间，那么应该在哪个会计期间进行会计核算呢？是在权利、责任变动所属期间进行会计核算，还是在货币资金实际流入、流出所属期间进行会计核算？这就会产生两种不同的核算基础：权责发生制和收付实现制。

### 2.3.1 权责发生制

权责发生制（accrual basis of accounting）又称应计制或应收应付制[1]，是指以权利和责任发生变动为会计核算的时间点，而不论款项是否实际收付。采用该核算基础，凡是当期已经实现的收入和已经发生或应当承担的费用，不论款项是否收付，都应当作为当期的收入和费用；凡是不属于当期的收入和费用，即使款项在本期收到或付出，也不作为本期的收入和费用来处理。

### 2.3.2 收付实现制

收付实现制（cash basis of accounting）又称现金制或实收实付制，是指以款项的实际收付为会计核算的时间点，即将款项的实际收到或付出作为确定本期收入和费用的标准。采用该核算基础，凡是本期实际收到的钱，不论其是否属于本期实现的收入，均作为本期的收入处理；凡是本期付出的钱，不论其是否属于本期负担的费用，均作为本期的费用处理。反之，凡是本期实际没有收到的钱和付出的钱，即使权责上归属本期，也不作为本期的收入和费用来处理。

### 2.3.3 权责发生制和收付实现制的应用比较

选用不同的核算基础，将导致相同的经济业务出现不同的会计处理结果。表2-1将通过具体的案例来解析。

表2-1 权责发生制和收付实现制的对比表

| 具体业务 | | 确认的时间点 | |
| --- | --- | --- | --- |
| 序号 | 企业9月份发生的业务 | 权责发生制 | 收付实现制 |
| 1 | 销售产品2万元，货款已收到 | 9月的收入 | 9月的收入 |
| 2 | 销售产品1万元，货款下个月收到 | 9月的收入 | 10月的收入 |
| 3 | 支付上个月应缴的税款5 000元 | 8月的费用 | 9月的费用 |
| 4 | 预收销货款28 000元，12月份发货 | 12月的收入 | 9月的收入 |
| 5 | 预付下个月的租金4 000元 | 10月的费用 | 9月的费用 |
| 6 | 支付本月水电费2 000元 | 9月的费用 | 9月的费用 |

---

1 应收款项和应付款项是基于权责发生制产生的，如应收账款、应付账款。

由表 2-1 可以看出，在权责发生制和收付实现制下，收入和费用确认的时间点不同，由此计算出来的利润会存在差异。

与收付实现制相比，权责发生制核算相对复杂。权责发生制必须考虑预收预付、应收应付款项，能更充分地反映经营活动，有利于企业进行绩效考核、分清管理责任，更好地体现了权利与义务对等、收入与费用相配比的原则和及时性要求。《企业会计准则——基本准则》第九条规定："企业应当以权责发生制为基础进行会计确认、计量和报告。"

## 2.4 会计信息质量要求

会计的目标是反映企业实际经营状况，为利益相关者提供所需的有用信息和如实反映受托责任履行情况。只有满足一定质量要求的会计信息才有可能符合会计目标。信息质量越高，越有利于信息使用者作出经济决策。会计信息质量是指会计信息应具备的基本要求。《企业会计准则——基本准则》规定了 8 条会计信息质量要求：可靠性、相关性、可理解性、可比性、实质重于形式、重要性、谨慎性和及时性。

### 1. 可靠性

可靠性（reliability）是指会计信息必须客观存在，且具有可验证性。可靠性要求企业应当以实际发生的交易或事项为依据进行会计确认、计量和报告，如实反映符合确认和计量要求的各项会计要素及其他相关信息，保证会计信息真实可靠，内容完整。只有真实可靠的信息才有利于信息使用者据以作出合理的决策。虚假失真的会计信息会误导信息使用者作出错误的决策，最终不仅会给信息使用者造成重大的经济损失，还会扰乱正常的经济秩序，甚至危及社会稳定。

### 2. 相关性

相关性（relevance）又称有用性，是指企业提供的会计信息应当与会计信息使用者的经济决策需要相关，有助于会计信息使用者对企业过去、现在或将来的情况作出评价或者预测。相关性必须建立在可靠性的基础之上，会计信息若不具有可靠性，则很难实现相关性。

### 3. 可理解性

可理解性（understandability）又称明确性，是指企业提供的会计信息应当清晰明了，便于会计信息使用者理解和使用。会计信息是否可理解，一取决于财会人员对会计信息的处理与表达方式；二取决于信息使用者的知识结构和理解能力。

### 4. 可比性

可比性（comparability）是指企业提供的会计信息应当相互可比。

《企业会计准则——基本准则》第十五条规定："企业提供的会计信息应当具有可比性。"会计信息可以相互比较，有助于会计信息使用者分析评估不同企业的财务状况、经营成果和现金流量，大大提高会计信息的有用性。

为了实现会计信息的可比性，同一企业在不同时期发生的相同或类似的交易或事项，应当采用一致的会计政策，不得随意变更[1]。确需变更的，应当披露相关信息。不同企业发生的相同或类似的交易或事项，应当采用规定的会计政策，遵循规定的会计准则进行会计确认、计量和报告，需确保会计信息口径一致，相互可比[2]。

### 5. 实质重于形式

这里的实质是指经济实质，形式是指法律形式。实质重于形式（substance over form）要求企业应当按照交易或事项的经济实质提供会计信息，而不应仅仅根据其法律形式或人为形式提供会计信息。当经济实质与法律形式出现不一致的情况时，会计核算应采用经济实质而非法律形式。实质重于形式可以防止企业通过人为设计经济活动的外在形式来调整会计信息，保证会计信息的真实性。

融资租赁（financial leasing）是实质重于形式的典型例子之一。在融资租赁关系中，从形式上看，出租方拥有资产的所有权，承租方只拥有使用权和控制权。但是，出租方只是出于对风险控制的考虑而拥有所有权，实质上并不想把该资产用于经营性租赁。所以，出租方会根据承租方对设备的要求购入设备，并要求承租方使用该资产的年限占使用寿命的绝大部分。于是，出租方就将该设备的风险和报酬转移给了承租方。租赁到期，承租方可以很低的价格买入该设备，出租方也收回了大于设备成本的租金（租金收入总额大于设备购买成本的部分即利息性质的收入）。

融资租赁的实质是出租方将与资产所有权有关的全部风险和报酬转移给承租方。因此，为了正确反映企业的资产和负债情况，融资租赁关系中，承租方应将融资租入的固定资产作为本企业的固定资产加以核算，同时确认一笔长期应付款加以反映。出租方将购进的融资租赁资产从账面上转出，同时增加一笔应收款项（应收融资租赁款）。

例如：甲公司是一家电力生产公司，拥有一座发电站及线路设备，账面价值 12 亿元，预计使用 20 年，已使用了 5 年，目前市场价值 11 亿元。甲公司与乙公司签订了一份销售合同，将该发电站及设备整体作价 8.2 亿元转让给乙公司，转让价款于合同签订之日一次性实时到账。同时甲乙双方签订租赁合同，甲公司从乙公司租赁回来刚出售的发电站及设备整体，租期 15 年，总租金约 13.8 亿元，租赁期届满，发电站及线路设备的回购价为 1 万元。本案例中，从形式上看，甲乙之间签订了一份销售合同，将发电站及设备整体卖了 8.2 亿元。但是从实质上看，该项资产转让不属于销售。甲公司从乙公司获得了 8.2 亿元的资金，租赁费用分 15 年偿还，总偿还金额 13.8 亿元，差额 5.6 亿元是甲公司为得到 8.2 亿元的资金并使用 15 年而支付的代价，即利息。因此，这是一个融资行为。

> **租赁**
>
> 租赁分为经营租赁和融资租赁。经营租赁出租的设备由租赁公司根据市场需要选定，然后再寻找承租企业，而融资租赁设备是出租方根据承租企业提出的要求购买的。

---

[1] 这属于纵向可比。
[2] 这属于横向可比。

经营租赁期较短，而融资租赁期较长。经营租赁期满后，承租资产由租赁公司收回，而融资租赁期满后，承租方可以很低的"名义货价"（相当于设备残值的市场售价）留购。经营租赁实质上并没有转移与资产所有权有关的全部风险和报酬，而融资租赁的实质是将与资产所有权有关的全部风险和报酬转移给承租方。

融资租赁的确认条件如下（符合其一即可）。

（1）租赁期届满时，资产的所有权转移给承租方。如果在租赁协议中已经约定，或者根据其他条件在租赁开始日就可以合理地判断租赁期届满时出租方会将资产的所有权转移给承租方，那么该项租赁应当认定为融资租赁。

（2）承租方有购买租赁资产的选择权。所订立的购买价款预计远低于行使选择权时租赁资产的公允价值，因而在租赁开始日就可合理地确定承租方将会行使这种选择权。

（3）即使资产的所有权不转移，但租赁期占租赁开始日租赁资产使用寿命的大部分。这里的"大部分"通常在75%以上（含75%）。

（4）承租方在租赁开始日最低租赁付款额的现值几乎相当于租赁开始日租赁资产的公允价值；出租方在租赁开始日最低租赁收款额的现值几乎相当于租赁开始日租赁资产的公允价值。

（5）租赁资产性质特殊，根据承租方的要求采购，一般只有承租方能使用。

### 6. 重要性

企业提供的会计信息应当反映与企业财务状况、经营成果和现金流量等有关的所有重要交易或事项。重要性（materiality，substantial）是指会计信息对决策的影响程度。如果一项会计信息被遗漏或者被错误表达可能会影响到信息使用者作出判断，那么这项信息具有重要性。

重要性可从性质和数量两个方面进行判断。从性质方面看，只要发生就对决策有重大影响的事项，不管金额大小，都具有重要性；从数量方面看，发生金额达到一定程度时可能对决策产生影响的事项，就具有重要性。

### 7. 谨慎性

谨慎性（prudence）又称稳健性，是指在处理不确定的经济业务时，应当保持应有的谨慎，不应高估（overvalue）资产或收益、不应低估（undervalue）负债或费用。

例如，应收账款存在可能收不回来的风险，那么应收账款的账面价值有可能是虚高的，于是基于谨慎性原则，对应收账款提取坏账准备，对存货提取资产减值准备等。当然企业不能滥用谨慎性原则，任何以谨慎性原则为由任意计提各种准备，从而达到操控会计信息的目的的行为，都是会计准则所不允许的。

### 8. 及时性

及时性（timeliness）要求企业应当及时对已经发生的经济业务进行会计核算，不得提前或延后。提前或延后处理会影响会计信息的可靠性和相关性。

实务中,财会人员根据职业判断,在不同情况下可能对会计信息质量有不同的权衡和取舍。

## 关键术语

会计对象（accounting object）　　　资金运动（funds movement）
假设（assumptions）　　　前提（premise）
会计假设（accounting assumptions）　　　会计主体（accounting entity）
持续经营（going concern）　　　会计分期（accounting period）
货币计量（monetary measurement）　　　赊销（sell on credit）
赊购（purchase on credit）　　　权责发生制（accrual basis of accounting）
收付实现制（cash basis of accounting）　　　可靠性（reliability）
相关性（relevance）　　　可理解性（understandability）
可比性（comparability）　　　实质重于形式（substance over form）
融资租赁（financial leasing）　　　重要性（materiality，substantial）
谨慎性（prudence）　　　高估（overvalue）
低估（undervalue）　　　及时性（timeliness）

第 2 章即测即评

## 思考题

1. 为什么会有会计假设？四大会计假设之间有何联系？
2. 如何区分"会计主体与非会计主体的活动"，做到公私分明，杜绝在职消费？
3. 会计信息应满足哪些质量要求？请举例说明如果会计信息不满足这些质量要求会出现什么样的不良后果。
4. 谨慎性又称稳健性，是会计职业的一种思维方式。日常工作或生活中的哪些情况体现了这种思维方式？

## 职业能力训练

### 一、单选题

1. 确定会计核算的空间范围的是（　　）。
   A. 会计主体　　　B. 持续经营　　　C. 权责发生制　　　D. 货币计量
2. 会计主体是（　　）。
   A. 企业单位　　　　　　　　　　　B. 法律主体
   C. 企业法人　　　　　　　　　　　D. 会计为之服务的特定单位或组织
3. 会计分期的基础是（　　）。
   A. 会计主体　　　B. 持续经营　　　C. 权责发生制　　　D. 货币计量

4. 企业会计的核算基础是（　　）。

　　A. 现金收付制　　B. 权责发生制　　C. 盘存制　　D. 会计基本假设

5. 企业于9月初用银行存款1 200元支付第三季度房租，9月仅仅将其中的400元计入本月费用，这符合（　　）原则。

　　A. 重要性　　B. 权责发生制　　C. 收付实现制　　D. 历史成本计价

6. 下列各项中，体现可靠性要求的是（　　）。

　　A. 会计指标口径一致

　　B. 以实际发生的交易或事项为依据进行会计处理

　　C. 会计处理方法简单明了

　　D. 会计信息与决策相关

7. 按照交易的实质进行会计处理体现了（　　）的信息质量要求。

　　A. 可靠性　　　　　　B. 实质重于形式

　　C. 重要性　　　　　　D. 相关性

8. 不高估资产或收入是（　　）的信息质量要求。

　　A. 及时性　　B. 谨慎性　　C. 重要性　　D. 可比性

9. 实务中，会计核算应当采用一致的会计政策，不得随意变更。如有变更，应披露相关信息。这个规定的依据是（　　）。

　　A. 可理解性　　B. 可比性　　C. 可靠性　　D. 相关性

10. 对应收账款在会计期末提取坏账准备这一做法体现的原则是（　　）。

　　A. 配比原则　　B. 重要性原则　　C. 谨慎性原则　　D. 可靠性原则

## 二、多选题

1. 会计的基本假设包括（　　）。

　　A. 货币计量　　B. 会计主体　　C. 持续经营　　D. 会计分期

2. 下列各项中，体现会计信息质量及时性的有（　　）。

　　A. 及时收集凭证　　　　　　B. 及时进行账务处理

　　C. 及时传递会计信息　　　　D. 及时销售

3. 下列各项中，违背谨慎性原则的有（　　）。

　　A. 高估收入　　B. 高估费用　　C. 低估资产　　D. 低估负债

4. 权责发生制所依据的会计基本假设有（　　）。

　　A. 会计主体　　B. 会计分期　　C. 持续经营　　D. 货币计量

5. 下列属于会计中期的会计期间有（　　）。

　　A. 年度　　B. 季度　　C. 半年度　　D. 月度

6. 根据权责发生制，应计入本期收入和费用的有（　　）。

　　A. 预付下一年度的保险费

　　B. 本期销售商品一批，款项尚未收到

　　C. 前期销售的商品未收款项，本期收款

　　D. 本期耗用的水电费，尚未支付

7. 下列属于会计信息质量要求的有（    ）。
   A. 可靠性　　　　　　　　　B. 可比性
   C. 实质重于形式　　　　　　D. 重要性

### 三、判断题

1. （　　）会计分期和赊销、赊购产生了权责发生制和收付实现制。
2. （　　）会计主体一定是法律主体。
3. （　　）当企业进入破产程序后，账务处理仍应坚持持续经营假设。
4. （　　）会计分期是人为划分的会计期间。
5. （　　）当法律形式和经济实质不一致时，会计处理按照经济实质来反映。

### 四、案例分析题

1. 区分会计主体与非会计主体的活动。

何红大学毕业后奋斗了5年，创立了一家外贸公司。公司被经营得风生水起。她想买一辆价值50万元的新车。于是，她询问公司会计小王，她拟购买的新车是挂在她自己的名下好还是挂在公司的名下好。如果你是小王，你将如何答复？

2. 经济业务实质的判断。

甲公司和乙公司签署了一份销售合同，甲公司将其一台设备以100万元转让给了乙公司，并且双方约定5年后甲公司以145万元再从乙公司购回该设备。以甲公司为会计主体，应如何判定这项业务？

# 第 3 章

# 会计要素与会计等式

## 学习目标

1. 掌握：会计六大要素的概念与分类
2. 掌握：会计恒等式
3. 理解：任何经济业务都不会破坏会计等式的恒等性
4. 掌握：会计确认与计量要求

## 内容导图

会计核算对象是资金运动。会计要素是会计核算对象的具体化，具体分为资产、负债、所有者权益、收入、费用和利润。六大会计要素构成了会计的恒等式。企业具体的经济业务需与会计要素联系起来才能进行会计确认和计量。

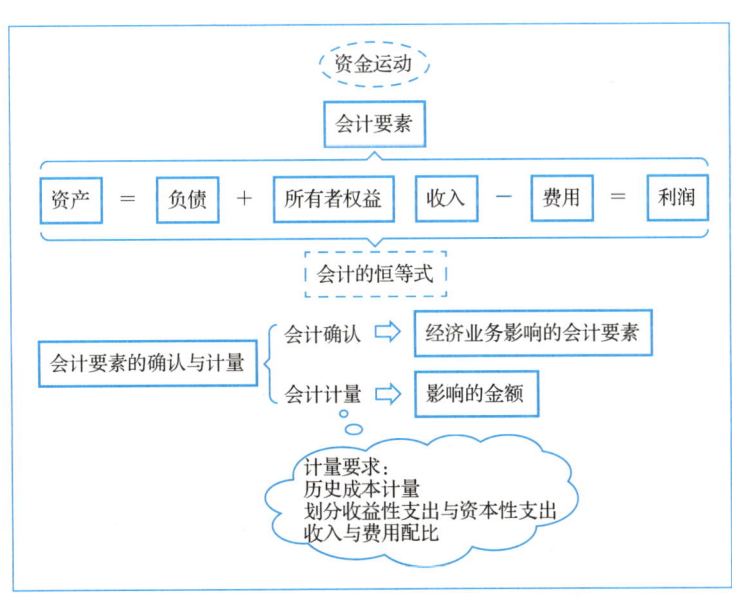

## 思政元素

培养资产永远等于权益的平衡哲学思维;树立负债必还的责任意识;洞悉财富要素和财富增值的密码;树立会计人的社会责任感和职业担当。

## 导入案例

### 《账簿与权力》——谁掌握了账簿,谁就掌握了权力

2008年9月,《账簿与权力》的作者刚刚写完一本书,那本书讲述了法国国王路易十四(Louis XIV)手下广为人知的财务大臣让-巴普蒂斯特·柯尔贝尔(Jean-Baptiste Colbert),他发现了一个值得注意的现象:柯尔贝尔接受委托,为太阳王(Sun King)提供微型的金制账簿,以方便国王放在大衣口袋里随身携带。从1661年开始,路易十四会每年两次收到这类账簿,了解自己的开销、收入和资产状况。这是历史上首次君王对会计核算表现出如此大的关注。1683年,柯尔贝尔一死,路易十四就把这些账簿抛在了一旁。路易十四并不认为会计账簿是实施有效管理的财务工具,而认为这是自己为君失败的切实证明。他曾经创立了一套会计记账和可靠诚信的账簿体系,而后来,他又开始破坏王国的中央集权。其后果就是没人能够将各部门的账户记录整合起来,形成一套清晰、集中的会计账簿。1715年,路易十四临终之时承认,他实际上已经把法兰西挥霍一空了。

会计是经济腾飞的重要因素,是了解经济史的关键所在。但政权的稳定依赖问责制的传统,而这又离不开复式记账会计制度。复式记账法之所以重要,不仅仅因为它有助于计算出会计利润,还缘于与其相伴而生的有关资产、负债平衡的重要理念,人们可以借此对政治治理实施评判和问责。

不管诚信与否,会计核算都得到了长足的应用,并成为罗马帝国国内经济的基石。对于房屋或财产等公共财物的管理,亚里士多德有自己的认识,他将其称为经世致用(oikonomia),也就是"经济学"(economics)一词的根源。经世致用并非现代经济学意义上以利润为导向的财务管理,而是指对政府和家庭的经营管理。罗马人采纳了亚里士多德的观点,私人家庭会计由此开始兴起,罗马政府要求一家之主持有家庭账簿,税收专员可以对此实施审计。家族主人还设有一本流水账(对所有收支的日常记录),每个月可以登记收入和支出情况,可以将未来收入及未决债务登记在内。银行家设有同样的基本单式账簿。为了满足城市或省级行政官的审计需要,银行家或市民也需要将账户结平。

## 3.1 会计要素

企业的资金随着经营活动的开展而发生变动,资金形态在货币与非货币之间不停地循环变化。比如企业创始人投入一笔启动资金,企业收到10万元,此时的资金是货币形式。为了生产运营,企业支付5万元采购了一批原材料和办公设备、生产设备,此时资金从货币形式变为了原材料等非货币形式。资金在不同经济业务中发生运动。根据不同的经济业务将资金运动进行分解归类,就形成了会计要素。因此,会计要素(accounting elements)

是对会计对象的基本分类,是会计核算对象的具体化。

根据业务的经济特征,我国现行《企业会计准则》将资金运动分为六大会计要素:资产、负债、所有者权益、收入、费用和利润[1]。其中,资产、负债和所有者权益反映企业的财务状况,构成资产负债表;收入、费用和利润反映企业经营成果,构成利润表。

### 3.1.1 资产

资产(assets)是指由过去的交易或事项形成的、由企业拥有或控制的、预期会给企业带来经济利益的资源。

#### 1. 资产的基本特征

(1)资产是由企业过去的交易或事项形成的现有资产。预期在将来发生的,不属于现在的资产,不能确认为企业的资产,如拟在 3 个月后购买的原材料或机器设备。

(2)资产由企业所拥有或控制。拥有是指企业享有某项资源的所有权。对于一般的资产来说,企业必须拥有所有权才能确认为本企业的资产。控制是指企业对某项资源没有所有权,但该资源能为企业所控制使用,如融资租赁形成的资产、取得的借款等。

(3)资产预期会给企业带来经济利益。这是资产的本质特征。如果某项资源预期不能够给企业带来经济利益,那么就不能确认为企业的资产。比如,企业的存货因过期变质或某台设备因火灾提前报废,使得这些资源不再符合企业的资产特征,因而应从现有资产中予以减除。

#### 2. 资产的构成内容

资产按其流动性的强弱划分为流动资产和非流动资产,如图 3-1 所示。

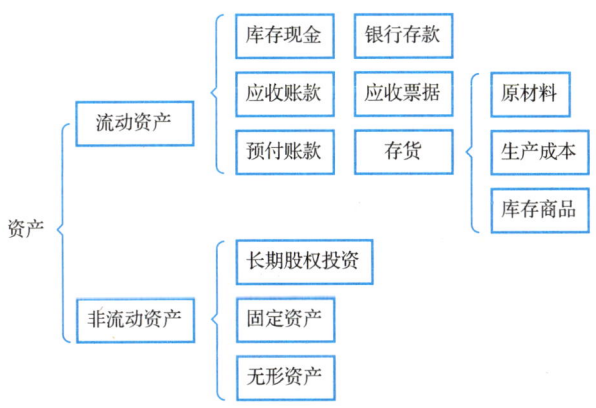

图 3-1 资产的主要构成

(1)流动资产(current assets)。流动资产是指可以在 1 年或超过 1 年的一个营业周期内变现或耗用的资产,主要有以下几种。

---

[1] 国际会计准则将会计要素划分为资产、负债、产权、收益(含利得)和费用(含损失)五项。美国财务会计准则委员会将会计要素划分为资产、负债、权益、业主投资、派给业主款、总收益、营业收入、费用、利得、损失十大要素。

① 货币资金：包括库存现金和银行存款。库存现金是指企业持有的现款，主要用于日常发生的小额零星支出。银行存款是指企业存入银行或其他金融机构的款项。

② 应收账款：企业因销售商品或提供劳务等应向购买方收取的而暂未收到的款项。应收账款是企业的一项债权。

③ 应收票据：企业因销售商品或提供劳务而收到的商业汇票。汇票是由出票人或付款人签发的，承诺在未来某一特定日期无条件支付一定金额给持票人或收款人的书面证明。汇票按承兑人不同，分为银行承兑汇票和商业承兑汇票。

④ 预付账款：企业因购买产品或服务等，按照合同约定预先支付给供应商的款项。

⑤ 存货：以备耗用的各种材料物料、处于生产过程中的半成品（在产品）、以备出售的产成品。存货包括原材料、生产成本和库存商品。

原材料是指企业库存的各种材料，包括原料及主要材料和辅助材料等。生产成本是指企业生产的尚未完工的在产品。库存商品是指企业可以直接对外售卖的产品。

（2）非流动资产（non-current assets）。非流动资产是指不能在1年或超过1年的一个营业周期内变现或耗用的资产，主要有以下几种。

① 长期股权投资：企业对外投资形成的，以获取对被投资方的控制权或对被投资方产生重大影响的权益性投资。如对子公司、合伙企业及联营企业的权益性投资。

② 固定资产：同时拥有以下特征的有形资产。第一，为生产商品、提供劳务、出租或经营而持有的；第二，使用寿命超过一个会计年度，如房屋、建筑物、机器设备、运输工具等。

③ 无形资产：企业拥有或控制的、没有实物形态但可辨认的非货币性资产，主要包括专利权、非专利技术、商标权、土地使用权等。

### 3.1.2 负债

负债（liabilities）是指由过去的交易或事项形成的、预期会导致经济利益流出企业的现时义务。

#### 1. 负债的基本特征

（1）由过去的交易或事项导致的现时义务。

（2）负债在将来必须清偿。

（3）预期会导致经济利益流出企业。

#### 2. 负债的构成内容

根据偿还期的长短将负债分为流动负债和非流动负债，如图3-2所示。

（1）流动负债（current liabilities）。流动负债是指在1年或超过1年的一个营业周期内偿还的债务，包括短期借款、应付账款、预收账款、应付职工薪酬、应交税费等。

① 短期借款：企业向银行或其他金融机构借入的偿还期限在1年（含1年）以内的各种借款。

② 应付账款：企业因购买材料、商品或接受劳务等应该支付而暂未支付给供应商的账款。这是企业的一项债务。

③ 预收账款：企业按照合同约定预先向客户收取的款项。

④ 应付职工薪酬：企业应向员工支付的各种薪酬，包括工资、奖金、职工福利。职

工薪酬一般是按月计算，下个月发放。因此本月的职工薪酬在实际发放前，就形成了一笔欠员工的流动负债。

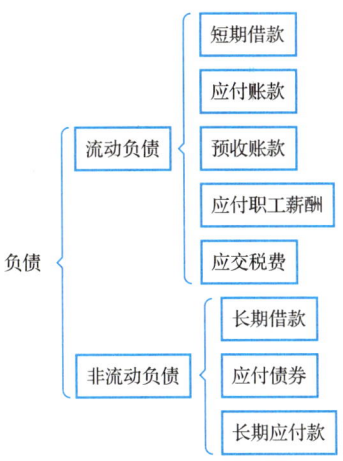

图 3-2 负债的主要构成

⑤ 应交税费：企业在经营过程中，按照税法规定产生的各种税费。实务中，企业可以选择按月申报缴纳，那么本月的税费在下个月申报缴纳，因此本月的税费在实际缴纳前，就形成了一笔流动负债。

（2）非流动负债（non-current liabilities）。非流动负债是指偿还期在 1 年或超过 1 年的一个营业周期以上的债务，包括长期借款、应付债券、长期应付款等。

① 长期借款：企业向银行或其他金融机构借入的期限超过 1 年的借款。长期借款主要用于工程项目的建设。

② 应付债券：符合发行条件的企业为筹集长期资金而面向社会公开发行债券所形成的一种负债，约定在一定期限内还本付息，属于长期负债。应付债券的特点是期限长、数额大、到期无条件支付本息。债券上注明面值、票面利率和期限。

③ 长期应付款：企业除长期借款、应付债券以外的其他长期应付款项，如 3 年期的分期付款。

## 3.1.3 所有者权益

所有者权益（owners' equity）是指资产扣除负债后由所有者享有的剩余权益，是企业所拥有的净资产，也称剩余权益（residual equity）。在股份公司，所有者权益被称为股东权益。所有者权益又称自有资本（股东出资形成的资本金、资本盈余及其运行结果累积留存收益。它们统称为所有者权益，本质上归属出资人股东）。

### 1. 所有者权益的基本特征

（1）所有者权益一般不需要返还，除非发生减资清算等情况。

（2）有权参与公司经营管理和利润分配。但债权人只享有按期收回本金和利息的权利，无权参与公司经营管理和利润分配。

（3）企业清算时享有剩余求偿权。债权人享有优先求偿权。企业资产优先用于偿还债务，只有清偿了所有负债后，才能用于退还投资者。

## 2. 所有者权益的构成内容

根据来源，所有者权益分为实收资本（或股本[1]）、资本公积、其他综合收益、留存收益，如图 3-3 所示。

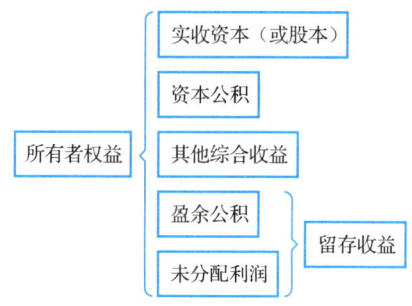

图 3-3　所有者权益的主要构成

（1）实收资本（paid-in capital）。实收资本是指投资者按照公司章程、合同或协议的约定实际投入企业并按注册资本享有份额的资本。股份有限公司用股本（capital stock）。

（2）资本公积（capital reserve）。资本公积是指企业收到的投资者出资额超过其在注册资本中所占份额的部分，以及其他资本公积等，包括资本溢价（或股本溢价）和其他资本公积。例如，股票的溢价发行，某股票发行价格为 10 元 / 股，面值为 1 元 / 股，每股发行价超过面值的部分（9 元 / 股）计入股本溢价。

（3）其他综合收益（other comprehensive income）。其他综合收益是指企业根据会计准则规定不计入当期损益的利得和损失。

### 其他综合收益

企业在经营过程中，会产生很多利得（可以理解为得到的利益）和损失。多数利得和损失可以直接计入当期损益，即分别计入营业外收入和营业外支出，直接影响利润表中的净利润。但是有些利得和损失不允许直接计入当期损益，也就是不让其直接影响当期利润，以防止企业操纵利润。因为这些利得和损失往往是表面上的、是虚的，最终能不能落袋还是个未知数。

比如投资的股票大涨或大跌（公允价值变化），在股票没被卖出去时就不能因此确认收益或损失，因为真正卖出去时很可能不是这个价格，收益和损失都是不确定的。然而，股票的涨跌又的确会对企业造成利得或损失的影响，那么这种影响如何得到客观真实的反映呢？于是设置了一个"其他综合收益"科目，核算持有期间的价格变动造成利得或损失时把这些利得和损失先放在该科目过渡，以后这些利得和损失真正实现了，再把它转出去[2]。

---

1　一般公司用实收资本，股份有限公司用股本。股本是用股份面值计价投入资本。我国上市公司发行的股票面值为每股 1 元人民币，溢价发行。
2　资料来源：究竟什么是其他综合收益？如何通俗易懂地理解？——知乎。

（4）盈余公积（surplus reserve）。盈余公积是指企业按照公司法的规定及股东会的决议从当期税后利润中提取的留存在企业的收益，可用于弥补亏损。按照公司法的规定提取的盈余公积称为法定盈余公积；按照股东会的决议提取的盈余公积称为任意盈余公积。

（5）未分配利润（unappropriated profit）。未分配利润是指企业尚未指定用途、留待以后分配的利润。

盈余公积和未分配利润统称为留存收益（retained earnings）。

资产反映企业在某个时间点所拥有或控制的各种经济资源的总量，负债和所有者权益反映企业资产形成的来源。这 3 个要素可以在一定期限内保持相对静止，因此，这 3 个要素被称为静态会计要素。

### 3.1.4 收入

收入（revenues）是指企业在日常经营活动中形成的、会导致所有者权益增加的、与所有者投入资本无关的经济利益的总流入。

收入具有以下特征：第一，收入来自企业的日常经营活动。日常经营活动具有可持续、周而复始和可重复进行的特性。第二，收入会导致所有者权益增加。收入会带来资产的增加、负债的减少，或者两者兼有。资产增加、负债减少最终导致所有者权益增加。第三，收入是与所有者投入资本无关的经济利益的总流入。企业收到的代第三方收取的款项不是企业的收入。

这里的收入属于狭义的收入，主要强调收入来自日常的经营活动。日常经营活动是企业管理者能够控制的活动，如销售商品、提供劳务等。这种收入具有经常性和反复性，包括主营业务收入、其他业务收入和投资收益等。

（1）主营业务收入。主营业务收入是指企业的主要经营活动产生的收入。不同行业的主营业务收入不同。多元化经营的企业，其主营业务可以是多项的，如销售商品、提供劳务等。

（2）其他业务收入。其他业务收入是指企业除主营业务活动以外的其他经营活动带来的收入，如销售原材料、出租固定资产等业务取得的收入。

（3）投资收益。投资收益是指企业对外投资所取得的收益（所发生的损失为负数），如企业对外投资取得股利收入、债券利息收入，以及与其他单位联营所分得的利润等。

广义的收入不仅包括日常经营活动的收入，还包括非日常经营活动收入。

非日常经营活动收入是企业无法控制的偶然发生的事项所产生的经济利益的流入，如捐赠收入、罚款收入等。为了便于与日常经营活动收入相区别，这种非日常经营活动产生的收入被称为营业外收入。营业外收入具有偶发性，不具有重复性，如报废固定资产收益、获得捐赠收益、取得罚款收入等。

收入的主要构成如图 3-4 所示。

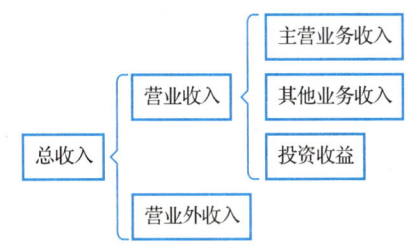

图 3-4　收入的主要构成

### 3.1.5 费用

费用（expenses）是指企业日常经营活动中发生的、会导致所有者权益减少的、与向所有者分配利润无关的经济利益的总流出。具体包括营业成本、税金及附加和期间费用等。营业成本是指销售商品或提供劳务的成本。按照销售商品或提供劳务在企业日常经营活动中的主次地位，营业成本分为主营业务成本和其他业务成本。

（1）主营业务成本。主营业务成本是企业主营业务活动产生的成本，与主营业务收入相配比，如某汽车生产企业的主要业务收入是销售汽车收入，则主营业务成本就是已销售的汽车的成本。

（2）其他业务成本。其他业务成本是企业日常经营活动中非主营业务活动产生的成本，与其他业务收入相配比，如出租的固定资产的折旧费用。

（3）税金及附加。税金及附加是指企业开展经营活动依法产生并应当缴纳的除增值税和企业所得税以外的其他各种税费，包括消费税、城市维护建设税、教育费附加、关税、房产税、印花税、车船税、城镇土地使用税等。

（4）期间费用。销售费用、财务费用和管理费用三者统称为期间费用。

销售费用是指企业在销售产品过程中发生的各种费用，包括销售机构人员的工资薪酬、为推销产品而发生的广告费用和展销费用等。

财务费用是指企业为筹集和使用资金而发生的各种费用，包括利息支出（减利息收入）、汇兑损益及相关的手续费等。

管理费用是指企业为组织和管理整个企业的生产经营活动而发生的各种费用，包括企业在筹建期间发生的开办费、行政管理部门的经费、董事会费、中介费、咨询费、诉讼费、业务招待费、技术转让费、研发费用等。

（5）投资损失。投资损失是指企业对外投资时所产生的损失。

（6）资产及信用减值损失。基于会计谨慎性原则的要求，企业需要对其可收回金额小于账面价值的资产计提减值准备，以防止发生高估资产、账面价值不能真实反映企业资产状况的情形。企业资产的减值可以分为两种，即资产减值损失和信用减值损失。固定资产、无形资产和存货的减值通过资产减值损失核算。应收账款、其他应收款等债权因预计无法完全收回而计提的预计损失，通过信用减值损失核算。

（7）所得税费用。所得税费用是指企业经营利润应缴纳的所得税。

广义的费用包括狭义的费用和营业外支出（计入当期损益的损失）。营业外支出是指企业发生的非日常经营活动的支出而应计入当期损益的损失（loss）。损失是企业无法控制的事项所形成的，具有偶发性，如罚款支出、资产重组损失、捐赠支出等。为了便于与日常经营活动收入相区别，这种非日常经营活动产生的支出被称为损失，计入营业外支出。

费用的主要构成如图3-5所示。

**注意**：①营业收入与营业成本有很强的因果关系，但是营业外收入和营业外支出没有因果关系；②会计要素的具体分类构成相关会计科目（第4章介绍）。

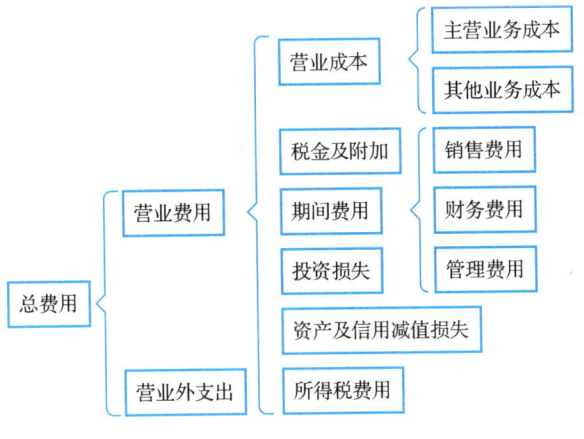

图 3-5 费用的主要构成

### 3.1.6 利润

利润（profit）是企业一定会计期间的经营成果，是企业一定经营期间的收入扣除费用后的余额，具体有营业利润、利润总额和净利润。

营业利润是狭义的收入减去狭义费用后的余额。

营业利润＝营业收入－营业成本－税金及附加－销售费用－财务费用－管理费用－资产及信用减值损失＋投资收益

＝主营业务收入＋其他业务收入－主营业务成本－其他业务成本－税金及附加－销售费用－财务费用－管理费用－资产及信用减值损失＋投资收益

利润总额是营业利润和营业外利润的总额。

利润总额＝营业利润＋营业外收入－营业外支出

净利润是指利润总额减去所得税费用后的金额，又称税后利润。

净利润＝利润总额－所得税费用

收入、费用和利润 3 个要素是对企业一定会计期间资金运动的动态反映，称为动态会计要素。这 3 个要素共同构成企业的利润表，反映企业一定会计期间的经营成果。收入大于费用，企业盈利；收入小于费用，企业亏损。

## 3.2 会计等式

### 3.2.1 会计等式的含义

会计等式（accounting equation），是指运用数学方程式的原理来描述会计要素之间的内在联系。

企业在经营过程中发生的任何一笔经济业务，都是资金运动的一个具体体现。资金运动是会计核算对象，具体归类为会计要素。因此，每笔资金运动必然会涉及相应的会计要素，从而使得涉及资金运动的会计要素之间存在一定的内在互动关系。这种内在关系可以通过数学表达公式描述出来。这种表达会计要素之间内在关系的数学表达公式被称为会计等式，或会计方程式、会计恒等式。

### 3.2.2 会计等式的种类

#### 1. 基本会计等式

基本会计等式是由静态会计要素组成的反映企业一定时日的财务状况的等式，是第一会计等式，表达为如下形式：

$$资产＝负债＋所有者权益$$

该等式体现了企业资金的两个不同侧面。等式左边的资产反映了企业从事生产经营活动所需的一定数量的各种资产，等式右边的负债和所有者权益反映了这些资产的来源。这些资产要么来源于债权人，形成企业的负债；要么来源于投资者，形成所有者权益。因此该等式是设置账户、复式记账和编制资产负债表的理论依据。

资产会随着负债和所有者权益的增减变动而发生相应的变化。

#### 2. 动态会计等式

动态会计等式是由动态会计要素组成的反映企业一定会计期间经营成果的等式，被称为第二会计等式，表达为如下形式：

$$收入－费用＝利润$$

其中，收入和利润呈同方向变动，在费用一定的情况下，收入越高，利润越高；费用与利润则呈反方向变动，在收入一定的情况下，费用越高，利润越低。该等式是编制利润表的理论依据。

#### 3. 综合会计等式

综合会计等式又称扩展会计等式，是由静态会计要素和动态会计要素综合而成的，表达为如下形式：

$$资产＋费用＝负债＋所有者权益＋收入$$

企业存在的目的是盈利。企业生产经营成果必然影响股东权益。企业经营活动过程中，通过购置资产和消耗资产，形成收入，产生一定的费用，收入减去费用形成利润，利润又会影响所有者权益和企业资产。如果利润为正，那么所有者权益增加，资产随之增值；如果利润为负，那么所有者权益减少，资产随之缩水。因此，从动态发展的角度，基本的会计等式演变为如下形式：

$$资产＝负债＋所有者权益＋利润$$
$$资产＝负债＋所有者权益＋（收入－费用）$$
$$资产＋费用＝负债＋所有者权益＋收入$$

动态的扩展会计等式将企业的财务状况和经营成果有机地联系在一起，反映了企业经营活动引起的资金运动在六大要素之间的来回变动和相互影响。

#### 4. 经济业务对会计等式的影响

经济业务发生必然会引起会计要素的增减变动。但无论发生什么样的经济业务，均不会破坏会计等式的恒等关系。

经济业务引起会计等式变化的类型有以下几种。

（1）只影响会计等式的一边，左边或右边，会计等式保持平衡。比如资产之间的一增一减、负债之间的一增一减、所有者权益之间的一增一减、负债和所有者权益之间的一增一减。

（2）影响会计等式的两边。会计等式两边同增同减，会计等式保持平衡。比如资产增加（减少）的同时负债增加（减少）或所有者权益增加（减少），收入增加的同时费用增加等。

下面通过美美文具店的一些具体经济业务来分析说明会计要素的增减变动对会计等式的影响。

## 例 3-1

1. 小美和小丽合伙投资开办了美美文具店。小美出资 10 万元（银行存款），小丽出资 4 万元（现金）。

【分析】美美文具店收到小美和小丽的投资款，该项经济业务一方面使文具店的资产增加了 14 万元（银行存款增加了 10 万元，库存现金增加了 4 万元）；另一方面使所有者权益（实收资本）增加了 14 万元。会计等式保持平衡。

| 资产 | | = | 负债 | + | 所有者权益 | |
|---|---|---|---|---|---|---|
| +银行存款 | 100 000 | | | | +实收资本 | 100 000 |
| +库存现金 | 40 000 | | | | +实收资本 | 40 000 |
| | 140 000 | | | | | 140 000 |

资产（140 000 元）=负债+所有者权益（140 000 元）

2. 美美文具店采购了一批价值 3.5 万元的文具，已用银行存款支付了 1.5 万元，还有 2 万元货款赊欠着。

【分析】该项经济业务中，文具店购买了 3.5 万元的文具，使库存商品增加了 3.5 万元；同时银行存款的支付使银行存款减少了 1.5 万元；还有 2 万元的货款没有支付，形成了一笔应付的款项即负债增加了 2 万元。会计等式保持平衡。

| 资产 | | = | 负债 | | + | 所有者权益 | |
|---|---|---|---|---|---|---|---|
| +银行存款 | 100 000 | | | | | +实收资本 | 100 000 |
| +库存现金 | 40 000 | | | | | +实收资本 | 40 000 |
| −银行存款 | 15 000 | | +应付账款 | 20 000 | | | |
| +库存商品 | 35 000 | | | | | | |
| | 160 000 | | | 20 000 | | | 140 000 |

资产（160 000 元）=负债（20 000 元）+所有者权益（140 000 元）

3. 美美文具店销售文具，取得了 2.8 万元的收入，款项均已存入银行。

【分析】该项经济业务一方面使收入（主营业务收入）增加了 2.8 万元，另一方面使资产（银行存款）增加了 2.8 万元。会计等式保持平衡。

| 资产 | + | 费用 | = | 负债 | + | 所有者权益 | + | 收入 |
|---|---|---|---|---|---|---|---|---|
| +银行存款 100 000 | | | | | | +实收资本 100 000 | | |
| +库存现金 40 000 | | | | | | +实收资本 40 000 | | |
| -银行存款 15 000 | | | | +应付账款 20 000 | | | | |
| +库存商品 35 000 | | | | | | | | |
| +银行存款 28 000 | | | | | | | | +主营业务收入 28 000 |
| 188 000 | | | | 20 000 | | 140 000 | | 28 000 |

资产（188 000元）+费用=负债（20 000元）+所有者权益（140 000元）+收入（28 000元）

4. 美美文具店用银行存款支付了本月的水电费 320 元。

【分析】该经济业务使资产（银行存款）减少了 320 元，形成了企业的一笔费用，因此费用增加了 320 元。会计等式保持平衡。

| 资产 | + | 费用 | = | 负债 | + | 所有者权益 | + | 收入 |
|---|---|---|---|---|---|---|---|---|
| +银行存款 100 000 | | | | | | +实收资本 100 000 | | |
| +库存现金 40 000 | | | | | | +实收资本 40 000 | | |
| -银行存款 15 000 | | | | +应付账款 20 000 | | | | |
| +库存商品 35 000 | | | | | | | | |
| +银行存款 28 000 | | | | | | | | +主营业务收入 28 000 |
| -银行存款 320 | | +管理费用 320 | | | | | | |
| 187 680 | | 320 | | 20 000 | | 140 000 | | 28 000 |

资产（187 680元）+费用（320元）=负债（20 000元）+所有者权益（140 000元）+收入（28 000元）

## 3.3　会计确认和计量

请注意，不是所有发生的事项都需要会计处理。财会人员需要对发生的事项进行一定的筛选，对符合条件的事项选择在适当的时间以恰当的会计科目进行登记，这就是"会计确认"。比如判断涉及的是资产还是负债，如果是资产，是哪项资产。从而确认要登记的会计科目。确认了要登记的会计科目，还要进一步确定以多少金额进行登记，这就是"会计计量"。会计确认是解决某项经济业务"是什么？是否应当在会计上反映？在哪个会计科目进行反映？"；会计计量则是解决"反映多少"的问题。

### 3.3.1　会计确认

会计确认（accounting recognition）是指将某项交易或事项与六大会计要素联系起来并加以认定的过程。会计确认主要解决某项经济业务"涉及哪些要素？比如是资产、负债，还是其他要素？""是否需要在会计上反映？"

能否在会计上进行确认至少要满足 3 个条件。

首先，需要符合要素的定义。比如，如果一项交易确认为资产或负债，那么应该符合资产或负债的定义。

其次，要同时满足以下两个条件。

（1）有关经济利益很可能流入或流出企业。这里的"很可能"表示发生的概率在 50%

以上，如表 3-1 所示。

表 3-1 "可能性"的层次分类

| 可能性 | 概率 |
|---|---|
| ① 基本确定 | $95\% < P \leqslant 100\%$ |
| ② 很可能 | $50\% < P \leqslant 95\%$ |
| ③ 可能 | $5\% < P \leqslant 50\%$ |
| ④ 极小可能 | $0\% < P \leqslant 5\%$ |

（2）很可能流入或流出企业的经济利益能够可靠地计量。如果不能计量，确认就没有意义。

以上 3 个条件要同时满足才能确认。比如，费用的确认条件，一是要符合费用的定义，二是与费用有关的经济利益很可能流出企业，三是这很可能流出企业的经济利益能够可靠地计量。

### 3.3.2 会计计量

会计计量（accounting measurement）是为了将符合确认条件的会计要素登记入账并列报于财务报表而需要确定其金额的过程。企业应当按照规定的会计计量属性进行计量，确定相关金额。计量是在会计确认的前提下，解决某项经济业务在会计上"反映多少"的价值问题。

**例 3-2**

公司用银行存款 2 万元偿还了一笔之前欠供应商的货款。

【分析】

首先确认问题：这笔业务涉及哪些要素？一是资产要素下的银行存款；二是负债要素下的应付账款。不涉及实收资本或收入，也不涉及资产下的固定资产或者负债下的应付职工薪酬等。

其次计量问题：简单理解，计量就是金额。本案例的计量就是金额 2 万元。

### 3.3.3 会计计量属性

会计计量属性包括历史成本、重置成本、可变现净值、现值和公允价值。

#### 1. 历史成本

历史成本（historical cost）又称实际成本，是指为取得或制造某项资产而实际支付的现金或其他等价物。

#### 2. 重置成本

重置成本（replacement cost）又称现行成本，是指按照当前的市场条件重新取得同样资产所需支付的现金或其他等价物。在会计实务中，重置成本多应用于盘盈的固定资产的计量。

### 3. 可变现净值

可变现净值（net realizable value）是指资产以预计售价减去为出售需进一步加工的成本和预计销售费用及相关税费后的净值。例如，判断存货是否发生减值，需要比较存货的账面成本与存货的可变现净值。如果账面成本高于存货可变现净值，则表明存货有发生减值的迹象；反之，存货没有减值迹象。

### 4. 现值

现值（present value）是指未来现金流折算到现在值多少钱。现值是将未来现金流以恰当的折现率进行折算后而得到的价值，考虑了货币的时间价值。实务中，现值应用于流动资产的可收回金额和以摊余成本计量的金融资产的价值确定，广泛运用于企业价值评估和投资决策等财务管理问题。

### 5. 公允价值

公允价值（fair value）是指市场参与者在计量日发生的有序交易中，出售一项资产所能收到的或转移一项负债所需支付的价格。公允价值通常应用于交易性金融资产、可供出售金融资产的计量。实务中经常以市价作为公允价值来衡量。

**例 3-3**

公司于 3 年前以 8 万元购置了一台设备。该设备预计使用寿命 8 年。

不同会计计量属性如表 3-2 所示。

表 3-2 会计计量属性

| 内容 | 金额（元） | 计量属性 |
| --- | --- | --- |
| 3 年前，以 8 万元购置了一台设备 | 80 000 | 历史成本 |
| 目前，公司如果重新购置一台已使用 3 年的相同的设备，预计需支付 7.2 万元 | 72 000 | 重置成本 |
| 目前，公司如果将该设备出售，预计售价 3 万元，出售时需支付相关费用 5 000 元 | 25 000 | 可变现净值 |
| 目前，公司如拟继续使用该设备，尚可使用 5 年，预计该设备每年带来的收益为 2 万元。将未来的收益折算为现值，为 8.6 万元 | 86 000 | 现值 |
| 目前，该设备在市场上的平均交易价格为 3.5 万元 | 35 000 | 公允价值 |

我国《企业会计准则》规定，企业在对会计要素进行计量时，一般应当采用历史成本。采用重置成本、可变现净值、现值、公允价值计量的，应当保证所确定的会计要素金额能够取得并能可靠计量。

## 3.3.4 会计确认和计量的要求

对经济业务进行会计确认和计量不仅要符合一定的条件，还要在确认和计量的过程中遵循一定的要求：历史成本计量、划分收益性支出与资本性支出、收入与费用配比。

### 1. 历史成本计量

历史成本以最初取得的原始凭证为据，比较客观，可以随时查证，防止随意更改。因此历史成本具有可靠性和可验证性，符合会计核算真实性等优点[1]。历史成本计量属性要求企业按照经济业务发生时的实际支出计价，当后续物价变动时，除非另有规定，否则不得调整历史账面价值。

### 2. 划分收益性支出与资本性支出

支出分为收益性支出（revenue expenditure）和资本性支出（capital expenditure）。支出的划分如图 3-6 所示。

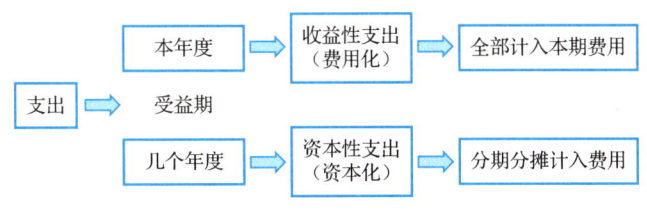

图 3-6　支出的划分

凡支出的效益仅与本年度相关的，应当作为收益性支出。收益性支出，一次性作为本期费用，计入当期损益，列于利润表中。例如，董事长的差旅费支出，应一次性计入当期费用。

凡支出的效益与几个会计年度相关的，应当作为资本性支出。资本性支出计入有关资产，列于资产负债表中。资本性支出根据受益期限分期摊销，分期逐年转入费用。例如，购置一台设备的支出，形成固定资产，之后该固定资产根据使用寿命均匀摊销，分期转入费用，分期影响利润。

因此，将收益性支出确认为资本性支出，会导致一方面资产虚增、另一方面利润虚增。同理，将资本性支出确认为收益性支出，会导致一方面资产虚减、另一方面利润虚减。

### 3. 收入与费用配比

收入与费用的配比关系如下。

一是在因果关系上相配比，如主营业务收入和主营业务成本。

二是在时间上相配比，如本期的成本与本期的收入相配比，不能跨期处理。

## 关键术语

会计要素（accounting elements）　　　　资产（assets）
流动资产（current assets）　　　　　　　非流动资产（non-current assets）
负债（liabilities）
流动负债（current liabilities）　　　　　　非流动负债（non-current liabilities）
所有者权益（owners' equity）

---

1　历史成本也存在一定的缺陷，比如时间间隔比较长时，或者物价变动剧烈时，历史成本就不一定能反映会计要素的真实价值。因此初始计量都采用历史成本，后续计量根据会计准则规定会辅以其他计量属性。

收入（revenues） 费用（expenses）
损失（loss） 利润（profit）
会计等式（accounting equation） 会计确认（accounting recognition）
会计计量（accounting measurement） 历史成本（historical cost）
重置成本（replacement cost） 可变现净值（net realizable value）
现值（present value） 公允价值（fair value）
收益性支出（revenue expenditure） 资本性支出（capital expenditure）

第 3 章即测即评

 思考题

1. 我国《企业会计准则》规定的会计要素有哪几个？
2. "如果你欠银行 50 万元，你可能面临麻烦；但如果你欠银行 1 000 万元，面临麻烦的可能是银行。"如何理解这句话？
3. 如何理解"权利可以放弃而义务不能放弃"这句话？
4. 如何将会计等式的平衡思维运用到学习和生活中？
5. 收入和费用对企业资产、负债和所有者权益有什么影响？
6. 如何划分收益性支出和资本性支出？

 职业能力训练

一、单选题

1. 下列各项中，属于资产的是（  ）。
   A. 实收资本　　B. 应收账款　　C. 应付账款　　D. 预收账款
2. 下列各项中，属于负债的是（  ）。
   A. 固定资产　　B. 应付债券　　C. 应收票据　　D. 资本公积
3. 下列各项中，属于所有者权益的是（  ）。
   A. 无形资产　　B. 库存现金　　C. 长期股权投资　　D. 盈余公积
4. 下列各项中，属于流动资产的是（  ）。
   A. 长期股权投资　　B. 无形资产　　C. 原材料　　D. 短期借款
5. 下列各项中，属于非营业收入的是（  ）。
   A. 主营业务收入　　B. 其他业务收入　　C. 投资收益　　D. 营业外收入

二、多选题

1. 下列各项中，属于资产负债表要素的有（  ）。
   A. 资产　　B. 收入　　C. 负债　　D. 所有者权益

2. 下列各项中，属于利润表要素的有（　　）。
   A. 所有者权益　　B. 收入　　　　C. 利润　　　　D. 费用
3. 下列各项中，属于非流动资产的有（　　）。
   A. 长期股权投资　B. 无形资产　　C. 固定资产　　D. 应收账款
4. 下列各项中，属于流动负债的有（　　）。
   A. 预收账款　　　B. 预付账款　　C. 应交税费　　D. 长期借款
5. 下列各项中，属于所有者权益的有（　　）。
   A. 实收资本　　　B. 法定盈余公积　C. 资本公积　　D. 任意盈余公积
6. 下列各项中，属于留存收益的有（　　）。
   A. 资本公积　　　B. 盈余公积　　C. 未分配利润　D. 银行存款
7. 下列各项中，属于日常经营活动带来的收入的有（　　）。
   A. 营业外收入　　B. 主营业务收入　C. 其他业务收入　D. 投资收益
8. 下列各项中，属于日常经营活动发生的费用的有（　　）。
   A. 主营业务成本　B. 管理费用　　C. 税金及附加　D. 营业外支出
9. 下列各项中，属于期间费用的有（　　）。
   A. 销售费用　　　B. 财务费用　　C. 制造费用　　D. 管理费用
10. 下列各项中，属于税金及附加的有（　　）。
    A. 所得税　　　　B. 消费税　　　C. 印花税　　　D. 增值税
11. 下列各项中，属于非日常经营活动的项目的有（　　）。
    A. 利息收入　　　B. 投资收益　　C. 营业外收入　D. 营业外支出
12. 下列经济业务中，会引起会计恒等式两边同时发生变动的有（　　）。
    A. 购进原材料未付款　　　　B. 接受股东投资
    C. 以银行存款购买设备　　　D. 向银行借款存入银行
13. 企业发生了一笔对外投资，这项业务将导致（　　）。
    A. 资产增加　　　B. 资产减少　　C. 负债增加　　D. 所有者权益增加
14. 会计计量属性包括（　　）。
    A. 历史成本　　　B. 公允价值　　C. 重置成本　　D. 可变现净值
    E. 现值
15. 一项属于收益性支出的经济业务，被确认为资本性支出，会导致（　　）。
    A. 利润虚增　　　B. 资产虚增　　C. 利润虚减　　D. 资产虚减

### 三、业务题

甲公司 9 月初资产总额为 100 万元，负债 40 万元，所有者权益 60 万元。9 月份发生以下业务。

（1）收到股东新投入的无形资产，作价 9 万元。
（2）用银行存款 1 万元购买了 2 台计算机。
（3）购入材料 5 万元，货款尚未支付。
（4）销售了一批商品售价 1 万元，商品成本 4 000 元，款项已收到。
（5）购买了 2 000 元的办公用品，用库存现金支付。

（6）用银行存款支付了行政管理人员的差旅费3 000元。

（7）收到客户偿还的应收销货款4万元。

请问：

1. 会计等式仍然成立吗？期末总资产、负债、所有者权益各是多少？

2. 判断上述业务对会计要素的影响。

3. 本期的收入和费用各是多少？

### 四、分析讨论题

请每位同学结合自身实际情况，从会计的角度来分析判断一下大学的学习与生活。

1. 从来源的角度来看，你在大学期间所投入的时间和金钱是资产、自有资本还是负债？为什么？

2. 从使用的角度来看，你认为大学期间投入的时间和金钱将是收益性支出还是资本性支出？为什么？

# 第4章 账户设置

**学习目标**

1. 理解：会计科目与账户的关系
2. 掌握：账户的基本格式与功能

**内容导图**

从本章开始，学习内容转向具体的会计核算方法。会计核算是一个会计确认、计量、记录和报告的过程。本章的账户设置属于会计记录方法之一。本章主要学习内容包括账户的设置依据，即会计科目、账户的定义、账户的基本格式和功能、账户体系的分类等。

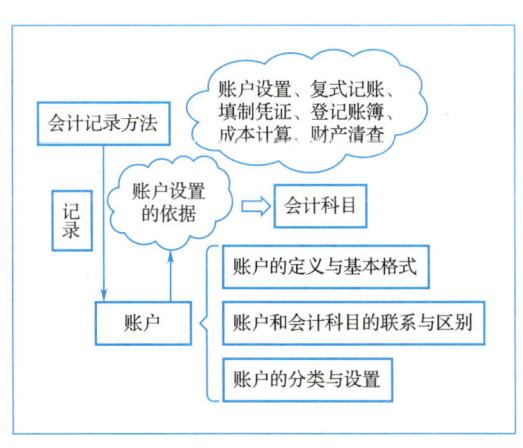

## 思政元素

只有科学合理地设置账户和账簿才能满足财务管理需求，体现账户之间的严谨性；总账和明细账的平行登记演绎了一种互补平行的关系。积极规划设立"人生账户"。

## 导入案例

### 研发费用"张冠李戴"，企业补税2亿元[1]

A公司在享受高新优惠的第一年和第二年，在账目上专门设置了研发支出科目，科目明细为各个研发项目的具体支出，下级科目分别为研发工资、直接投入、设备折旧、其他费用，会计处理符合规范。经测算，研发费用占收入总额的3.27%，略高于《高新技术企业认定管理办法》（国科发火〔2016〕32号）要求的比例3%。

但是，A公司在后3年的账目上，并未设置研发支出科目，研发费用无专项列支，而转变的节点恰逢A公司股东变更的特殊时期，其与股东之间每月均有大笔资金往来；同时，作为年均销售收入上百亿元、内控机制完善、有着较强财务核算部门的公司，连续5年研发费用支出使用两种差异较大的核算方式，存在一定异常。

那么税务问题是怎么被发现的呢？原来是每月网上报送的数据成为税务评估、稽查案源的来源，千万不要存在侥幸心理，只要金三税务系统检测出企业的动态数据异常，税负率偏低，就会自动预警。

厦门市税务局开发的大企业数据仓库和税收风险管理软件，包含一项重要功能——"控股高新技术企业符合性"风险项目指标模型。该模型可通过设定年份、企业所得税平均贡献率、营业收入等指标，比对筛选风险点。经过数据分析比对发现，A公司最近3个年度企业所得税平均贡献率分别为8.9%、8.3%、4.7%，变动率异常。

针对该疑点，A公司自查认为并不存在问题。于是，税务人员利用大企业税务审计软件强有力的爬虫算法功能，快速读取复杂网页中的节点数据，在海量互联网数据中高效、精准地抓取了几个重要信息：第一，A公司2012年度由于外资企业B公司入股且控股60%，A公司的经营方式、内控机制、财务核算方式均发生了较大改变；第二，B公司控股A公司后，在A公司所在地新设立了研发机构，主要侧重于A公司核心产品的专业研究。

结合这些信息，税务人员综合判断认为，被控股后的A公司，其核心研发项目实际均由B公司进行研究开发，后经授权由A公司使用和生产。在通过大企业税务审计软件抽取比对了两家公司的往来账目后，税务人员发现，A公司每月均向B公司支付了一笔特许权使用费，并代扣代缴了相关税费，进一步佐证了税务人员的判断。

结果显而易见：A公司的研发项目由B公司的研发中心统一研发，发生的研发费用应当由B公司归集，A公司并无实际发生的研发支出，其由外资控股后的3个年度不符合高新技术企业税收优惠的条件。

---

[1] 资料来源：网易。

经过税务部门的政策辅导，A 公司最终承认，其研发中心原属 A 公司，被控股后转由 B 公司实际主导，其管理实质为 B 公司。因此，根据《高新技术企业认定管理办法》（国科发火〔2016〕32 号）第十六条的规定，对已认定的高新技术企业，有关部门在日常管理过程中发现其不符合认定条件的，需追缴其不符合认定条件年度起已享受的税收优惠，A 公司共需补缴企业所得税 2.3 亿元，滞纳金 1 亿元。

处方：准确判定费用归集主体

事实上，不少外资企业发展历史悠久，技术实力领先，由其牵头进行产品研发，授权被控股企业使用、生产和销售，符合市场经济发展规律。但在研发费用成本归集中，必须分清实际研发主体，将授权获得的研发项目充当享受高新技术企业优惠的必要条件的做法不可取，将带来相应的税务风险。企业应严格遵循相关政策规定，按研发项目设置辅助账，准确归集核算发生额，准确归集研发主体。

## 4.1 会计记录方法

会计记录是将交易或事项采用专门的会计方法和专门的载体进行确认和计量的过程。

会计实务中，当一项交易或事项发生后，需进行确认和计量。在会计确认和计量的过程中需要借助专门的方法和载体进行记录。账户就是记录交易或事项的主要载体。因此需要进行账户设置。会计记录的专门方法包括账户设置、复式记账、填制和审核会计凭证、登记账簿、成本计算、财产清查和编制财务报告。

会计记录采用的首要方法是账户设置，只有采用账户设置建立起完整的账户体系，其他记录方法才能有效应用。

## 4.2 会计科目

### 4.2.1 会计科目的定义

会计科目（account title）是对会计要素进行分类形成的具体项目，是设置会计账户的依据，也是财务报表项目的主要构成内容。账户是根据会计科目开设的，会计科目是账户的名称。

如前所述，会计要素是根据会计信息的经济特征将资金运动进行分类形成的大类信息。但是，仅仅以资产、负债、所有者权益、收入、费用和利润这 6 个会计要素来描述计量企业复杂多样的经济业务是难以满足要求的，这会使得提供的会计信息过于简单笼统。例如，资产有很多形态，包括库存现金、银行存款、应收账款、固定资产等。一项经济业务影响了资产，为了更明晰地反映信息，就应该进一步分析到底影响了资产的哪个具体内容，而不能简单笼统地仅停留在"资产"这个大类要素上。同理，负债包括借款、应付账款、应交税费、应付职工薪酬等。一项经济业务如果影响了负债，那么应进一步分析到底影响了负债的哪个具体内容，只有这样才能核算清晰。其他要素同理。为此，在划分六大会计要素的基础上，需要对会计要素按其具体内容进行分类，形成用于会计核算的若干具体项目，即会计科目。

### 4.2.2 设置会计科目的意义

设置会计科目具有重要意义，具体如下。

（1）有助于明确会计核算的具体对象，有助于系统、全面地开展会计核算，增强会计处理效率。

（2）有助于设置账户。会计科目是设置账户的依据和必要前提。

（3）有助于提高信息的决策有用性。对企业会计信息进行分类细化，使会计信息使用者在会计要素大类信息的基础上，进一步深入了解每个会计要素的具体内容，有助于信息使用者进行经济决策，更好地实现财务会计的目标。

### 4.2.3 设置会计科目的原则

会计科目分类设置的科学性，决定着后续形成会计信息的系统性、有用性和全面性。我国《企业会计准则——应用指南》附录中对会计科目的设置和使用作了统一规范。

（1）科学分类、全面反映会计要素的内容。充分考虑每个会计要素的性质和主要特征，确保分类的科学性和合理性。例如，资产的再分类要考虑资产的形态、作用、流动规律等；负债的再分类要考虑债务形成的原因、偿还期限；所有者权益的再分类要考虑投入资本和留存收益；收入的再分类要考虑其来源、发生频率或占比；费用的再分类应考虑费用的用途和使用性质。会计科目能够全面反映会计要素的全部内容，形成既有区别又有联系的会计科目体系，为建立完整的账户体系提供充分保证。

（2）坚持统一性，满足信息的可比性。为满足会计信息的可比性要求，企业在设置会计科目时必须根据《企业会计准则——应用指南》的要求，对主要会计科目采用统一设置，同时保持相对稳定，不能经常变更。

（3）结合企业的经营特点，体现灵活性。坚持统一性不代表只能简单照搬会计准则的规定。企业结合自身的经营特点，在不违反会计准则的前提下可根据实际情况适当地增设、分拆和合并会计科目。

（4）会计科目简明清晰，方便使用。每个会计科目的名称应文字简明、含义明确、通俗易懂，其核算内容都应有明晰的界定，科目之间具有互斥性，以便财会人员准确应用。

表 4-1 所示为我国《企业会计准则——应用指南》统一规范的常用会计科目。

### 4.2.4 会计科目的分类

#### 1. 按会计要素分类

按会计要素，会计科目可以分为资产类、负债类、所有者权益类、收入类、费用类和利润类。

#### 2. 按级次分类

按级次，会计科目可以分为总分类科目和明细分类科目。总分类科目对所属明细分类科目具有统领、控制作用，明细分类科目是对总分类科目的进一步细分。

（1）总分类科目。总分类科目又称一级科目或总账科目。我国《企业会计准则——应用指南》规定的会计科目都属于总分类科目。表 4-1 中的会计科目均为总分类科目。

### 表 4-1 《企业会计准则——应用指南》统一规范的常用会计科目

| 会计科目类型 | 编号 | 会计科目名称 | 会计科目类型 | 编号 | 会计科目名称 |
|---|---|---|---|---|---|
| 一、资产类 | 1001 | 库存现金 | 二、负债类 | 2205 | 合同负债 |
| | 1002 | 银行存款 | | 2211 | 应付职工薪酬 |
| | 1101 | 交易性金融资产 | | 2221 | 应交税费 |
| | 1121 | 应收票据 | | 2231 | 应付利息 |
| | 1122 | 应收账款 | | 2232 | 应付股利 |
| | 1123 | 预付账款 | | 2241 | 其他应付款 |
| | 1131 | 应收股利 | | 2501 | 长期借款 |
| | 1132 | 应收利息 | | 2502 | 应付债券 |
| | 1221 | 其他应收款 | | 2701 | 长期应付款 |
| | 1231 | 坏账准备 | | 2801 | 预计负债 |
| | 1401 | 材料采购 | 三、所有者权益类 | 4001 | 实收资本 |
| | 1402 | 在途物资 | | 4002 | 资本公积 |
| | 1403 | 原材料 | | 4003 | 其他综合收益 |
| | 1404 | 材料成本差异 | | 4101 | 盈余公积 |
| | 1405 | 库存商品 | | 4103 | 本年利润 |
| | 1411 | 周转材料 | | 4104 | 利润分配 |
| | 1471 | 存货跌价准备 | 四、成本类 | 5001 | 生产成本 |
| | 1473 | 合同资产 | | 5101 | 制造费用 |
| | 1511 | 长期股权投资 | | 5201 | 劳务成本 |
| | 1512 | 长期股权投资减值准备 | | 5301 | 研发支出 |
| | 1601 | 固定资产 | 五、损益类 | 6001 | 主营业务收入 |
| | 1602 | 累计折旧 | | 6051 | 其他业务收入 |
| | 1603 | 固定资产减值准备 | | 6111 | 投资收益 |
| | 1604 | 在建工程 | | 6115 | 资产处置损益 |
| | 1605 | 工程物资 | | 6301 | 营业外收入 |
| | 1606 | 固定资产清理 | | 6401 | 主营业务成本 |
| | 1701 | 无形资产 | | 6402 | 其他业务成本 |
| | 1702 | 累计摊销 | | 6403 | 税金及附加 |
| | 1703 | 无形资产减值准备 | | 6601 | 销售费用 |
| | 1801 | 长期待摊费用 | | 6602 | 管理费用 |
| | 1901 | 待处理财产损溢 | | 6603 | 财务费用 |
| 二、负债类 | 2001 | 短期借款 | | 6701 | 资产减值损失 |
| | 2201 | 应付票据 | | 6711 | 营业外支出 |
| | 2202 | 应付账款 | | 6801 | 所得税费用 |
| | 2203 | 预收账款 | | 6901 | 以前年度损益调整 |

（2）明细分类科目。明细分类科目又称明细科目，是对总分类科目进一步详细分层形成的项目，包括二级科目、三级科目等，可提供更加详细的会计信息。

例如，为了全面、完整地反映应收账款的总体情况，应设置"应收账款"总分类科目；但要具体反映应收账款的明细情况，就应对所有的应收账款作进一步分类，在"应收账款"总分类科目下，按照债务人的名称设置相应的明细科目，明确反映每个债务人所欠的具体金额。

## 4.3 账户

### 4.3.1 账户的定义与基本格式

账户（account）是根据会计科目设置的，具有一定的结构形式，用于连续、系统、全面地记录各类交易或事项，反映会计要素增减变动及其结果，并为财务报告的编制提供数据资料的一种手段。

#### 1. 账户设置的主要依据是会计科目

经济业务导致会计要素发生变化，具体化为对会计科目的影响。为了记录经济业务导致的该项会计科目数据信息的变化，每确定一个会计科目，就应据此设置一个会计账户。会计科目是该会计账户的名称。

#### 2. 账户具有一定的结构形式

账户的格式多种多样，但是一般都包括如图4-1所示的主要内容。

**总 分 类 账**

会计科目：在途物资　　　　　　　　　　　　　　　　　　　　　　　单位：元

| 202×年 | | 凭证 | | 摘要 | 借方金额 | 贷方金额 | 借或贷 | 余额 |
|---|---|---|---|---|---|---|---|---|
| 月 | 日 | 字 | 号 | | | | | |
| 10 | 5 | 银付 | 1 | 购入材料 | 20 000 | | 借 | 20 000 |
| | 12 | 银付 | 2 | 购入材料 | 12 000 | | 借 | 32 000 |
| | 12 | 银付 | 3 | 购入材料 | 600 | | 借 | 32 600 |
| | 30 | 转 | 1 | 材料入库 | | 32 600 | 平 | 0 |

- 账户名称
- 记录日期
- 记录依据
- 记录具体内容
- 交易或事项的变动方向与变动金额
- 账户余额方向
- 变动的结果

图 4-1　账户的结构

（1）账户名称，即会计科目。
（2）日期和摘要，反映记录的日期和经济业务内容。
（3）凭证，反映记录的依据。
（4）账户增加和减少的金额。

（5）账户余额。

### 3. 账户的基本结构

账户记录的内容很多，包括交易或事项发生的日期、记录的依据、经济业务基本内容、增加额、减少额和余额等。其中，以货币为计量单位所形成的信息（增加额、减少额和余额）尤为重要。于是，将账户在结构上分为三栏基本信息，一栏用来记录经济业务引起资金变动的增加额，一栏用来记录经济业务引起资金变动的减少额，还有一栏用来显示余额信息。因此，用来记录增加额、减少额和余额的栏目就构成了账户的基本结构。

如果将账户基本结构从账户中截取下来，并作进一步处理，可简化为如图 4-2 所示的简单形式。这种形式的账户被称为 T 型账户（又称丁字型账户）。在会计教学中经常用简化了结构的 T 型账户，登记金额单位为元。

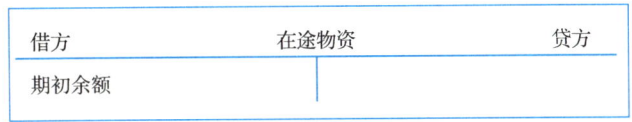

图 4-2 账户基本结构的简化形式——T 型账户

T 型账户将账户分为左右两方。在借贷记账法下，左边表示借方，右边表示贷方，但表示增加或减少要取决于账户的性质（具体内容见第 5 章）。

### 4. 账户的主要功能

账户的主要功能是提供一系列有用的信息数据。这些信息数据主要以价值体现出来，包括期初余额、本期增加发生额、本期减少发生额和期末余额。基本计算公式如下：

期末余额＝期初余额＋本期增加发生额合计数－本期减少发生额合计数

本期的期末余额转入下期，成为下期的期初余额。

以"库存现金"账户为例，账户提供的主要信息数据如图 4-3 所示。

| 借方 | 库存现金 | | 贷方 |
|---|---|---|---|
| 期初余额 | 2 000 | | |
| （1） | 8 500 | （2） | 6 000 |
| （3） | 6 600 | （4） | 5 000 |
| （5） | 1 000 | （6） | 4 000 |
| 本期增加发生额合计 | 16 100 | 本期减少发生额合计 | 15 000 |
| 期末余额 | 3 100 | | |

图 4-3 "库存现金"T 型账户

（1）期初余额。期初余额是指在某一会计期间开始时该账户的结余金额，一般是从上一个会计期末余额结转过来的。本期期初余额 2 000 元就是上一期的期末余额。期初余额的方向与记录增加额的一方相同。本例中，"库存现金"账户是用借方记录增加额的，因此从上期期末余额结转过来的本期期初余额相应地登记在借方。同理，有些账户是用贷方来登记增加额的，那么期初余额相应地登记在贷方。

（2）本期增加发生额合计数。本例中，本期增加发生额合计数等于本期发生的第（1）、（3）、（5）项业务交易额的合计数，即 8 500 ＋ 6 600 ＋ 1 000 ＝ 16 100（元）。

（3）本期减少发生额合计数。本例中，本期减少发生额合计数等于本期发生的第（2）、（4）、（6）项业务交易额的合计数，即 6 000 ＋ 5 000 ＋ 4 000 ＝ 15 000（元）。

（4）期末余额。期末余额＝期初余额＋本期增加发生额合计数－本期减少发生额合计数＝ 2 000 ＋ 16 100 － 15 000 ＝ 3 100（元）。账户期末若有余额，一般登记在表示增加额的一方。

### 4.3.2 账户和会计科目的联系与区别

会计科目是账户的名称，但账户还具有一定的结构格式，来反映经济内容的增减变动情况。正是因为账户是根据会计科目设置的，两者的称谓及核算内容完全一致，因此实务中，会计科目与账户常被作为同义语来理解，相互通用，不加区别。

### 4.3.3 账户的分类与设置

#### 1. 按账户反映的经济内容不同分类

在这种方法下，账户反映的经济内容与会计科目分类是一致的。账户按其反映的经济内容分为资产类、负债类、所有者权益类、收入类、费用类和利润类。

#### 2. 按账户提供信息的详细程度不同分类

会计科目按级次关系分为总分类科目和明细分类科目。账户是根据会计科目设置的，它所反映的会计要素内容的详细程度与会计科目的级次有直接关系。据此，账户可以分为总分类账户和明细分类账户。

（1）总分类账户。总分类账户（general account）是根据总分类科目设置的。如根据表 4-1 中的会计科目设置的账户均为总分类账户。总分类账户具有总括性，但存在一定的局限性。比如"应收账款"总分类账户能反映企业应收账款的金额变动和余额，但是不能具体反映债务人的详细信息。

（2）明细分类账户。明细分类账户（subsidiary account）是根据二级及二级以下的明细分类科目开设的账户，用于提供会计要素某些方面的详细信息。比如，应收账款可根据不同的客户名单设置明细分类账户。

#### 3. 按账户与报表关系的不同分类

账户分为资产负债表账户和利润表账户。编制资产负债表主要借助资产类、负债类和所有者权益类账户提供的数据资料；编制利润表则需要借助收入类、费用类和利润类账户提供的数据资料。

 **关键术语**

会计科目（account title）　　　账户（account）
总分类账户（general account）　明细分类账户（subsidiary account）

第 4 章即测即评

## 思考题

1. 怎样才能记住繁多的会计科目？
2. 会计科目与账户之间的关系和区别是什么？
3. 账户格式包括哪些主要内容？
4. 账户的基本结构是什么？什么是T型账户？

## 职业能力训练

### 一、单选题

1. 会计账户设置的依据是（　　）。
   A. 会计对象　　　B. 会计要素　　　C. 会计科目　　　D. 会计方法
2. 账户是根据（　　）设置的，用于连续、系统、全面地记录各类交易或事项的一种手段。
   A. 资金运动　　　B. 会计对象　　　C. 会计科目　　　D. 财务状况
3. 下列各项中，属于资产类会计科目的是（　　）。
   A. 应交税费　　　B. 固定资产　　　C. 实收资本　　　D. 主营业务收入
4. 下列各项中，属于负债类会计科目的是（　　）。
   A. 预付账款　　　B. 无形资产　　　C. 长期借款　　　D. 库存商品
5. 计算账户期末余额的一般公式是（　　）。
   A. 期末余额＝期初余额＋本期借方发生额合计数－本期贷方发生额合计数
   B. 期末余额＝期初余额＋本期贷方发生额合计数－本期借方发生额合计数
   C. 期末余额＝期初余额＋本期增加发生额合计数－本期减少发生额合计数
   D. 期末余额＝期初余额＋本期减少发生额合计数－本期增加发生额合计数

### 二、多选题

1. 账户一般可以提供的金额指标有（　　）。
   A. 期初余额　　　　　　　　　　B. 本期增加发生额
   C. 期末余额　　　　　　　　　　D. 本期减少发生额
2. 下列各项中，属于所有者权益类会计科目的有（　　）。
   A. 银行存款　　　B. 实收资本　　　C. 应收账款　　　D. 盈余公积
3. 根据会计科目的级次，会计科目可以分为（　　）。
   A. 总分类科目　　B. 资产类科目　　C. 明细分类科目　D. 收入类科目
4. 下列各项中，属于资产类会计科目的有（　　）。
   A. 生产设备　　　B. 固定资产　　　C. 在产品　　　　D. 原材料
5. 下列各项中，属于负债类会计科目的有（　　）。
   A. 预收账款　　　B. 预付账款　　　C. 应付账款　　　D. 应收账款
6. 下列各项中，可以作为会计科目的有（　　）。
   A. 固定资产　　　B. 机器设备　　　C. 原材料　　　　D. 欠款

7. 下列账户属于成本类的有（　　　）。

　　A. 生产成本　　　　B. 管理费用　　　　C. 制造费用　　　　D. 主营业务成本

8. 下列账户属于损益类的有（　　　）。

　　A. 销售费用　　　　B. 投资收益　　　　C. 主营业务收入　　D. 其他业务收入

### 三、判断题

1. （　　）所有账户都分为左右两方。左边表示增加，右边表示减少。
2. （　　）总分类科目和明细分类科目都是国家统一制定的。
3. （　　）会计科目有一定的账户结构。
4. （　　）总账和明细账除用货币计量外，必要时均可采用实物计量。
5. （　　）原材料是属于资产类的会计科目。
6. （　　）所有总分类账户均应设置明细分类账户。
7. （　　）短期借款属于所有者权益类账户。
8. （　　）一般情况下，账户的余额与增加额在同一方。
9. （　　）制造费用属于成本类会计科目。
10. （　　）收入和费用属于损益类会计科目。

# 第 5 章 复式记账

### 学习目标

1. 理解：复式记账法
2. 掌握：借贷记账法
3. 掌握：账户的平行登记

### 内容导图

账户设置解决了交易或事项的记录载体问题，那么应该采用什么技术方法进行登记呢？本章将讲解会计的复式记账法，重点介绍借贷记账法，并在此基础上介绍账户平行登记的方法。

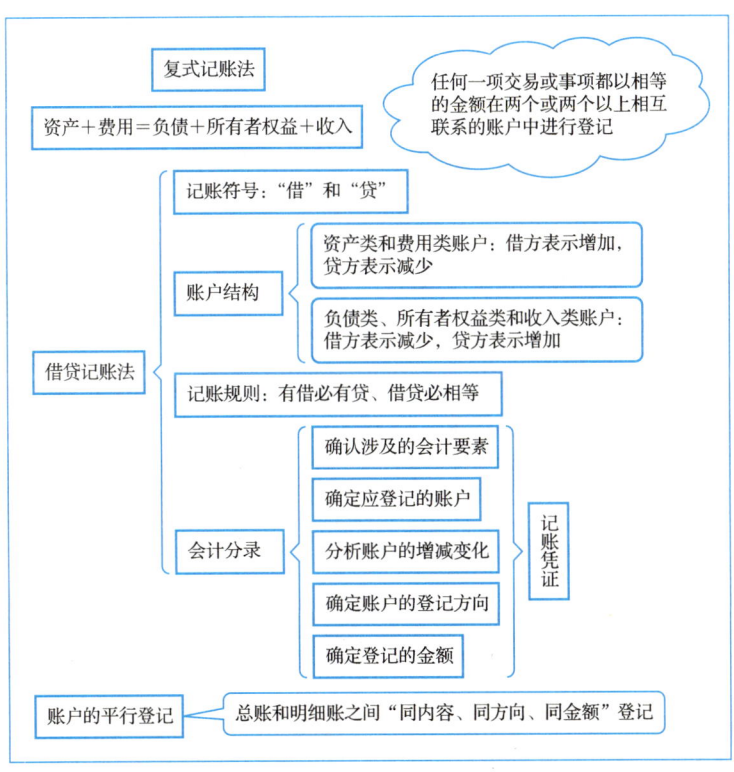

## 思政元素

借贷记账的规则"有借必有贷、借贷必相等",提醒同学们天下没有免费的午餐,没有付出就没有收获;应把"来龙去脉"核算清楚,明白自己的来处,把握好当下,清晰地规划自己将来的去处。

## 导入案例

### 账本上的佛罗伦萨——经常对账,友谊长存[1]

《文艺复兴时期佛罗伦萨的经济》一书中记录了这样一则故事:又到收房租的日子了。房东找到房客,要求其支付房租。房客并没有支付现金,而是告知一位欠了自己钱的朋友,请他代为支付,并在自己的账本上记下"房租已支付"和"债务已偿还"。这位债务人也没有支付房租,而是告诉他的雇主,把工资直接支付给房东,随后也更新了自己的账本。雇主还是没有支付房租,而是告知房东,他在自己工厂的账户上,专门为房东开设了一个子账户,拥有等同于房租的金融权益,并在账本上记下"工资已支付"和"为房东开设新账户"。最后,房东在自己的账本上记下了自己与房客、雇主之间的交易,分别为"房租已支付"和"在雇主的账户上生成了一个新账户,并且全权拥有等同于租金的支付能力"。至此,"支付"完成。

梳理这则故事可以看到,在整个"支付"过程中,既没有发生现金流转,也没有银行出现。从头至尾,各方只是面对各自的利益相关方,而后在各自的账本上增添了新条目,就完成了结算。

这就是中世纪佛罗伦萨真实的商业场景,也是佛罗伦萨商业发达的秘密。

今天的人们都明白,记不明白账就做不好生意、过不好日子。无论是企业还是家庭,要想收支平衡,实现盈余,前提都是先把账核算清楚。

佛罗伦萨,作为整个地中海地区的贸易中转商,必然也要记账。

围绕着这本账,佛罗伦萨把商业变成了一架由齿轮精密咬合而成的巨大机器,各行各业都深度嵌入其中,在齿轮的带动下高效地运转。

而且,这种点对点的无中心结算,绕开了中央银行尚未出现、金融体系尚不发达的现实障碍,用记账体系将所有商业行为纳入同一个网络中。

还是回到收房租的案例。在整个"支付"过程中,每位牵涉其中的关系人都记了两笔账。比如,房东的账本上就有两条记录,分别是"房租已支付"和"在雇主的账户上生成了一个新账户,并且全权拥有等同于租金的支付能力"。如果将这两条记录分别写在同一张纸的左右两侧,并在前面标注"借""贷"二字,学过会计的读者是不是已经看出了门道?这不就是复式记账法里的"T型账本"吗?

简单来说,复式记账法要求,对任何一笔经济业务,都必须分别在借方和贷方录入两个或两个以上的信息,且左右两栏永远相等。其恒等式为"Asset(资产)=

---

[1] 资料来源:经济日报。

Liability（负债）＋ Equity（权益）"。

同样是房东收房租，复式记账法会记为两笔：左边这笔的会计语言为"借"，会计含义为"资产的增加"，所以应该记录"在雇主的账户上生成了一个价值×××的新账户"；右边这笔的会计语言是"贷"，会计含义为"负债的增加或资产的减少"，所以应该记录为"房租×××"。这种记账方法的好处是方便核算与汇总，只要左右两边的数字相同，就意味着没有记错账；看看最终的汇总数是增还是减，就能知道自己是赚还是赔。

复式记账法使人们对经济业务的来龙去脉有了更加全面的了解，对资本的运作和利润的计算也有了更准确的把握。

佛罗伦萨有句谚语：经常对账，友谊长存。

在今天的人听来，这句话多少有些难以理解，但对当年的佛罗伦萨人来说却是至理名言。

假设，张三和李四都是中世纪的佛罗伦萨商人，两个人发生了贸易纠纷，张三把李四告上了法庭。法官说，你俩都把自己的账本抱上庭来。结果发现，两本账各自平衡，但确实对不上。于是法官问张三，你说自己完成了对李四的支付，你的钱是从哪里来的？答曰：王五。法庭传唤王五。王五也抱着账本来了，上面确实记载着对张三的支付记录，且资金来源同样有据可查。而李四呢，其账本上记载着另一笔对赵六的支付，但资金来源不明。据此，法官判定，张三胜出。

从情理上说，李四的错误当然有可能是恶意为之，但也可能只是疏漏。如果是后者，只要经常对账就能提前发现，自然也不至于闹到对簿公堂的地步。所以，要想确保"友谊的小船不会说翻就翻"，经常对账比什么都管用。

从事理上说，一切就更值得玩味了。

它首先说明一个现象，那就是佛罗伦萨确实有全民记账的传统。张三的账目与李四的账目对不上，只要把王五和赵六的账目要过来，四相比对，立刻清清楚楚。对当时的佛罗伦萨商人来说，人人都有一本极其详尽的账目，不记账完全是不可想象的。这也是《文艺复兴时期佛罗伦萨的经济》一书中尤其强调的一个现象：账本文化极其发达。

其次，采用复式记账法还有一个好处，那就是可以杜绝作假的可能性。因为复式记账法同时记录了借方和贷方，且双方的账目又可以分别和各自的借方、贷方核对。这意味着，只修改自己的账本是毫无意义的。要把假账做平，需要把上下游链条上无穷多的账本一并修改，其中的难度相当大。

前文介绍过，没有银行介入结算过程，结算行为直接发生于个体之间，因此可以明确梳理出佛罗伦萨记账体系的三大特征：第一，全民记账；第二，复式记账法；第三，无中心结算。

是不是又觉得眼熟了？

按照今天的观点，全民记账相当于建立一个个独立的小账本，也就是区块。复式记账法解决的是交叉验证的问题，目的是防伪。至于无中心结算，解决的是点对点直接支付与结算的问题。三者加在一起，与今天的区块链有些神似。

时至今日，世界已经发生了太多改变。但无论技术怎样迭代，商业的逻辑从未改变。从这个意义上看，理解佛罗伦萨的记账思路对于今天的我们认知区块链会有所裨益。

## 5.1 会计记账法

根据会计科目开设账户之后，就需要采用一定的记账方法将会计要素的增减变动登记到账簿中。

会计记账方法有两类：一类是单式记账法；另一类是复式记账法。

### 5.1.1 单式记账法

单式记账法（single entry bookkeeping）是指对发生的经济业务只在一个账户进行登记的方法。一般只登记货币资金的增减和债权债务的变化。例如，企业用现金1 000元采购了一批办公用品，那么这项经济业务只在"库存现金"账户中作减少1 000元资产的登记，而发生办公费用就不专门登记了；又如，企业购入18 000元的材料，材料已验收入库，货款尚未支付，那么这项经济业务只在"应付账款"账户中作增加18 000元债务的登记，而入库材料则不予登记。

单式记账法通常只登记现金和银行存款的收付，以及应收账款和应付账款的结算，不登记实物的收付，因此不能反映经济业务的来龙去脉，反映的信息是不全面的。

### 5.1.2 复式记账法

在资金运动过程中，任何一项资金都不可能无缘无故地增加，也不可能无缘无故地减少。一项资金的增加或减少，必然伴随另一项资金的减少或增加。这就要求在进行会计核算时，必须把每项经济业务所涉及的资金增减变化的原因和结果都记录下来，从而全面完整地反映经济业务引起的资金运动的来龙去脉。复式记账法正好适合资金运动的这一规律性的要求。这种变化的规律如下：任何一项经济业务的发生，或者同时涉及会计等式的多要素的同增或同减，并且同增或同减的金额相等；或者只涉及会计等式某同一要素下多个科目的有增有减的变化，并且增减金额相等。这样，要全面完整地反映一项经济业务，就必须同时在两个或两个以上的账户中进行记录，这种记录方法就是复式记账法。

复式记账法（double entry bookkeeping）是指对企业发生任何一项交易或事项，都要以相等的金额，在两个或两个以上相互关联的账户中进行登记的一种记账方法。

复式记账的理论依据是会计等式所揭示的会计要素之间的数量平衡关系和增减变化的相互关系。复式记账是以会计等式作为记账基础。复式记账法不但能全面清晰地反映经济业务的来龙去脉，而且能够运用相关数据之间的平衡关系检查账户记录的正确性。

根据记账符号的不同，复式记账法有借贷记账法、增减记账法和收付记账法。其中，借贷记账法是国际上普遍采用的复式记账法。我国《企业会计准则——基本准则》明确规定会计记账方法采用借贷记账法。

## 5.2 借贷记账法

借贷记账法（debit-credit bookkeeping）是以"借"（debit）"贷"（credit）作为记账符号、以会计等式为理论依据，对每项经济业务都以相等的金额在两个或两个以上账户进行登记的一种复式记账法。

### 5.2.1 记账符号

记账符号的主要作用是表示增加或减少,以及在账户中记录增加额或减少额的方向。借贷记账法中的"借""贷"两字已失去了它们原来的字意,不能简单地用"借"表示增加,用"贷"表示减少。"借"和"贷"都具有既表示增加又表示减少的双重含义,具体取决于账户的性质。对于资产类和费用类账户,"借"表示增加,"贷"表示减少;对于负债类、所有者权益类、收入类、利润类账户,"借"表示减少,"贷"表示增加。

### 5.2.2 账户结构

在借贷记账法下,账户的基本结构分为借方和贷方,左边为借方,右边为贷方。根据扩展的会计等式"资产+费用=负债+所有者权益+收入"可知,资产类和费用类账户同在等式左侧,因此账户性质相似,其借方表示增加,贷方表示减少;同理,负债类、所有者权益类和收入类账户同在等式右侧,性质相似,其借方表示减少,贷方表示增加。借贷记账法下的各类账户的基本结构如图5-1所示。

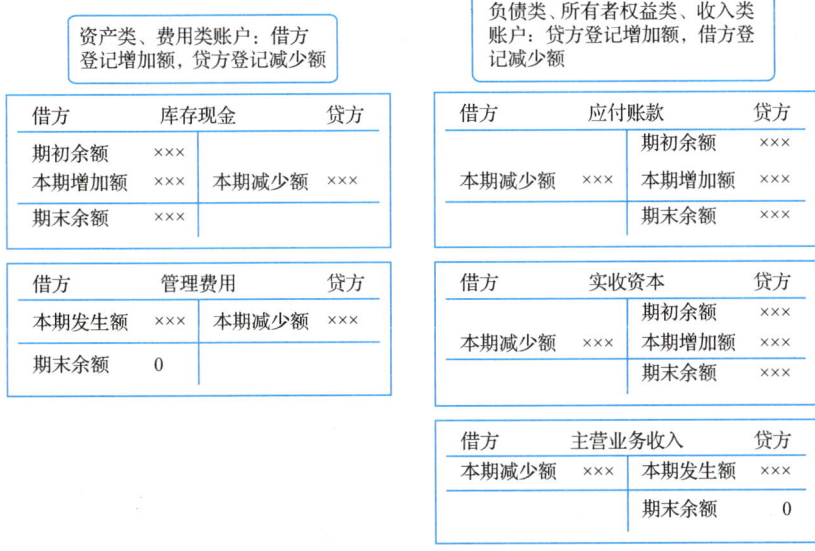

图 5-1 借贷记账法下各类账户的基本结构

一般情况下,资产类、负债类和所有者权益类账户应有期末余额。账户期末余额均与记录增加额的方向相同。比如,对于资产类账户,借方表示增加,则其期末余额在借方;而对于负债类账户和所有者权益类账户,贷方表示增加,则其期末余额在贷方。收入类账户和费用类账户的本期发生额因结转到当期利润,期末一般无余额。

期末余额=期初余额+本期增加额-本期减少额

### 5.2.3 记账规则

借贷记账法的记账规则是"有借必有贷、借贷必相等"。

"有借必有贷"是指记录同一笔交易或事项时，如果一个或多个账户记录在借方，那么必须有相互关联的账户登记在贷方。可以是一借一贷、一借多贷或者一贷多借，但不应该出现有借无贷或有贷无借的情况。"借贷必相等"是指针对同一项经济业务，记入借方的金额合计数必须等于记入贷方的金额合计数。

这种账户之间形成的应借应贷的相互关系称为账户的对应关系。通过账户的对应关系，人们可以了解到经济业务的来龙去脉，检查账务处理是否正确。这种存在着借贷对应关系的账户被称为对应账户（corresponding account）。

接下来举例分析借贷记账法的会计记账规则。注意，会计记录的过程涉及会计确认和会计计量。会计确认是指将发生的某项交易或事项与会计要素（具体到会计科目）联系起来。会计计量是指发生的交易或事项涉及多少金额。经过会计确认和会计计量后，通过借贷记账法登记到相关账簿。

### 例 5-1

3月12日，罗山公司从茶山公司购入一批价值10万元的甲材料，款项尚未支付。

会计确认：这项交易涉及资产"原材料"的增加，在"原材料"账户的借方金额处登记，简称在借方登记（下文同理）；同时负债"应付账款"增加，在贷方登记。

会计计量：这项交易涉及金额10万元。

账户记录如图5-2所示，体现了"有借必有贷、借贷必相等"的记账规则。

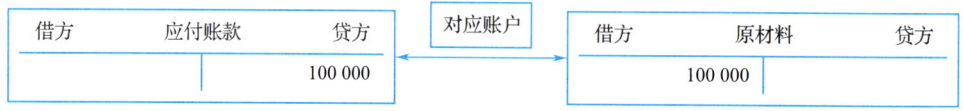

图 5-2 例 5-1 的账户记录

### 例 5-2

3月13日，罗山公司从银行提取现金5万元。

会计确认：这项交易涉及资产"库存现金"的增加，在借方登记；同时资产"银行存款"减少，在贷方登记。

会计计量：这项交易涉及金额5万元。

账户记录如图5-3所示，体现了"有借必有贷、借贷必相等"的记账规则。

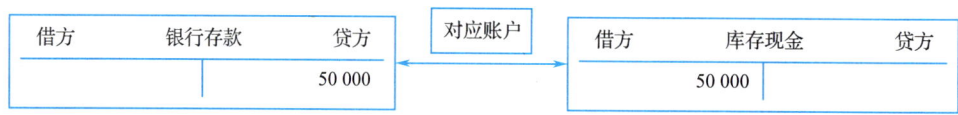

图 5-3 例 5-2 的账户记录

### 例 5-3

3月14日，罗山公司购买了一台不需要安装的价值12万元的机器设备，货款已用银行存款支付。

会计确认：这项交易涉及资产"固定资产"的增加，在借方登记；同时资产"银行存款"减少，在贷方登记。

会计计量：这项交易涉及金额 12 万元。

账户记录如图 5-4 所示，体现了"有借必有贷、借贷必相等"的记账规则。

图 5-4　例 5-3 的账户记录

## 例 5-4

3 月 15 日，罗山公司从工商银行取得了一笔为期 6 个月的借款，金额为 18 万元，款项已存入银行账户。

会计确认：这项交易涉及资产"银行存款"的增加，在借方登记；同时负债"短期借款"增加，在贷方登记。

会计计量：这项交易涉及金额 18 万元。

账户记录如图 5-5 所示，体现了"有借必有贷、借贷必相等"的记账规则。

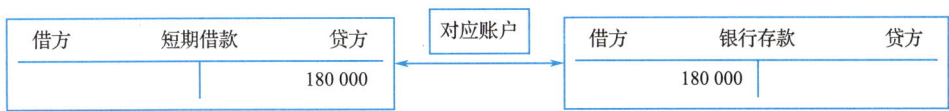

图 5-5　例 5-4 的账户记录

## 例 5-5

3 月 16 日，罗山公司收到了客户的一笔 6 万元的定金，款项已存入银行账户。

会计确认：这项交易涉及资产"银行存款"的增加，在借方登记；同时负债"预收账款"增加，在贷方登记。

会计计量：这项交易涉及金额 6 万元。

账户记录如图 5-6 所示，体现了"有借必有贷、借贷必相等"的记账规则。

图 5-6　例 5-5 的账户记录

## 例 5-6

3 月 17 日，罗山公司用银行存款支付了本月行政管理部门的水电费 1 400 元。

会计确认：这项交易涉及资产"银行存款"的减少，在贷方登记；同时费用"管理费用"增加，在借方登记。

会计计量：这项交易涉及金额 1 400 元。

账户记录如图 5-7 所示，体现了"有借必有贷、借贷必相等"的记账规则。

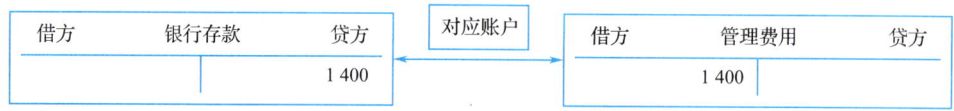

图 5-7 例 5-6 的账户记录

### 例 5-7

3月18日,罗山公司收到股东投资的一项专利。这项专利的评估价值为9万元。

会计确认:这项交易涉及资产"无形资产"的增加,在借方登记;同时所有者权益"实收资本"增加,在贷方登记。

会计计量:这项交易涉及金额9万元。

账户记录如图5-8所示,体现了"有借必有贷、借贷必相等"的记账规则。

图 5-8 例 5-7 的账户记录

### 例 5-8

3月19日,罗山公司收到了客户A 2月份所欠的款项7万元,款项已存入银行。

会计确认:这项交易涉及资产"银行存款"的增加,在借方登记;同时资产"应收账款"减少,在贷方登记。

会计计量:这项交易涉及金额7万元。

账户记录如图5-9所示,体现了"有借必有贷、借贷必相等"的记账规则。

图 5-9 例 5-8 的账户记录

## 5.3 会计分录

现在把"3月19日,罗山公司收到了客户A 2月份所欠的款项7万元,款项已存入银行"这项业务的记录情况描述为"在'银行存款'账户的借方登记一笔7万元,在'应收账款'账户的贷方登记一笔7万元"。在这个基础上,把"在'银行存款'账户的借方登记一笔7万元"这一记录过程简要描述为"借:银行存款 70 000",把"在'应收账款'账户的贷方登记一笔7万元"这一记录过程简要描述为"贷:应收账款 70 000",然后再把上述两个简要描述合并在一起,就变成了会计分录:

借:银行存款       70 000
 贷:应收账款        70 000

## 5.3.1 会计分录的定义与编制

会计分录（accounting entry）是指按照复式记账法的要求，对发生的每笔经济业务指出其应登记的账户名称、记账方向和记账金额的一种记录。账户名称、记账方向和记账金额构成了会计分录的3个要素。

会计分录的编制就是确定这3个要素的过程。实务中，会计分录的编制步骤如下。

（1）根据发生的经济业务，首先确定涉及哪些会计科目，从而确定登记到哪些账户。若有二、三级账户，应在一级账户后画线说明。

（2）根据账户的性质，确定记账的方向：是借方还是贷方。

（3）确定登记的金额。

（4）根据"有借必有贷、借贷必相等"的记账规则，检查会计分录是否平衡、有无差错。

**例 5-9**

根据例 5-1～例 5-8 的业务编制的会计分录如下。

例 5-1：
借：原材料——甲材料（注：在破折号后写明细账）100 000
　　贷：应付账款——茶山公司　　　　　　　　　　　100 000

例 5-2：
借：库存现金　　　　　　　　　　　　　　　50 000
　　贷：银行存款　　　　　　　　　　　　　　　50 000

例 5-3：
借：固定资产——机器设备　　　　　　　　　120 000
　　贷：银行存款　　　　　　　　　　　　　　　120 000

例 5-4：
借：银行存款　　　　　　　　　　　　　　　180 000
　　贷：短期借款——工行　　　　　　　　　　　180 000

例 5-5：
借：银行存款　　　　　　　　　　　　　　　60 000
　　贷：预收账款　　　　　　　　　　　　　　　60 000

例 5-6：
借：管理费用　　　　　　　　　　　　　　　1 400
　　贷：银行存款　　　　　　　　　　　　　　　1 400

例 5-7：
借：无形资产　　　　　　　　　　　　　　　90 000
　　贷：实收资本　　　　　　　　　　　　　　　90 000

例 5-8：
借：银行存款　　　　　　　　　　　　　　　70 000
　　贷：应收账款——客户 A　　　　　　　　　　70 000

上述会计分录都属于简单会计分录，即一借一贷。一借多贷和一贷多借、多借多贷，这些属于复合会计分录。一般不宜编制多借多贷会计分录，因为在多借多贷会计分录中，账户之间的对应关系不明确。当然，一项业务是编制简单会计分录还是复合会计分录，取决于这项业务本身，既不能人为地将简单会计分录合并成复合会计分录，也不能将需要编制的复合会计分录人为地分割为若干简单的会计分录。

### 5.3.2 会计分录的书写要求

（1）上借下贷：借贷内容分两行，借方内容写在上，贷方内容写在下，不可先贷后借。
（2）贷方内容应缩进一个字书写。
（3）会计分录中的金额应按借贷方分别排成两列。
（4）会计分录中的金额后面不必写"元"字。

## 5.4 试算平衡

借贷记账法的试算平衡（trial balance），是根据会计等式的恒等关系和复式记账原理，遵循"有借必有贷、借贷必相等"的记账规则，通过编制试算平衡表进行汇总计算和比较，检查账户记录是否正确与完整的一种技术方法。

试算平衡法有发生额试算平衡和余额试算平衡两种方法。

### 5.4.1 发生额试算平衡

发生额试算平衡是指在一定会计期间，所有账户的本期借方发生额合计数应当与所有账户的本期贷方发生额合计数相等，即

全部账户本期借方发生额合计数＝全部账户本期贷方发生额合计数

发生额试算平衡的原理是"有借必有贷、借贷必相等"的记账规则。

### 5.4.2 余额试算平衡

余额试算平衡是指在一定会计期间，所有账户的期末（初）借方余额合计数应当与所有账户的期末（初）贷方余额合计数相等，即

全部账户期末借方余额合计数＝全部账户期末贷方余额合计数<br>全部账户期初借方余额合计数＝全部账户期初贷方余额合计数

余额试算平衡的原理是会计等式"资产＝负债＋所有者权益"。

**例 5-10**

宏伟公司本月有关账户的期初余额如表 5-1 所示。

该公司本月发生如下交易或事项。

（1）收到投资者投入的货币资金 8 万元，已存入银行。
（2）用银行存款归还短期借款 5 万元。
（3）用银行存款 2 万元购入一台不需要安装的设备。
（4）公司收到客户前欠货款 1.2 万元，已存入银行。
（5）购入材料一批，买价和运费合计 1.2 万元，材料已验收入库，货款尚未支付。

## 表 5-1  宏伟公司本月有关账户的期初余额

单位：元

| 账户名称 | 期初借方余额 | 账户名称 | 期初贷方余额 |
|---|---|---|---|
| 库存现金 | 7 000 | 短期借款 | 52 000 |
| 银行存款 | 22 000 | 应付账款 | 38 000 |
| 应收账款 | 43 000 | 应付职工薪酬 | 5 000 |
| 原材料 | 21 000 | 实收资本 | 70 000 |
| 生产成本 | 15 000 | | |
| 固定资产 | 57 000 | | |
| 合计 | 165 000 | 合计 | 165 000 |

（6）从银行提取现金 6 000 元备用。

（7）用库存现金 5 000 元发放上个月的员工工资。

（8）生产产品领用了一批价值 8 000 元的材料。

接下来，编制并登记 T 型账户，并进行试算平衡。

| 借方 | 库存现金 | | 贷方 |
|---|---|---|---|
| 期初余额 | 7 000 | | |
| （6） | 6 000 | （7） | 5 000 |
| 本期发生额 | 6 000 | 本期发生额 | 5 000 |
| 期末余额 | 8 000 | | |

| 借方 | 银行存款 | | 贷方 |
|---|---|---|---|
| 期初余额 | 22 000 | | |
| （1） | 80 000 | （2） | 50 000 |
| （4） | 12 000 | （3） | 20 000 |
| | | （6） | 6 000 |
| 本期发生额 | 92 000 | 本期发生额 | 76 000 |
| 期末余额 | 38 000 | | |

| 借方 | 应收账款 | | 贷方 |
|---|---|---|---|
| 期初余额 | 43 000 | | |
| | | （4） | 12 000 |
| | | 本期发生额 | 12 000 |
| 期末余额 | 31 000 | | |

| 借方 | 原材料 | | 贷方 |
|---|---|---|---|
| 期初余额 | 21 000 | | |
| （5） | 12 000 | （8） | 8 000 |
| 本期发生额 | 12 000 | 本期发生额 | 8 000 |
| 期末余额 | 25 000 | | |

| 借方 | 生产成本 | | 贷方 |
|---|---|---|---|
| 期初余额 | 15 000 | | |
| （8） | 8 000 | | |
| 本期发生额 | 8 000 | | |
| 期末余额 | 23 000 | | |

| 借方 | 固定资产 | | 贷方 |
|---|---|---|---|
| 期初余额 | 57 000 | | |
| （3） | 20 000 | | |
| 本期发生额 | 20 000 | | |
| 期末余额 | 77 000 | | |

| 借方 | 短期借款 | | 贷方 |
|---|---|---|---|
| | | 期初余额 | 52 000 |
| （2） | 50 000 | | |
| 本期发生额 | 50 000 | | |
| | | 期末余额 | 2 000 |

| 借方 | 应付账款 | | 贷方 |
|---|---|---|---|
| | | 期初余额 | 38 000 |
| | | （5） | 12 000 |
| | | 本期发生额 | 12 000 |
| | | 期末余额 | 50 000 |

| 借方 | 应付职工薪酬 | | 贷方 |
|---|---|---|---|
| | | 期初余额 | 5 000 |
| （7） | 5 000 | | |
| 本期发生额 | 5 000 | | |
| | | 期末余额 | 0 |

| 借方 | 实收资本 | | 贷方 |
|---|---|---|---|
| | | 期初余额 | 70 000 |
| | | （1） | 80 000 |
| | | 本期发生额 | 80 000 |
| | | 期末余额 | 150 000 |

发生额试算平衡：

全部账户本期借方发生额合计数 = 6 000 + 92 000 + 12 000 + 8 000 + 20 000 + 50 000 + 5 000 = 193 000（元）

全部账户本期贷方发生额合计数 = 5 000 + 76 000 + 12 000 + 8 000 + 12 000 + 80 000 = 193 000（元）

余额试算平衡：

全部账户期末借方余额合计数 = 8 000 + 38 000 + 31 000 + 25 000 + 23 000 + 77 000 = 202 000（元）

全部账户期末贷方余额合计数 = 2 000 + 50 000 + 0 + 150 000 = 202 000（元）

> **特别提示**
>
> 通过试算平衡来检查账簿记录是否正确不是绝对的。如果借贷不平衡，则可以肯定账户的记录或计算有错误；如果借贷平衡，那也不意味着账户的记录或计算一定正确无误，因为有些错误不影响借贷平衡。比如，借贷双方同时漏记、重复登记、双方金额同时写错或者金额正确方向写反，这些错误通过试算平衡很难发现。

## 5.5 账户的平行登记

平行登记（parallel recording）是指在借贷记账法下，对发生的交易或事项，既要在有关总分类账中进行总括登记，又要在这些总分类账所属的明细账中进行详细登记的做法。

平行登记的特点有三同：同内容、同方向、同金额。同内容是指对同一笔交易或事项既要记入有关总分类账，又要记入总分类账所属的明细账。同方向是指记入总分类账和明细账时涉及的借贷方向是相同的。如果在总分类账中记入借方，那么在其所属的明细账中也应记入借方；如果在总分类账中记入贷方，那么在其所属的明细账中也应记入贷方。同金额是指记入总分类账的金额合计数必须与记入其所属的明细账的金额合计数相等。

### 例 5-11

大江公司 202× 年 3 月份原材料的期初余额具体如下：原材料——A 材料 50 000 元，500 千克。3 月 5 日购进 A 材料 300 千克，价值 32 400 元。总分类账和明细账的平行登记如表 5-2 和表 5-3 所示。

表 5-2　总分类账和明细账的平行登记（总分类账）

### 总 分 类 账

会计科目：原材料　　　　　　　　　　　　　　　　　　　　　　　　　　　　单位：元

| 202× 年 | | 凭证 | | 摘要 | 借方金额 | 贷方金额 | 借或贷 | 余额 |
|---|---|---|---|---|---|---|---|---|
| 月 | 日 | 字 | 号 | | | | | |
| 3 | 1 | | | 期初余额 | | | 借 | 50 000 |
| | 5 | 记 | 4 | 购入材料 | 32 400 | | 借 | 82 400 |
| | | | | | | | | |

表 5-3　总分类账和明细账的平行登记（原材料明细账）

### 原材料明细账

材料名称：A 材料　　　　　　　　　　　　　　　　　　　　　　　　　　数量单位：千克　　金额单位：元

| 202× 年 | | 凭证 | | 摘要 | 借方 | | | 贷方 | | | 余额 | | |
|---|---|---|---|---|---|---|---|---|---|---|---|---|---|
| 月 | 日 | 字 | 号 | | 数量 | 单价 | 金额 | 数量 | 单价 | 金额 | 数量 | 单价 | 金额 |
| 3 | 1 | | | 期初余额 | | | | | | | 500 | 100 | 50 000 |
| | 5 | 记 | 4 | 购入材料 | 300 | 108 | 32 400 | | | | 800 | 103 | 82 400 |

## 关键术语

单式记账法（single entry bookkeeping）　　复式记账法（double entry bookkeeping）
借贷记账法（debit-credit bookkeeping）　　借（debit）　贷（credit）
对应账户（corresponding account）　　会计分录（accounting entry）
试算平衡（trial balance）　　平行登记（parallel recording）

第 5 章即测即评

## 思考题

1. 复式记账的原理是什么？
2. 借贷记账法的记账规则是什么？
3. 怎样理解账户性质和账户结构？
4. 试算平衡的方法有哪几种？其原理是什么？
5. 平行登记的要点是什么？平行登记中的总分类账与明细账之间有什么关系？

## 职业能力训练

### 一、单选题

1. 复式记账法的特点是（　　）。
   A. 对发生的每项交易或事项只在一个账户中进行登记
   B. 一般只登记与现金收付有关的业务，以及对实物的增减作登记
   C. 对发生的每项交易或事项至少在两个账户中相互联系地进行登记
   D. 一般只登记债权债务类的业务

2. 下列说法正确的是（　　）。
   A. 资产类账户若有期末余额，则在贷方
   B. 借贷记账法下的"借"和"贷"作为记账符号，已失去其原始的含义
   C. 复合会计分录就是多借多贷的会计分录
   D. "实收资本"账户的期末余额在借方

3. 在借贷记账法下，账户贷方登记的是（　　）。
   A. 资产的增加　　B. 收入的增加　　C. 负债的减少　　D. 费用的增加

4. "应付账款"账户的期初余额为贷方 220 000 元，本期借方发生额为 160 000 元，本期贷方发生额为 90 000 元，则该账户的期末余额为（　　）元。
   A. 290 000　　B. 160 000　　C. 150 000　　D. 30 000

5. 借贷记账法下，费用类账户的结构特点是（　　）。
   A. 增加记借方，减少记贷方，期末余额在借方
   B. 增加记贷方，减少记借方，期末余额在贷方
   C. 增加记借方，减少记贷方，期末一般无余额
   D. 增加记贷方，减少记借方，期末一般无余额

### 二、多选题

1. 借贷记账法下，账户的借方可登记（　　）。
   A. 管理费用的增加　　　　　　B. 应付账款的减少
   C. 固定资产的增加　　　　　　D. 实收资本的增加

2. 一笔完整的会计分录应包括（　　）。
   A. 应记账户的方向　　　　　　B. 应记账户的名称
   C. 应记账户的金额　　　　　　D. 应记账户的时间

3. 借贷记账法的记账规则是（　　）。
   A. 增加记借方　　B. 减少记贷方　　C. 有借必有贷　　D. 借贷必相等

4. 与所有者权益类账户结构相同的账户有（　　）。
   A. 银行存款　　B. 短期借款　　C. 管理费用　　D. 主营业务收入

5. 下列各项中，借方表示增加的账户有（　　）。
   A. 固定资产　　B. 原材料　　C. 应收账款　　D. 财务费用

6. 下列账户中，账户结构相同的是（　　）。
   A. 应付账款　　　B. 预收账款　　　C. 实收资本　　　D. 主营业务成本
7. 下列各项中，与银行存款账户结构相同的账户有（　　）。
   A. 应收票据　　　B. 预付账款　　　C. 生产成本　　　D. 应交税费
8. 下列各项中，与收入类账户结构相同的账户有（　　）。
   A. 应付职工薪酬　B. 未分配利润　　C. 营业外收入　　D. 营业外支出

### 三、判断题

1. （　）复式记账法的依据是会计恒等式。
2. （　）借贷记账法中的"借"表示增加，"贷"表示减少。
3. （　）资产类账户的借方表示增加，贷方表示减少。
4. （　）负债类账户的贷方表示增加，借方表示减少。
5. （　）收入类账户的借方表示增加，贷方表示减少。
6. （　）余额试算平衡法的原理是会计等式"资产＝负债＋所有者权益"。
7. （　）如果试算平衡，就可以推断账户记录正确无误。
8. （　）平行登记的特点有三同：同内容、同方向、同金额。

### 四、实训题

明达公司 5 月份有关账户的期初余额如表 5-4 所示。

表 5-4　明达公司 5 月份有关账户的期初余额

单位：元

| 账户名称 | 期初借方余额 | 账户名称 | 期初贷方余额 |
| --- | --- | --- | --- |
| 库存现金 | 1 000 | 短期借款 | 50 000 |
| 银行存款 | 20 000 | 应付账款 | 31 000 |
| 应收账款 | 35 000 | 应付职工薪酬 | 5 000 |
| 原材料 | 8 000 | 实收资本 | 65 000 |
| 生产成本 | 12 000 |  |  |
| 固定资产 | 75 000 |  |  |
| 合计 | 151 000 | 合计 | 151 000 |

该公司本月发生如下经济业务。

（1）收到投资者投入的货币资金 70 000 元，已存入银行。
（2）用银行存款归还短期借款 30 000 元。
（3）用银行存款 8 000 元购入一台不需要安装的设备。
（4）公司收到客户前欠货款 40 000 元，已存入银行。
（5）购入材料一批，买价和运费合计 9 000 元，材料已验收入库，货款尚未支付。
（6）从银行提取现金 5 000 元备用。
（7）用库存现金 5 000 元发放上个月的员工工资。
（8）生产产品领用了一批价值 9 000 元的材料。
（9）用银行存款 20 000 元偿还了应付账款。

（10）从工商银行借入一笔 6 个月的借款 30 000 元，已存入公司银行账户。

要求：

1. 根据上述资料编制相关会计分录。

2. 根据资料登记 T 型账户。

3. 根据登记结果试算总分类账户发生额平衡和余额平衡，填入表 5-5 中。

表 5-5　总分类账户发生额和余额

单位：元

| 会计科目 | 期初余额 | | 本期发生额 | | 期末余额 | |
|---|---|---|---|---|---|---|
| | 借方 | 贷方 | 借方 | 贷方 | 借方 | 贷方 |
| | | | | | | |
| | | | | | | |
| | | | | | | |
| | | | | | | |
| | | | | | | |
| | | | | | | |
| | | | | | | |
| | | | | | | |
| | | | | | | |
| | | | | | | |
| | | | | | | |
| 合计 | | | | | | |

# 第 6 章

# 会计凭证

## 学习目标

1. 理解：会计循环和会计凭证的作用
2. 掌握：原始凭证的种类与审核
3. 掌握：记账凭证的填制与审核
4. 了解：会计凭证的传递与保管

## 内容导图

第 5 章介绍了记账所采用的借贷记账法的运用，那么记账的依据是什么呢？

账务处理必须有凭有据才可以进行。处理交易或事项的凭据就是会计凭证。本章主要介绍会计凭证的定义、种类、填制和应用等。

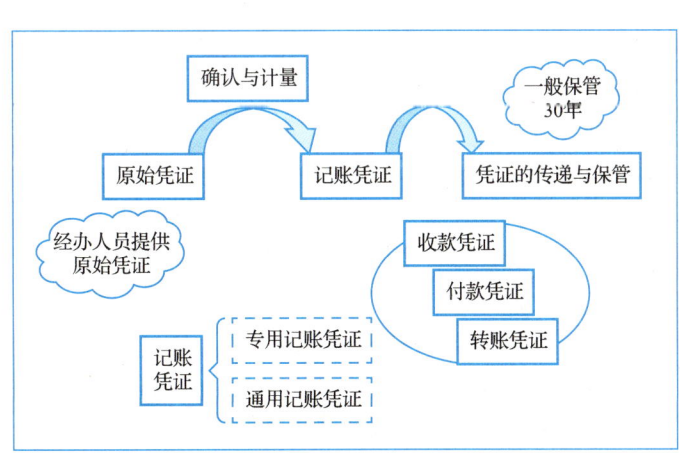

## 思政元素

培养以事实为依据、用证据说话的合规思维，践行说话做事有凭有据的优良品行。

## 导入案例

### 挖 5 米深坑掩埋资料，这家公司上演真实"狂飙"[1]

长方集团成立于2005年，于2012年3月在深圳证券交易所创业板上市，该公司主营业务涵盖专业LED光源及应用照明灯等。旗下控股子公司康铭盛从事的是LED移动照明应用产品的研发、制造和销售，曾获"国家高新技术示范企业""广东省民营企业100强"等称号。

康铭盛的前身，由李迪初、李映红等人在2004年出资设立。后来，长方集团多次对康铭盛进行股权投资，康铭盛也逐渐成为长方集团不可或缺的一部分。2021年和2022年1—6月，康铭盛分别实现营业收入7.6亿元和3.52亿元，分别占长方集团总营业收入的47.5%和80.9%。

不过，由于此前的业绩对赌协议，康铭盛控制权长期掌握在原管理团队（李迪初等人）手中。

自2020年度康铭盛的业绩承诺期结束后，长方集团开始和李迪初等人交涉对康铭盛的管控等事宜，新老管理层开始出现争斗。2022年，会计师事务所对长方集团2021年度财务报表表示"无法表示意见"，长方集团股票随后被实施退市风险警示，改为"*ST长方"，双方的矛盾迎来大规模升级。

在股票被实施退市风险警示后，长方集团董事成立了调查委员会，调查核实造成公司股票交易被实施退市风险警示及其他风险警示的返利、存货、第三方回款、系统使用等事项，并提出整改建议，但李迪初等康铭盛原管理团队拒不配合公司调查委员会的工作。

报道称，长方集团后来召开董事会，通过了免除李迪初的康铭盛执行董事等决议，但是李迪初公开表示该决议违法违规，对决议不予接受——双方甚至打起了口水仗。长方集团的公众号挂出"十问李迪初"等文，其内部矛盾已经完全公之于众。

2022年7月12日，长方集团接到消息，以李迪初、聂卫、彭立新等为主的康铭盛原管理团队涉嫌隐匿、故意销毁会计凭证。长方集团派人前去阻止，并向深圳龙华警方报警。当天，警方及相关部门在深圳康铭盛厂区外，截获了一整车会计资料。

但是，还有两车会计资料去向不明。

当月，龙华区政府成立政府"保生产、保职工就业、保市场主体"三保工作专班，长方集团加强了对康铭盛的管控；次月，康铭盛新任管理团队入驻公司，接管工作。双方的争斗这才告一段落。但那失踪的两车会计资料一直没有踪迹。

3个月后，转机出现了。厂区荒坡的5米深坑中，有可能埋藏着"失踪"的会计资料。

经侦查，2022年11月1日，公安部门在康铭盛的全资子公司江西康铭盛光电科技有限公司内找到了这批资料，它们被埋在厂区内的荒坡上。经过两天的挖掘，侦查人员挖出了377箱（塑料周转箱50cm×40cm×30cm）会计原始凭证资料等，挖掘掩埋资料的坑长约9米、宽约5米、深约5米。

---

[1] 资料来源：金融界。

因为这些会计资料被倾倒掩埋时间较长,且大部分资料无包装直接裸露掩埋,所以大部分凭证上面的数字模糊,无法辨识,仅文件抬头和标题尚可辨识。经长方集团初步核查,发现被掩埋销毁的资料主要为康铭盛 2014—2021 年的会计原始凭证单据等。

## 6.1 会计核算过程

会计核算过程包括从交易或事项发生后取得或填制相应的原始凭证,根据原始凭证填制记账凭证,根据记账凭证登记账簿,到编制财务报告的一系列处理程序。这个过程周而复始地进行,故被称为会计循环。

会计循环过程如图 6-1 所示。

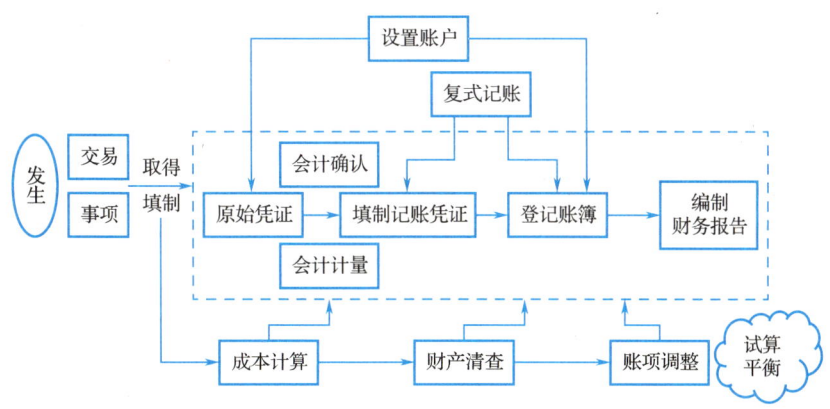

图 6-1 会计循环过程

企业的会计循环分为 4 个主要环节。
(1)交易或事项发生后,取得或填制原始凭证,由经办人员将原始凭证递交财务部门。
(2)财会人员经过确认和计量,填制记账凭证,即根据设置的账户,采用复式记账法在记账凭证上编制会计分录。
(3)根据填制好的记账凭证登记有关账簿,从而记录本期发生的交易或事项。
(4)期末进行对账与结账,按要求编制财务报告。

## 6.2 会计凭证概述

### 6.2.1 会计凭证的概念与种类

会计凭证(accounting voucher)是记录经济业务发生或完成的情况、明确经济责任的书面证明,包括纸质或电子证明。合法地取得、正确地填制和审核会计凭证是会计核算的基本方法之一。

按用途和填制程序不同,会计凭证可分为原始凭证和记账凭证两种。

### 6.2.2 会计凭证的作用

（1）会计凭证是提供交易或事项信息的重要载体。所有的会计信息记录都必须以所取得的有效的会计凭证为依据。只有在交易或事项的经办人员将有关原始凭证递交财务部门后，财会人员才会从中了解交易或事项的内容，从而进行相关的会计处理。《会计基础工作规范》规定，除结账和更正错误的记账凭证可以不附原始凭证外，其他记账凭证必须附原始凭证。

（2）会计凭证是登记账簿的必要依据。财会人员对记载交易或事项内容的原始凭证进行整理，并根据原始凭证的内容填制记账凭证，确定交易或事项应予登记的账户名称、记账方向及记账金额等，即编制会计分录，以便将发生的交易或事项记入有关账户。

（3）会计凭证是明确经济责任、完善内部控制的重要手段。企业发生的交易或事项是由有关人员经办（简称经办人员）的。经办人必须在原始凭证上签名或盖章，这样可以明确经济责任。另外，会计凭证在不同人员之间的传递，可以使得有关部门和有关人员之间相互牵制、互相制约，有利于及时发现和解决问题。

（4）会计凭证为对经济业务的监督与检查提供条件。审核会计凭证是实行会计监督的具体措施。财会人员通过审核原始凭证，可以检查交易或事项的真实性、合法性和合规性。通过对会计凭证的审核，也可以及时发现企业经营管理中存在的问题或漏洞，以便及时采取措施加以解决。

## 6.3 原始凭证

原始凭证（original voucher）是指在经济业务发生或完成时取得的或填制的、用来记录或证明经济业务发生或完成情况的原始凭据。它是经济业务的最初证明，是会计核算的原始资料和重要依据。

### 6.3.1 原始凭证的种类

**1. 按取得来源分类**

按取得来源，原始凭证可分为外来原始凭证和自制原始凭证。

（1）外来原始凭证。外来原始凭证是指在经济业务发生或完成时，由经办人员从其他单位或个人直接取得的用以证明经济业务发生的凭证，如发票（纸质发票和电子发票）、银行结算凭证、财政票据、收款凭证、飞机票、火车票等。增值税普通发票举例如图 6-2 所示。

我国电子发票的发展历程

（2）自制原始凭证。自制原始凭证是指由本单位有关部门和人员在执行或完成某项经济业务时，自行制作用于核算的会计原始凭证，仅供本单位内部使用，如差旅费报销单、借款借据、材料领料单、折旧计算表等。

**2. 按填制手续和内容分类**

按填制手续和内容，原始凭证可分为一次凭证、累计凭证和汇总凭证。

（1）一次凭证。一次凭证是一次填制完成的，只记载一项或同时记载若干项交易或事项内容的原始凭证。外来原始凭证是典型的一次凭证。

图 6-2 增值税普通发票举例

（2）累计凭证。累计凭证是指在一张原始凭证上多次连续记载一定时期内重复发生的同类型经济业务的原始凭证。累计凭证的特点是同一张原始凭证，需要分次填制同类型经济业务。限额领料单就是典型的累计凭证，如表 6-1 所示。

表 6-1 限额领料单举例

### 限额领料单

领料部门：生产车间
用途：生产甲产品    年  月  日
发料仓库：
编号：                                                                 金额单位：元

| 材料类别 | 材料编号 | 材料名称及规格 | 计量单位 | 领料限额 | 实际领用 | 单价 | 金额 | 备注 |
|---|---|---|---|---|---|---|---|---|
|  |  |  |  | 600 | 570 |  |  |  |

| 日期 | 请领 | | 实发 | | | 限额结余 | 退库 | |
| | 数量 | 负责人 | 数量 | 发料人 | 领料人 | | 数量 | 退库单编号 |
|---|---|---|---|---|---|---|---|---|
| 10.8 | 120 |  | 120 |  |  | 480 |  |  |
| 10.16 | 100 |  | 100 |  |  | 380 |  |  |
| 10.22 | 150 |  | 150 |  |  | 230 |  |  |
| 10.28 | 200 |  | 200 |  |  | 30 |  |  |
|  |  |  |  |  |  |  |  |  |
| 合计 | 570 |  | 570 |  |  | 30 |  |  |

供应部门负责人：        生产部门负责人：        仓库负责人：

在有效期限内（一般为一个月），只要领用的数量没有超过限定的额度就可以连续使用。限额的标准一般由单位的管理部门和财务部门共同确定。材料被领用时，由有关经办人在限额领料单上填写领料数量等信息并签名或盖章。下次领用相同材料时，只要累计领用数量没有超过限额，就可以在同一张限额领料单上填写领用数量等信息并签名或盖章。因此限额领料单可以多次填制使用。月末，求出全月累计领用材料总额，填入限额领料单有关栏次内。

使用累计凭证不仅可以简化填制手续，还能够加强对资产的控制。

（3）汇总凭证。汇总凭证是指对一定时期内若干同类业务的原始凭证汇总编制而成的原始凭证。发出材料汇总表就是典型的汇总凭证，如表6-2所示。在月末，将本月填制的所有领料单和限额领料单进行汇总，编制发出材料汇总表。如果使用汇总原始凭证，可以减少下一步需填制的记账凭证的数量，进而简化会计核算手续。

表6-2 发出材料汇总表举例

**发出材料汇总表**

单位：　　　　　　　　　　　　　　年　月　日　　　　　　　　　编号：
　　　　　　　　　　　　　　　　　　　　　　　　　　　　　　　附件：　张

| 会计科目 | 领料部门 | 领用材料 | | | 合计 |
| --- | --- | --- | --- | --- | --- |
| | | A材料 | B材料 | C材料 | |
| 生产成本 | | | | | |
| 制造费用 | | | | | |
| 管理费用 | | | | | |
| 合计 | | | | | |

会计主管：　　　　记账：　　　　审核：　　　　填制：

（4）重编原始凭证。重编原始凭证是指对某些特定事项加以归类、整理后重新编制而成的原始凭证。

制造费用分配表是典型的重编原始凭证。日常发生的多个产品共同承担的制造费用，在发生时通过"制造费用"账户及时登记。比如，车间的水电费、生产机器的折旧费用等，发生时先记入"制造费用"账户。到了月末，将本月发生的制造费用总额采用一定的方法分配并计入所生产产品的成本。分配制造费用时，需要编制制造费用分配表，来明确各种产品应分摊到的制造费用金额。如表6-3所示，假定本期发生的制造费用总额是24 000元，按照产品的生产工时分摊。

表6-3 制造费用分配表举例

**制造费用分配表**

年　月　日

| 会计科目 | 产品 | 生产工时 | 分配率（元/工时） | 分配金额（元） |
| --- | --- | --- | --- | --- |
| 生产成本 | A产品 | 2 000 | 8 | 16 000 |
| 生产成本 | B产品 | 1 000 | 8 | 8 000 |
| 合计 | | 3 000 | | 24 000 |

### 6.3.2 原始凭证的基本内容与填制

**1. 原始凭证的基本内容**

原始凭证有多种，其格式与内容因经济业务的不同而有所差异，但是应当具备以下基本内容。

（1）凭证的名称。名称反映原始凭证所记录经济业务内容的种类和原始凭证的用途，如"增值税专用发票""领料单""差旅费报销单"等。

（2）填制日期。填制日期反映经济业务发生或实际完成的时间。如果事后补填原始凭证，则应填写实际填制的日期。

（3）填制单位名称或个人姓名。将填制单位名称或个人姓名写于原始凭证上，有利于反映经济业务的来龙去脉，也可为以后的核查提供线索。

（4）接受原始凭证的单位名称或个人姓名。接受原始凭证的单位或个人，俗称抬头，如发票上填写的购货单位名称、纳税人识别号、地址和电话、开户行及账号。

（5）经济业务内容。这是原始凭证的核心，如销售发票上写明销售商品的名称、规格型号、数量、单价和金额。

（6）经办人的签名或盖章。

### 2. 原始凭证的填制

（1）外来原始凭证的填制。外来原始凭证是由其他单位按要求填制的。例如，企业购货时从销售方取得的由销售方开具的发票，由银行开具的收款通知单和付款通知单等，这些都是外单位经办人员根据交易的内容分别填制的。

（2）自制原始凭证的填制。自制原始凭证由本单位经办人员自行填制，如领料单、入库单等；汇总凭证和重编原始凭证由本单位开具人员定期汇总填制。

### 3. 原始凭证的填制要求

原始凭证的填制必须符合下列要求。

（1）记录真实可靠。如实填写实际情况，不得弄虚作假。

（2）内容完整。按照规定的内容逐项填列，不可遗漏或省略。

（3）手续完备。需要办理的各种手续必须齐备。比如经办人员必须签名或盖章，以示对业务的真实性负责。外来原始凭证需要加盖开具单位的发票专用章（电子发票用电子签章）或财务专用章。

（4）书写清楚规范。原始凭证要用蓝色或黑色笔书写。大写数字一律用"壹、贰、叁、肆、伍、陆、柒、捌、玖、拾、佰、仟、万、亿、元、角、分、零、整（正）"。小写使用阿拉伯数字，阿拉伯数字不得连写，阿拉伯数字前要写货币符号，如"￥""$"等。例如，￥1 205.67，大写金额为人民币壹仟贰佰零伍元陆角柒分。货币符号、货币名称与金额之间不得留空白。所有以元为单位的阿拉伯数字，一律填写到角分；无角无分的，角位和分位要写"00"或"—"符号；有角无分的，分位用"0"补位，不得以"—"符号代替。大写金额有分的，后面不用加写"整"或"正"字，其余情况一律在末尾加写"整"或"正"字。

（5）连续编号。各种凭证都必须连续编号，以备查考。一些事先印好编号的重要凭证作废时，应在作废的凭证上加盖"作废"戳记，连同存根一起保存，不得随意撕毁。

（6）不得涂改、刮擦和挖补。如果填写错误，不得涂改、刮擦和挖补，应重开或用划线更正法进行更正。划线更正法是指先在写错的文字或数字上画线，再将正确的文字或数字写在画线部分的上方，并加盖经手人印章或本单位公章。但是，重要的原始凭证不得更正，应将写错的原始凭证作废，加盖"作废"戳记，并重新填写。

（7）填制及时。业务经办人员在经济业务实际发生或完成时，必须及时填制或取得原始凭证，并及时将原始凭证递交给财务部门，以保证会计核算工作的正常进行。

### 6.3.3 原始凭证的审核

对原始凭证进行审核，是财会人员的法定职责，也是会计监督职能的重要体现；既能保证会计核算资料的质量，又能维护企业资产安全完整，防止发生贪污舞弊等违法乱纪行为。原始凭证的审核主要包括形式上的审核和实质上的审核。

#### 1. 形式上的审核

（1）外观无瑕性审核。审核内容主要包括是否有文字错误、数字错误、凭证联次错误，是否有涂改、刮擦和挖补痕迹等。任何有可能表明原始凭证存在问题的，都需要进一步核实其真实性。

（2）内容完整性审核。审核内容主要包括凭证上的基本内容是否填写齐全，特别是内容描述是否清楚，是否有应有的签名、盖章等。

（3）书写规范性审核。审核内容主要包括小写合计数前是否加写了"¥"符号，大写金额是否紧挨"人民币"3个字书写等。

（4）计算正确性审核。审核内容主要包括核查凭证上的数量、单价、金额、小计、合计数是否正确，大小写金额是否正确、是否相符。

#### 2. 实质上的审核

（1）原始凭证的真实性审核。审核内容主要包括原始凭证上记载的交易或事项是否发生、是否与凭证上记载的内容相符等。

（2）原始凭证的合法性审核。审核内容主要包括原始凭证所记录的经济业务是否符合现行法律法规、政策和有关制度的要求等。

（3）原始凭证的合理性审核。审核内容主要包括原始凭证所记录的经济业务是否符合企业生产经营活动的需要，是否符合有关的计划和预算，是否符合企业内部规章制度的要求，是否按规定的程序办理有关手续等。

（4）原始凭证的完整性审核。审核内容主要包括原始凭证的内容是否填写齐全、手续是否完备，是否有经办人签字或盖章，凭证联次是否正确、有无漏项等。

（5）原始凭证的正确性审核。审核内容主要包括原始凭证摘要和所填列的数字是否符合要求，包括数量、单价、金额及小计、合计等填写是否清晰、计算是否准确，是否用复写纸套写，有无涂改、刮擦挖补等弄虚作假行为等。

（6）原始凭证的及时性审核。审核内容主要包括原始凭证填制日期是否是经济业务发生或完成时的日期（或者相近）、各种票据是否过期等。

#### 3. 审核后的处理

在原始凭证审核中发现问题后，可根据不同的情况进行处理。

（1）对于内容真实、合法、合理但不够完整、正确的原始凭证，应暂缓办理会计手续，退回有关部门和人员，及时补办手续或进行更正；内容不完整的应补填齐全、手续不齐全的应补办、印章漏盖的应补盖、计算有误的应更正，然后重新审核。

（2）对于虚假的或者不合法、不合理的原始凭证，应拒绝办理会计手续，由经办人员自行承担后果，视情况向有关部门反映。

## 6.4 记账凭证

当财会人员取得并审核相关原始凭证后，就要对原始凭证上记录的经济业务的信息进行分析，判定该项经济业务引起了哪些具体会计科目的变化，并根据会计核算范围和账户结构确定应将这些变化记入哪些会计科目对应的账户及记入账户的哪个方向（借方或贷方），然后还要进一步确定每个账户中应记录的金额。这就是会计的确认和计量工作。例如，企业的出纳去银行提取了2万元的现金，这项业务影响了"银行存款"和"库存现金"两个科目，对银行存款的影响是金额减少了2万元，因此记入"银行存款"账户的贷方，金额为2万元；对库存现金的影响是金额增加了2万元，因此记入"库存现金"账户的借方，金额为2万元。

财会人员把对原始凭证进行的分析判断即将会计确认和计量的信息填到有关单据。这种单据被称为记账凭证（underlying voucher）。

记账凭证是指财会人员根据审核无误的原始凭证填制的、记载经济业务简要内容和记账时应借/应贷科目与记账金额的、作为登记账簿直接依据的单据。

### 6.4.1 记账凭证的种类

按用途，记账凭证可以分为专用记账凭证和通用记账凭证。

#### 1. 专用记账凭证

专用记账凭证是指分类记录经济业务的记账凭证。根据货币业务的收付与非货币业务，专用记账凭证分为收款凭证、付款凭证和转账凭证。

（1）收款凭证。收款凭证是用来记录现金和银行存款收款业务的记账凭证。例如"收到货款存入银行"等收款业务就要填制收款凭证。此类凭证的借方科目锁定，放置在左上角或右上角，表格内只需填写应贷记的科目。其基本格式如表6-4所示。

表6-4 收款凭证基本格式

**收 款 凭 证**

借方科目：　　　　　　　　　　　年　月　日　　　　　　　　　　　收字第　号

| 摘要 | 贷方科目 | | 贷方金额 | | | | | | | | | | ✓ |
|---|---|---|---|---|---|---|---|---|---|---|---|---|---|
| | 总账科目 | 明细科目 | 亿 | 千 | 百 | 十 | 万 | 千 | 百 | 十 | 元 | 角 | 分 | |
| | | | | | | | | | | | | | |
| | | | | | | | | | | | | | |
| | | | | | | | | | | | | | |
| | | | | | | | | | | | | | |
| | | | | | | | | | | | | | |
| 附件　张 | 合计 | | | | | | | | | | | | |

会计主管：　　　　记账：　　　　复核：　　　　出纳：　　　　制表：

当借方科目进一步明确锁定时，收款凭证又可分为银行存款收款凭证和库存现金收款凭证。其基本格式分别如表 6-5 和表 6-6 所示。

表 6-5　银行存款收款凭证基本格式

**收 款 凭 证**

借方科目：银行存款　　　　　　　　　　　年　月　日　　　　　　　　　　　银收字第　号

| 摘要 | 贷方科目 | | 贷方金额 | | | | | | | | | ✓ |
| --- | --- | --- | --- | --- | --- | --- | --- | --- | --- | --- | --- | --- |
| | 总账科目 | 明细科目 | 亿 | 千 | 百 | 十 | 万 | 千 | 百 | 十 | 元 | 角 | 分 |
| | | | | | | | | | | | | | |
| | | | | | | | | | | | | | |
| | | | | | | | | | | | | | |
| | | | | | | | | | | | | | |
| 附件　张 | 合计 | | | | | | | | | | | |

会计主管：　　　　记账：　　　　复核：　　　　出纳：　　　　制表：

表 6-6　库存现金收款凭证基本格式

**收 款 凭 证**

借方科目：库存现金　　　　　　　　　　　年　月　日　　　　　　　　　　　现收字第　号

| 摘要 | 贷方科目 | | 贷方金额 | | | | | | | | | ✓ |
| --- | --- | --- | --- | --- | --- | --- | --- | --- | --- | --- | --- | --- |
| | 总账科目 | 明细科目 | 亿 | 千 | 百 | 十 | 万 | 千 | 百 | 十 | 元 | 角 | 分 |
| | | | | | | | | | | | | | |
| | | | | | | | | | | | | | |
| | | | | | | | | | | | | | |
| | | | | | | | | | | | | | |
| 附件　张 | 合计 | | | | | | | | | | | |

会计主管：　　　　记账：　　　　复核：　　　　出纳：　　　　制表：

（2）付款凭证。付款凭证是用来记录现金和银行存款付款业务的记账凭证。此类凭证的贷方科目锁定，放置在左上角或右上角，表格内只需填写应借记的科目。其基本格式如表 6-7 所示。

表 6-7　付款凭证基本格式

**付 款 凭 证**

贷方科目：　　　　　　　　　　　　　　　年　月　日　　　　　　　　　　　付字第　号

| 摘要 | 借方科目 | | 借方金额 | | | | | | | | | ✓ |
| --- | --- | --- | --- | --- | --- | --- | --- | --- | --- | --- | --- | --- |
| | 总账科目 | 明细科目 | 亿 | 千 | 百 | 十 | 万 | 千 | 百 | 十 | 元 | 角 | 分 |
| | | | | | | | | | | | | | |
| | | | | | | | | | | | | | |
| | | | | | | | | | | | | | |
| | | | | | | | | | | | | | |
| 附件　张 | 合计 | | | | | | | | | | | |

会计主管：　　　　记账：　　　　复核：　　　　出纳：　　　　制表：

**注意**：出纳人员根据收款凭证收款或根据付款凭证付款后，为避免重收或重付，应在收款凭证上加盖"收讫"戳记或在付款凭证上加盖"付讫"戳记。

当贷方科目进一步明确锁定时，付款凭证又可分为银行存款付款凭证和库存现金付款凭证。其基本格式分别如表 6-8 和表 6-9 所示。

表 6-8 银行存款付款凭证基本格式

## 付 款 凭 证

贷方科目：银行存款　　　　　　　　　　　年　月　日　　　　　　　　　　　　银付字第　号

| 摘要 | 借方科目 | | 借方金额 | | | | | | | | | | ✓ |
|---|---|---|---|---|---|---|---|---|---|---|---|---|---|
| | 总账科目 | 明细科目 | 亿 | 千 | 百 | 十 | 万 | 千 | 百 | 十 | 元 | 角 | 分 | |
| | | | | | | | | | | | | | | |
| | | | | | | | | | | | | | | |
| | | | | | | | | | | | | | | |
| | | | | | | | | | | | | | | |
| | | | | | | | | | | | | | | |
| | | | | | | | | | | | | | | |
| 附件　张 | 合计 | | | | | | | | | | | | | |

会计主管：　　　　　　记账：　　　　　　复核：　　　　　　出纳：　　　　　　制表：

表 6-9 库存现金付款凭证基本格式

## 付 款 凭 证

贷方科目：库存现金　　　　　　　　　　　年　月　日　　　　　　　　　　　　现付字第　号

| 摘要 | 借方科目 | | 借方金额 | | | | | | | | | | ✓ |
|---|---|---|---|---|---|---|---|---|---|---|---|---|---|
| | 总账科目 | 明细科目 | 亿 | 千 | 百 | 十 | 万 | 千 | 百 | 十 | 元 | 角 | 分 | |
| | | | | | | | | | | | | | | |
| | | | | | | | | | | | | | | |
| | | | | | | | | | | | | | | |
| | | | | | | | | | | | | | | |
| | | | | | | | | | | | | | | |
| | | | | | | | | | | | | | | |
| 附件　张 | 合计 | | | | | | | | | | | | | |

会计主管：　　　　　　记账：　　　　　　复核：　　　　　　出纳：　　　　　　制表：

（3）转账凭证。转账凭证是指不涉及现金和银行存款的记账凭证。表格内只需填写应借记和应贷记的会计科目。其基本格式如表 6-10 所示。

表 6-10 转账凭证基本格式

**转 账 凭 证**

年　月　日　　　　　　　　　　　　　　　　　　　　　　　　　　　　　　　转字第　　号

| 摘要 | 会计科目 | | 借方金额 | | | | | | | | | | 贷方金额 | | | | | | | | | | ✓ |
|---|---|---|---|---|---|---|---|---|---|---|---|---|---|---|---|---|---|---|---|---|---|---|---|
| | 总账科目 | 明细科目 | 亿 | 千 | 百 | 十 | 万 | 千 | 百 | 十 | 元 | 角 | 分 | 亿 | 千 | 百 | 十 | 万 | 千 | 百 | 十 | 元 | 角 | 分 | |
| | | | | | | | | | | | | | | | | | | | | | | | | | |
| | | | | | | | | | | | | | | | | | | | | | | | | | |
| | | | | | | | | | | | | | | | | | | | | | | | | | |
| | | | | | | | | | | | | | | | | | | | | | | | | | |
| | | | | | | | | | | | | | | | | | | | | | | | | | |
| 附件　　张 | 合计 | | | | | | | | | | | | | | | | | | | | | | | | |

会计主管：　　　　　记账：　　　　　复核：　　　　　出纳：　　　　　制表：

**注意**：专用记账凭证通常用红、蓝和黑等不同颜色印制来加以区分。

### 2. 通用记账凭证

通用记账凭证是指用来反映所有经济业务的记账凭证，为各类经济业务所共同使用，不再区分收款、付款及转账业务。其基本格式与转账凭证相同，财会人员需填写应借记和应贷记的会计科目，如表 6-11 所示。

表 6-11 通用记账凭证基本格式

**记 账 凭 证**

年　月　日　　　　　　　　　　　　　　　　　　　　　　　　　　　　　　　记字第　　号

| 摘要 | 会计科目 | | 借方金额 | | | | | | | | | | | 贷方金额 | | | | | | | | | | ✓ |
|---|---|---|---|---|---|---|---|---|---|---|---|---|---|---|---|---|---|---|---|---|---|---|---|---|
| | 总账科目 | 明细科目 | 亿 | 千 | 百 | 十 | 万 | 千 | 百 | 十 | 元 | 角 | 分 | 亿 | 千 | 百 | 十 | 万 | 千 | 百 | 十 | 元 | 角 | 分 | |
| | | | | | | | | | | | | | | | | | | | | | | | | | |
| | | | | | | | | | | | | | | | | | | | | | | | | | |
| | | | | | | | | | | | | | | | | | | | | | | | | | |
| | | | | | | | | | | | | | | | | | | | | | | | | | |
| | | | | | | | | | | | | | | | | | | | | | | | | | |
| 附件　　张 | 合计 | | | | | | | | | | | | | | | | | | | | | | | | |

会计主管：　　　　　记账：　　　　　复核：　　　　　出纳：　　　　　制表：

## 6.4.2　记账凭证的填制要求与审核

### 1. 记账凭证的填制要求

（1）记账凭证应连续编号。每类记账凭证每月从 1 号开始连续编号，直至最后一笔经济业务。当一笔经济业务需要填制 2 张以上的记账凭证时，可以采用分数编号法编号。例如，第 7 笔业务需要编制 3 张凭证，可以依次编号为 $7\frac{1}{3}$、$7\frac{2}{3}$、$7\frac{3}{3}$。其中，7 表示第 7 笔业务，分母 3 表示该笔业务需要编制 3 张记账凭证，分子 1、2、3 分别表示第 1 张、第 2 张和第 3 张记账凭证。

（2）附件齐全。除结账和更正错误的记账凭证可以不附原始凭证外，其他记账凭证均必须附原始凭证。

（3）摘要简明扼要。摘要文字应简练明确，抓住重点。既要防止简而不明，又要避免过于烦琐。

（4）科目运用正确。总账科目应按统一规范的会计科目填写，不得随意简化或改动、填制。明细科目根据需要填写。

（5）填制规范。记账凭证发生错误时，应当重新填制。手工账情况下，在记账凭证中填制完经济业务后，如还有空行，应当将最后一笔金额栏的下一个空行至合计数栏的上一个空行画线注销，如表 6-12 所示。

表 6-12　记账凭证的填制

### 记 账 凭 证

年　月　日　　　　　　　　　　　　　　　　　　　记字第　号

| 摘要 | 会计科目 | | 借方金额 | | | | | | | | | | 贷方金额 | | | | | | | | | | ✓ |
|---|---|---|---|---|---|---|---|---|---|---|---|---|---|---|---|---|---|---|---|---|---|---|---|
| | 总账科目 | 明细科目 | 亿 | 千 | 百 | 十 | 万 | 千 | 百 | 十 | 元 | 角 | 分 | 亿 | 千 | 百 | 十 | 万 | 千 | 百 | 十 | 元 | 角 | 分 |
| 提现 | 库存现金 | | | | | | 2 | 1 | 8 | 0 | 0 | 0 | 0 | | | | | | | | | | | |
| | 银行存款 | | | | | | | | | | | | | | | | | 2 | 1 | 8 | 0 | 0 | 0 | 0 |
| | | | | | | | | | | | | | | | | | | | | | | | | |
| | | | | | | | | | | | | | | | | | | | | | | | | |
| 附件　张 | 合计 | | | ¥ | 2 | 1 | 8 | 0 | 0 | 0 | 0 | | | | ¥ | 2 | 1 | 8 | 0 | 0 | 0 | 0 | |

会计主管：　　　　记账：　　　　复核：　　　　出纳：　　　　制表：

#### 2. 记账凭证的审核

对于填制完毕的记账凭证，除了应由填制人员自行审核，还应在财务部门制定必要的专人审核制度。主要审核内容如下。

（1）原始凭证是否齐全，内容是否真实：比如是否附有发票，发票是否为本年度的，发票抬头是否符合要求等。

（2）记账凭证摘要与原始凭证是否相符。

（3）账务处理是否正确：会计科目和借贷方向、记账金额是否正确。

（4）凭证编号是否连续规范。

（5）凭证书写是否规范。

（6）相关人员是否签名、盖章。

## 6.5 会计凭证的传递与保管

### 1. 会计凭证的传递

会计凭证的传递是指会计凭证从取得、填制、使用到归档保管过程中,在单位内部有关部门和人员之间传递的程序。会计凭证的传递程序如图 6-3 所示。

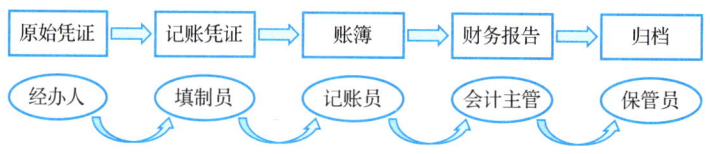

图 6-3 会计凭证的传递程序

### 2. 会计凭证的保管

会计凭证的保管是指会计凭证记账后的整理、装订、归档和存查工作。会计凭证作为记账的依据,是重要的会计档案和经济资料,应当采取措施妥善保管,不得丢失或任意销毁。为切实保障会计凭证的安全与完整,保管会计凭证时应注意以下事项。

(1)整理归类、装订成册。财会人员将记账凭证按照编号顺序,连同所附的原始凭证一起加具封面和封底,装订成册。封面上应注明单位名称、凭证种类、凭证张数、起止号数、年度、月份、会计主管人员和保管人员等有关事项,会计主管人员和保管人员应在封面上签章。会计凭证装订封面基本格式如图 6-4 所示。

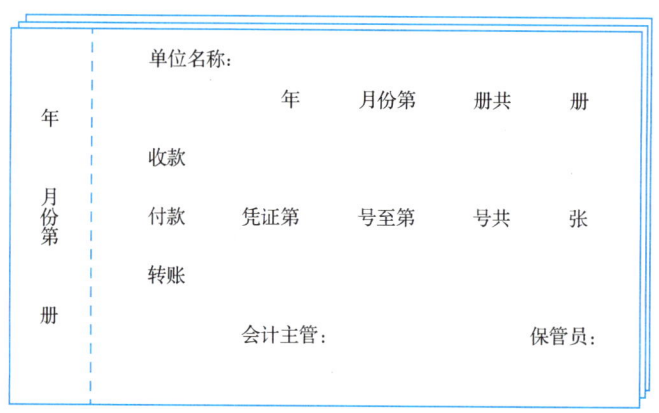

图 6-4 会计凭证装订封面基本格式

(2)装订成册的会计凭证,在年度终了时可暂由单位会计机构保管 1 年,期满后应当移交本单位档案机构统一保管。未设立档案机构的,应在会计部门内部指定专人保管。出纳人员不得兼管会计档案。

(3)会计凭证的保管期限一般为 30 年。保管期未满时,不得随意销毁会计凭证;保管期满后,应按规定销毁;按规定需要永久保存的会计凭证不得销毁。

## 关键术语

会计凭证（accounting voucher）
原始凭证（original voucher）
记账凭证（underlying voucher）

第6章即测即评

 ## 思考题

1. "口说无凭、立字为据"，你如何理解这句会计俗语？
2. 什么是原始凭证？原始凭证有哪些分类？
3. 审核原始凭证需要注意哪些内容？
4. 专用记账凭证有哪几种？

 ## 职业能力训练

### 一、单选题

1. 按（　　）不同，会计凭证分为原始凭证和记账凭证。
   A. 用途和填制程序　　　　　B. 形成来源
   C. 填制方式　　　　　　　　D. 取得方式
2. 下列各项中，属于外来原始凭证的是（　　）。
   A. 购货发票　　B. 入库单　　C. 领料单　　D. 验收单
3. 在一定期间内连续记录若干同类经济业务的会计凭证是（　　）。
   A. 自制凭证　　B. 累计凭证　　C. 汇总凭证　　D. 记账凭证
4. 属于记账凭证的填制依据的是（　　）。
   A. 原始凭证　　B. 经济业务　　C. 会计账簿　　D. 财务报告
5. 作为登记账簿的直接依据的是（　　）。
   A. 原始凭证　　B. 记账凭证　　C. 经济业务　　D. 财务报告
6. 对于企业发生的银行存款付款业务，应编制（　　）。
   A. 收款凭证　　B. 付款凭证　　C. 转账凭证　　D. 原始凭证
7. 下列业务中，应填制转账记账凭证的是（　　）。
   A. 用现金购买办公用品　　　　B. 取得预收款
   C. 购入材料但未付款　　　　　D. 从银行提取现金

## 二、多选题

1. 下列属于外来原始凭证的有（　　）。
   A. 火车票　　　　　　　　B. 住宿发票
   C. 购货发票　　　　　　　D. 银行进账单
2. 专用的记账凭证包括（　　）。
   A. 付款凭证　　　　　　　B. 收款凭证
   C. 转账凭证　　　　　　　D. 原始凭证
3. 除（　　）可以不附原始凭证外，其他记账凭证均必须附原始凭证。
   A. 结账　　　　　　　　　B. 购买设备
   C. 向银行借款　　　　　　D. 更正错误的记账凭证
4. 记账凭证基本要素包括（　　）。
   A. 会计科目　　　　　　　B. 记账金额
   C. 借贷方向　　　　　　　D. 凭证编号
5. 记账凭证的审核内容包括（　　）。
   A. 原始凭证是否齐全　　　B. 内容是否真实
   C. 金额是否正确　　　　　D. 科目是否正确

## 三、判断题

1. （　　）原始凭证都是外来凭证。
2. （　　）原始凭证是会计进行核算的原始资料。
3. （　　）外来原始凭证一般都属于一次凭证。
4. （　　）限额领料单只限于领用一次材料。
5. （　　）记账凭证一般由经办人填制。
6. （　　）采用专用记账凭证时，与货币资金收付无关的业务应编制转账凭证。
7. （　　）记账凭证是登记账簿的直接依据。
8. （　　）记账凭证的填制日期应是经济业务发生或完成的日期。
9. （　　）为简化核算，可以将同类型的经济业务的原始凭证汇总编制成一张汇总原始凭证。
10. （　　）从银行提取现金，应编制库存现金收款凭证。

## 四、实训题

练习1

目的：练习收款凭证的编制。

资料：（1）企业收到甲公司所欠的货款 15 600 元，款项已存入银行。原始凭证为银行收款通知单 1 张。

（2）从建设银行借入短期借款 20 000 元，已存入银行。原始凭证为借款合同 1 份，银行收款通知单 1 张。

要求：根据上述资料，在表 6-13 和表 6-14 中编制收款凭证。

表 6-13　收款凭证 1

### 收 款 凭 证

借方科目：　　　　　　　　　　　　　　　年　月　日　　　　　　　　　　　　　　收字第　　号

| 摘要 | 贷方科目 | | 贷方金额 | | | | | | | | | | ✓ |
|---|---|---|---|---|---|---|---|---|---|---|---|---|---|
| | 总账科目 | 明细科目 | 亿 | 千 | 百 | 十 | 万 | 千 | 百 | 十 | 元 | 角 | 分 | |
| | | | | | | | | | | | | | |
| | | | | | | | | | | | | | |
| | | | | | | | | | | | | | |
| | | | | | | | | | | | | | |
| | | | | | | | | | | | | | |
| | | | | | | | | | | | | | |
| 附件　张 | 合计 | | | | | | | | | | | | |

会计主管：　　　　记账：　　　　复核：　　　　出纳：　　　　制表：

表 6-14　收款凭证 2

### 收 款 凭 证

借方科目：　　　　　　　　　　　　　　　年　月　日　　　　　　　　　　　　　　收字第　　号

| 摘要 | 贷方科目 | | 贷方金额 | | | | | | | | | | ✓ |
|---|---|---|---|---|---|---|---|---|---|---|---|---|---|
| | 总账科目 | 明细科目 | 亿 | 千 | 百 | 十 | 万 | 千 | 百 | 十 | 元 | 角 | 分 | |
| | | | | | | | | | | | | | |
| | | | | | | | | | | | | | |
| | | | | | | | | | | | | | |
| | | | | | | | | | | | | | |
| | | | | | | | | | | | | | |
| | | | | | | | | | | | | | |
| 附件　张 | 合计 | | | | | | | | | | | | |

会计主管：　　　　记账：　　　　复核：　　　　出纳：　　　　制表：

练习 2

目的：练习付款凭证的编制。

资料：（1）企业管理部门用现金购买了 565 元办公用品，假定不考虑税费。原始凭证为购货发票 1 张。

（2）用银行存款 12 800 元支付欠明生公司的应付账款。原始凭证为银行转账电子回单 1 张。

要求：根据上述资料，在表 6-15 和表 6-16 中编制付款凭证。

表6-15 付款凭证1

## 付 款 凭 证

贷方科目：　　　　　　　　　　　　　　年　月　日　　　　　　　　　　　　付字第　　号

| 摘要 | 借方科目 | | 借方金额 | | | | | | | | | | ✓ |
| --- | --- | --- | --- | --- | --- | --- | --- | --- | --- | --- | --- | --- | --- |
| | 总账科目 | 明细科目 | 亿 | 千 | 百 | 十 | 万 | 千 | 百 | 十 | 元 | 角 | 分 |
| | | | | | | | | | | | | | |
| | | | | | | | | | | | | | |
| | | | | | | | | | | | | | |
| | | | | | | | | | | | | | |
| | | | | | | | | | | | | | |
| | | | | | | | | | | | | | |
| 附件　张 | 合计 | | | | | | | | | | | | |

会计主管：　　　　　记账：　　　　　复核：　　　　　出纳：　　　　　制表：

表6-16 付款凭证2

## 付 款 凭 证

贷方科目：　　　　　　　　　　　　　　年　月　日　　　　　　　　　　　　付字第　　号

| 摘要 | 借方科目 | | 借方金额 | | | | | | | | | | ✓ |
| --- | --- | --- | --- | --- | --- | --- | --- | --- | --- | --- | --- | --- | --- |
| | 总账科目 | 明细科目 | 亿 | 千 | 百 | 十 | 万 | 千 | 百 | 十 | 元 | 角 | 分 |
| | | | | | | | | | | | | | |
| | | | | | | | | | | | | | |
| | | | | | | | | | | | | | |
| | | | | | | | | | | | | | |
| | | | | | | | | | | | | | |
| | | | | | | | | | | | | | |
| 附件　张 | 合计 | | | | | | | | | | | | |

会计主管：　　　　　记账：　　　　　复核：　　　　　出纳：　　　　　制表：

练习3

目的：练习转账凭证的编制。

资料：（1）购入A材料35千克，价款1 400元，假定不考虑税费。材料已验收入库，款项尚未支付。

（2）企业收到股东张三投资的W设备一台，价值42 000元。

（3）车间生产甲产品领用A材料25千克，金额1 000元。

要求：根据上述资料，在表6-17～表6-19中编制转账凭证。

### 表6-17 转账凭证1

**转 账 凭 证**

年　月　日　　　　　　　　　　　　　　　　　　　　　　　　　转字第　　号

| 摘要 | 会计科目 | | 借方金额 | | | | | | | | | | 贷方金额 | | | | | | | | | | ✓ |
|---|---|---|---|---|---|---|---|---|---|---|---|---|---|---|---|---|---|---|---|---|---|---|---|
| | 总账科目 | 明细科目 | 亿 | 千 | 百 | 十 | 万 | 千 | 百 | 十 | 元 | 角 | 分 | 亿 | 千 | 百 | 十 | 万 | 千 | 百 | 十 | 元 | 角 | 分 | |
| | | | | | | | | | | | | | | | | | | | | | | | | |
| | | | | | | | | | | | | | | | | | | | | | | | | |
| | | | | | | | | | | | | | | | | | | | | | | | | |
| | | | | | | | | | | | | | | | | | | | | | | | | |
| | | | | | | | | | | | | | | | | | | | | | | | | |
| 附件　张 | 合计 | | | | | | | | | | | | | | | | | | | | | | | |

会计主管：　　　　　记账：　　　　　复核：　　　　　出纳：　　　　　制表：

### 表6-18 转账凭证2

**转 账 凭 证**

年　月　日　　　　　　　　　　　　　　　　　　　　　　　　　转字第　　号

| 摘要 | 会计科目 | | 借方金额 | | | | | | | | | | 贷方金额 | | | | | | | | | | ✓ |
|---|---|---|---|---|---|---|---|---|---|---|---|---|---|---|---|---|---|---|---|---|---|---|---|
| | 总账科目 | 明细科目 | 亿 | 千 | 百 | 十 | 万 | 千 | 百 | 十 | 元 | 角 | 分 | 亿 | 千 | 百 | 十 | 万 | 千 | 百 | 十 | 元 | 角 | 分 | |
| | | | | | | | | | | | | | | | | | | | | | | | | |
| | | | | | | | | | | | | | | | | | | | | | | | | |
| | | | | | | | | | | | | | | | | | | | | | | | | |
| | | | | | | | | | | | | | | | | | | | | | | | | |
| | | | | | | | | | | | | | | | | | | | | | | | | |
| 附件　张 | 合计 | | | | | | | | | | | | | | | | | | | | | | | |

会计主管：　　　　　记账：　　　　　复核：　　　　　出纳：　　　　　制表：

### 表6-19 转账凭证3

**转 账 凭 证**

年　月　日　　　　　　　　　　　　　　　　　　　　　　　　　转字第　　号

| 摘要 | 会计科目 | | 借方金额 | | | | | | | | | | 贷方金额 | | | | | | | | | | ✓ |
|---|---|---|---|---|---|---|---|---|---|---|---|---|---|---|---|---|---|---|---|---|---|---|---|
| | 总账科目 | 明细科目 | 亿 | 千 | 百 | 十 | 万 | 千 | 百 | 十 | 元 | 角 | 分 | 亿 | 千 | 百 | 十 | 万 | 千 | 百 | 十 | 元 | 角 | 分 | |
| | | | | | | | | | | | | | | | | | | | | | | | | |
| | | | | | | | | | | | | | | | | | | | | | | | | |
| | | | | | | | | | | | | | | | | | | | | | | | | |
| | | | | | | | | | | | | | | | | | | | | | | | | |
| | | | | | | | | | | | | | | | | | | | | | | | | |
| 附件　张 | 合计 | | | | | | | | | | | | | | | | | | | | | | | |

会计主管：　　　　　记账：　　　　　复核：　　　　　出纳：　　　　　制表：

# 第 7 章

# 会计账簿

## 学习目标

1. 理解：账簿的含义与作用、对账与结账
2. 掌握：账簿的种类与格式
3. 掌握：账簿的登记规则
4. 掌握：错账的更正

## 内容导图

会计账簿的设置与登记是会计核算的重要方法之一，也是会计核算过程中的关键环节。账簿是记载发生的交易或事项的载体，并为后续的财务报告信息提供数据支持。本章主要介绍账簿的含义与作用、种类与格式、登记规则，以及对账、错账的更正和结账等内容。

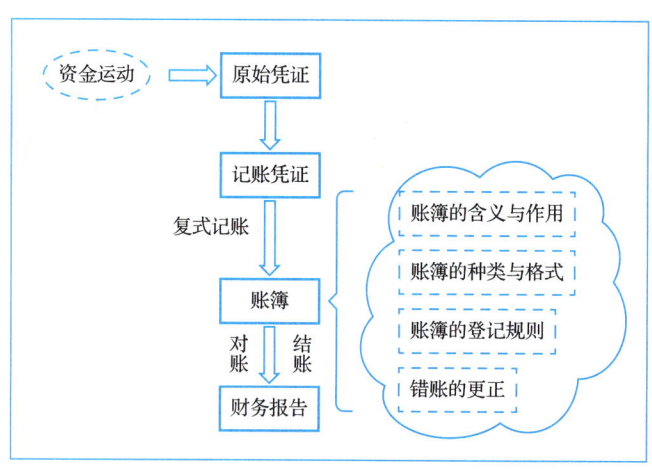

## 思政元素

诚信为本,不做假账,实现可持续发展。

## 导入案例

### 财务共享服务中心与上市公司的"三独立"和"五分开"[1]

财务共享服务中心模式作为一种新财务模式,旨在通过集团内部所有资源的整合和运作,将所有财务资源进行集中,有效地解决在不同地域(跨地区、跨国家)财务管理重复和效率低下的问题,通过财务集中规模效应,助力公司经营效率和效益的提高,降低经营管理成本。

财政部、国资委等有关部门鼓励企业建设财务共享服务中心。2022年2月18日,国资委发布《关于中央企业加快建设世界一流财务管理体系的指导意见》,指出中央企业应"高度重视财务管理工作,持续优化管理手段,不断创新管理模式,积极应用先进管理工具"。同时,"完善智能前瞻的财务数智体系……具备条件的企业应探索建立基于自主可控体系的数字化、智能化财务"。

中国证监会针对上市公司财务独立性发布法规指引。2018年,中国证监会发布的29号公告《上市公司治理准则》第六十八条指出:"控股股东、实际控制人与上市公司应当实行人员、资产、财务分开,机构、业务独立,各自独立核算、独立承担责任和风险。"第七十一条指出:"上市公司应当依照法律法规和公司章程建立健全财务、会计管理制度,坚持独立核算。控股股东、实际控制人及其关联方应当尊重上市公司财务的独立性,不得干预上市公司的财务、会计活动。"

针对国内上市公司的独立性要求,可以总结为"三独立"和"五分开"。

"三独立"就是上市公司要具有独立的生产、供应、销售系统,具有直接面向市场的独立经营能力。

公司上市"五分开"原则实质上是为了保持发起人和股份公司之间的距离,保证股份公司的独立性,从发起人股东进入股份公司的业务、资产、人员、机构、财务等方面与原企业分开的层面保证上市公司的独立性。

"五分开"具体是业务分开、资产分开、人员分开、机构分开及财务分开,各自独立核算,独立承担责任和风险。业务分开主要是指发起人与股份公司不应当经营同种业务,形成恶性竞争,引发公司上市后损害上市公司利益的可能性。这是避免关联交易、同业竞争的必然要求。资产分开是指发起人及股东的资产不得与股份公司的资产混同,更不能将股份公司的资产据为己有。严格地说,这是公司法对股东出资的基本要求,也是公司法人独立的基础。人员分开主要是避免由于人员交叉任职而引发的业务交叉、财务交叉甚至资产交叉等情况。另外,人员交叉任职,中立性大打折扣,在处理相关事务时势必顾此失彼,这对上市公司来说非常不利。机构分开是指公司的董事会、股东会、监事会不

---

[1] 资料来源:搜狐网。

应当与股东的机构发生重叠或混同。机构是公司决策的发源地，如果机构混同，则公司意志不具有独立性，上市公司的利益很难保障。财务分开是指股东或发起人与股份公司的财务体系应当独立运行，财务系统往往关涉资产与债权、债务，以及公司运行成本等问题。因此，财务独立实在有必要。

中国企业的财务共享服务中心建设在提升工作效率、降低运营成本、推进业财融合、促进财务管理转型、支撑战略发展等方面具有良好的管理价值。聚焦上市公司的监管性方面，那么多家上市公司并存的财务共享服务中心建设如何解决独立性问题？在建设财务共享服务中心时，需要依从监管要求，全面考虑组织人员、制度流程、数据信息、信息系统等因素，以满足上市公司的合规性、独立性要求。

## 7.1 账簿的含义与作用

会计账簿（accounting book）简称账簿，俗称账本，是由具有一定格式、相互联系的账页组成，用以全面、系统、连续地记录各项交易或事项的簿籍。账簿为编制财务报告提供信息数据，是重要的经济档案。设置和登记账簿是会计核算的一种专门方法。

账簿的设置一般称为建账。建账分为新设建账和年初建账。

（1）新设建账。当企业从无到有新组建时，应于领取营业执照15日内建立各种会计账簿，并报主管税务机关备案。建账方法是按照财政部核发的会计科目开设总分类账户，按预计的经济业务繁简程度及自身核算的要求开设明细分类账户。

（2）年初建账。企业开始经营后，每年年初都要重新开设各种账簿（个别账户除外）。建账方法是将各资产类、负债类、所有者权益类账户上年年末余额过入本年新开设的账户所对应的"期初余额"栏，并在"摘要"栏内填写"上年结转"或"期初余额"；没有上年期末余额的成本类、损益类账户则直接根据会计科目开设新账簿。

## 7.2 账簿的种类与格式

不同的账簿有着各自不同的功能和作用，它们各自独立又相互补充，形成了一套完整的账簿体系。

### 1. 按账簿用途分类

按用途，账簿可分为序时账簿、分类账簿和备查账簿。

（1）序时账簿（chronological book）又称日记账，是指按照经济业务发生或完成时间的先后顺序逐日逐笔进行登记的账簿。序时账簿一般只设库存现金日记账和银行存款日记账，而不设转账日记账和普通日记账。序时账簿必须以取得和填制的会计凭证按编号先后顺序逐日逐笔进行登记，每天结出余额，以便及时、详细地反映经济业务的发生和完成情况。

（2）分类账簿,包括总分类账（general ledger）和明细分类账（subsidiary ledger）两种。总分类账又称总账，根据总分类科目设置，对经济业务进行总括登记。明细分类账又称明细账，根据明细分类科目设置，对经济业务进行细化登记，提供详细信息，对总账信息起到补充和说明的作用。

（3）备查账簿（memorandum book）又称辅助账簿，是对序时账簿和分类账簿中不能登记或登记不全的相关情况进行记载以备查考的账簿。比如企业的短期借款，在备查账簿中记载借入时间、借入金额、借款利率、还款方式、还款时间等信息。有些信息不能在序时账簿和分类账簿中得到体现，可以采用备查账簿登记。借助备查账簿，财会人员可以清楚地了解有哪些备忘交易或事项需要处理。备查账簿不是根据会计科目设置的，与其他账簿也不存在账务处理上的依存与钩稽关系，因此没有规定的格式，在登记过程中不必遵循复式记账规则。

### 2. 按账簿外表形式分类

按外表形式，账簿可分为订本式账簿、活页式账簿和卡片式账簿。

（1）订本式账簿（bound book）是指在启用前将编有顺序页码的一定数量的账页，固定装订成册的账簿。订本式账簿可以防止账页散失或者被人为抽换，保证账簿的使用安全和记录完整。因此，它一般适用于总账、库存现金日记账和银行存款日记账。但订本式账簿使用起来不够灵活，当预留账页数与实际用数不一致时，账页不足会影响连续记录，账页过多又会造成浪费；同时，订本式账簿在同一时间只能由一个人登记，不能按记账人员的分工同时登记。

（2）活页式账簿（loose-leaf book）是指在启用前不装订，将一定数量的账页置于活页夹内，财会人员根据记账内容的变化和记账的需要随时取用。活页式账簿使用灵活，可根据需要随时加入、抽出或移动账页，提高账务处理效果，一般适用于各明细分类账。但活页式账簿因容易造成账页散失或被人随意抽换，难以保证账簿的使用安全和记录完整。因此，必须对已登记完的账页进行连续编号存放。到会计期末，财会人员应将活页式账簿装订成册，形成订本式账簿，并妥善保管。

（3）卡片式账簿（card book）是指将一定数量的卡片式账页按一定顺序置于卡片箱内，可根据需要随时存入或取出账卡的账簿。卡片式账簿的优缺点类似于活页式账簿。实务中，卡片式账簿主要适用于固定资产。

### 3. 按账簿格式分类

按格式，账簿可分为三栏式账簿、多栏式明细账簿和数量金额式明细账簿。

（1）二栏式账簿。二栏式账簿是指在账页中专门设置了"借方金额""贷方金额""余额" 3 个基本栏目的账簿。它适用于库存现金日记账、银行存款日记账、总分类账，以及资本、债权、债务明细账等。三栏式账簿格式举例如表 7-1 ～表 7-3 所示。

（2）多栏式明细账簿。多栏式明细账簿是指将账簿的"借方"和"贷方"两个基本栏目按需要分设成若干明细专栏的账簿。多栏式明细账主要用来登记增加额，偶尔登记减少额，比如在月末才登记一次减少额。因此，多栏式明细账簿的账页格式一般只设增加额一方（根据账户性质，表示增加额一方有可能设在借方栏或贷方栏），没有减少额栏次。当发生减少额时，减少额用红字登记在增加额的栏次内。它适用于收入类、费用类等只需要提供价值量指标的经济业务的记录。

表 7-1 三栏式银行存款日记账格式

## 银行存款日记账

| 年 | | 凭证 | | 摘要 | 借方金额 | | | | | | | | | 贷方金额 | | | | | | | | | 借或贷 | 余额 | | | | | | | | |
|---|---|---|---|---|---|---|---|---|---|---|---|---|---|---|---|---|---|---|---|---|---|---|---|---|---|---|---|---|---|---|---|---|
| 月 | 日 | 字 | 号 | | 千 | 百 | 十 | 万 | 千 | 百 | 十 | 元 | 角 | 分 | 千 | 百 | 十 | 万 | 千 | 百 | 十 | 元 | 角 | 分 | | 千 | 百 | 十 | 万 | 千 | 百 | 十 | 元 | 角 | 分 |
| | | | | | | | | | | | | | | | | | | | | | | | | | | | | | | | | | | | |

表 7-2 三栏式总分类账格式

## 总 分 类 账

会计科目：

| 年 | | 凭证 | | 摘要 | 借方金额 | | | | | | | | | 贷方金额 | | | | | | | | | 借或贷 | 余额 | | | | | | | | |
|---|---|---|---|---|---|---|---|---|---|---|---|---|---|---|---|---|---|---|---|---|---|---|---|---|---|---|---|---|---|---|---|---|
| 月 | 日 | 字 | 号 | | 千 | 百 | 十 | 万 | 千 | 百 | 十 | 元 | 角 | 分 | 千 | 百 | 十 | 万 | 千 | 百 | 十 | 元 | 角 | 分 | | 千 | 百 | 十 | 万 | 千 | 百 | 十 | 元 | 角 | 分 |
| | | | | | | | | | | | | | | | | | | | | | | | | | | | | | | | | | | | |

表7-3 三栏式应收账款明细账格式

## 应收账款明细账

账户名称：

| 年 | | 凭证 | | 摘要 | 借方金额 | | | | | | | | | 贷方金额 | | | | | | | | | 借或贷 | 余额 | | | | | | | | |
|---|---|---|---|---|---|---|---|---|---|---|---|---|---|---|---|---|---|---|---|---|---|---|---|---|---|---|---|---|---|---|---|---|
| 月 | 日 | 字 | 号 | | 千 | 百 | 十 | 万 | 千 | 百 | 十 | 元 | 角 | 分 | 千 | 百 | 十 | 万 | 千 | 百 | 十 | 元 | 角 | 分 | | 千 | 百 | 十 | 万 | 千 | 百 | 十 | 元 | 角 | 分 |
| | | | | | | | | | | | | | | | | | | | | | | | | | | | | | | | | | | | |

① 借方多栏式。例如，费用类账户因其发生的增加额在借方，故不设"贷方"栏，在"借方"栏下分设若干明细栏，被称为借方多栏式，如表7-4所示。

表7-4 借方多栏式管理费用明细账格式

## 管理费用明细账

单位：元

| 年 | | 凭证 | | 摘要 | 借方 | | | | | 合计 |
|---|---|---|---|---|---|---|---|---|---|---|
| 月 | 日 | 字 | 号 | | 工资 | 福利费 | 办公费 | 折旧费用 | …… | |
| | | | | | | | | | | |
| | | | | | | | | | | |
| | | | | | | | | | | |
| | | | | | | | | | | |
| | | | | | | | | | | |

② 贷方多栏式。例如，收入类账户因其发生的增加额在贷方，故不设"借方"栏，在"贷方"栏下分设若干明细栏，被称为贷方多栏式，如表7-5所示。

表7-5 贷方多栏式主营业务收入明细账格式

## 主营业务收入明细账

单位：元

| 年 | | 凭证 | | 摘要 | 贷方 | | | | | 合计 |
|---|---|---|---|---|---|---|---|---|---|---|
| 月 | 日 | 字 | 号 | | A产品 | B产品 | C产品 | D产品 | …… | |
| | | | | | | | | | | |
| | | | | | | | | | | |
| | | | | | | | | | | |
| | | | | | | | | | | |

另外，也有个别明细分类账簿在借方和贷方都设置多个栏目。

（3）数量金额式明细账簿。数量金额式明细账簿是在账簿的"借方""贷方""余额"3个栏目下均增设"数量""单价""金额"3个小栏目，用来反映资产的实物数量和金额的账簿。它适用于原材料、库存商品等存货明细账，如表7-6所示。

表7-6 数量金额式原材料明细账格式

### 原材料明细账

材料名称：

数量单位：千克
金额单位：元

| 年 | | 凭证 | | 摘要 | 借方 | | | 贷方 | | | 余额 | | |
|---|---|---|---|---|---|---|---|---|---|---|---|---|---|
| 月 | 日 | 字 | 号 | | 数量 | 单价 | 金额 | 数量 | 单价 | 金额 | 数量 | 单价 | 金额 |
| | | | | | | | | | | | | | |
| | | | | | | | | | | | | | |
| | | | | | | | | | | | | | |
| | | | | | | | | | | | | | |
| | | | | | | | | | | | | | |

## 7.3 账簿的登记规则

### 1. 账簿的启用规则

账簿是记录会计原始资料的重要工具。为保证账簿登记的合法性和明确记账人员的会计责任，在启用订本式账簿时，应在账簿扉页上填写启用及交接记录，包括单位名称、账簿名称、启用日期、经管人员和会计主管人员等。使用活页式账簿或卡片式账簿时，应定期装订成册，并填写账簿启用登记表。

账簿一般由封面和封底、扉页和账页构成。

（1）封面和封底。封面和封底分别是会计账簿最前一页和最后一页，通常由一张厚纸做成，对整个账簿起保护作用。封面上填写账簿名称、使用年限等内容。

（2）扉页。扉页是一页账簿启用及交接表。它记载账簿使用单位名称、账簿名称、册次及起讫页、启用日期、停用日期、经管人员和交接记录等，如表7-7所示。

之所以严格地进行账簿启用和交接登记，是为了明确有关人员的责任。因为会计账簿记录着企业生产经营活动所产生的会计信息，不允许随意填写。一本账簿在一段时间内只能由一个记账人员进行登记。经管人员对账簿登记内容负全部会计责任，特别是对其上面的差错、修改、挖补等负全责。使用电子账簿的，也要在会计信息系统中设置相应机制并记录经管人员责任。

（3）账页。账页是账簿的主要组成部分，一般有很多页。每页按需印刷着会计账户的格式，用于记录具体经济业务，包括记录日期、凭证号、摘要、金额变化等信息。

表 7-7　账簿启用及交接表格式

## 账簿启用及交接表

| 单位名称 | | | | |
|---|---|---|---|---|
| 账簿名称 | | | | |
| 册次及起讫页 | 自　　　　页起至　　　　页止共　　　　页 | | | |
| 启用日期 | 年　　月　　日 | | | |
| 停用日期 | 年　　月　　日 | | | |
| 经管人员 | 接管日期 | 交出日期 | 经管人员盖章 | 会计主管盖章 |
| | 年　月　日 | 年　月　日 | | |
| | 年　月　日 | 年　月　日 | | |
| | 年　月　日 | 年　月　日 | | |
| 备注 | | | 单位公章 | |

### 2. 账簿的记录规则

财会人员应掌握会计记账的规范要求，严格按照规定的要求记账。

（1）依据凭证登记。账簿必须根据审核无误的记账凭证和所附的原始凭证登记，将记账凭证的日期、编号、内容摘要、金额及其他信息逐项登记入账。登记完毕后，记账人员应在所依据的记账凭证上签名或盖章，并在"记账"栏标记"√"，以避免重复登记，如表 7-8 所示。

表 7-8　收款记账凭证

## 记 账 凭 证

借方科目：银行存款　　　　　　　　　　　202×年1月1日　　　　　　　　　　　收字第 3 号

| 摘要 | 贷方科目 | | 贷方金额 | | | | | | | | | √ |
|---|---|---|---|---|---|---|---|---|---|---|---|---|
| | 总账科目 | 明细科目 | 亿 | 千 | 百 | 十 | 万 | 千 | 百 | 十 | 元 | 角 | 分 | |
| 借入款项 | 短期借款 | 中行高教支行 | | | | | 8 | 0 | 0 | 0 | 0 | 0 | 0 | √ |
| | | | | | | | | | | | | | |
| | | | | | | | | | | | | | |
| | | | | | | | | | | | | | |
| | | | | | | | | | | | | | |
| 附单据　4　张 | 合计 | | | | | | 8 | 0 | 0 | 0 | 0 | 0 | 0 | |

会计主管：　　　　　记账：王五　　　　　复核：　　　　　出纳：李四　　　　　制表：张三

（2）内容登记齐全。应当逐栏填写记账凭证的日期、编号、内容摘要、金额及其他信息。各栏次内容的登记应做到不漏不错、数字准确、摘要清楚、登记及时、字迹工整。

（3）书写留格。书写的文字与数字不要写满行，一般占行高的1/2，在文字与数字上方要适当留空隙，以便在发生错账时为填写正确的文字或数字留有余地。

（4）使用蓝黑墨水笔书写。不得使用圆珠笔或铅笔书写。

（5）红字限制使用。在登记账簿时，红字表示减少，不得随意使用。

（6）账页连续登记。登记账簿时，一般按编定的页码顺序连续登记，不得跳行或隔页。如果不慎产生跳行或隔页，不得随意涂改、撕毁或抽换，应当在空行和空页上分别画红色横线和红色对角线，并分别在"摘要"栏内注明"此行空白"和"此页空白"字样，记账人员应在更正处签名或盖章，以示对所处理事宜负责，如表 7-9 和表 7-10 所示。

表 7-9　总分类账空行的处理

**总 分 类 账**

会计科目：原材料　　　　　　　　　　　　　　　　　　　　　　　　　　　　　　　单位：元

| 202×年 | | 凭证 | | 摘要 | 借方金额 | 贷方金额 | 借或贷 | 余额 |
|---|---|---|---|---|---|---|---|---|
| 月 | 日 | 字 | 号 | | | | | |
| 4 | 1 | | | 月初余额 | | | 借 | 150 000 |
| | 7 | 银付 | 4 | 购入 | 20 000 | 红线 | 借 | 170 000 |
| | | | | 此行空白 | 王静 | | | |
| | 10 | 转 | 6 | 发出 | | 50 000 | 借 | 120 000 |
| | 30 | | | 本月合计 | 20 000 | 50 000 | 借 | 120 000 |
| | | | | | | | | |

表 7-10　总分类账空页的处理

**总 分 类 账**

会计科目：原材料　　　　　　　　　　　　　　　　　　　　　　　　　　　　　　　单位：元

| 202×年 | | 凭证 | | 摘要 | 借方金额 | 贷方金额 | 借或贷 | 余额 |
|---|---|---|---|---|---|---|---|---|
| 月 | 日 | 字 | 号 | | | | | |
| | | | | 此页空白 | 王静 | | | |
| | | | | | | | | |
| | | | | | | | | |
| | | | | | | 红线 | | |
| | | | | | | | | |
| | | | | | | | | |

（7）注明余额方向。账户结出余额后应在"借或贷"栏内写明"借"或"贷"字样。账户没有余额的，应在"借或贷"栏内写明"平"字样，余额栏内写"0"，并在其上画一条波浪线或斜线，如表 7-11 所示。

表 7-11　总分类账没有余额的处理

**总 分 类 账**

会计科目：原材料　　　　　　　　　　　　　　　　　　　　　　　　　　　　　　　单位：元

| 202×年 | | 凭证 | | 摘要 | 借方金额 | 贷方金额 | 借或贷 | 余额 |
|---|---|---|---|---|---|---|---|---|
| 月 | 日 | 字 | 号 | | | 有余额时写"借"或"贷" | | |
| 4 | 1 | | | 月初余额 | | | 借 | 10 000 |
| | 6 | 银付 | 5 | 购入 | 40 000 | | 借 | 50 000 |
| | 12 | 转 | 8 | 发出 | | 50 000 | 平 | 0 |
| | 30 | | | 本月合计 | 40 000 | 50 000 | 平 | 0 |

没有余额时写"平"

（8）账页结转处理。登记账簿时，每张账页应在最后一行结出本页发生额合计数及余额，并在"摘要"栏内注明"过次页"字样。然后将本页发生额合计数及余额填在下一页的第一行，并在该行的"摘要"栏内注明"承前页"字样，如表 7-12 和表 7-13 所示。

表 7-12　账页结转（过次页）

会计科目：生产成本

| 摘要 | 借方金额 | | | | | | | | | | 贷方金额 | | | | | | | | | |
|---|---|---|---|---|---|---|---|---|---|---|---|---|---|---|---|---|---|---|---|---|
| | 千 | 百 | 十 | 万 | 千 | 百 | 十 | 元 | 角 | 分 | 千 | 百 | 十 | 万 | 千 | 百 | 十 | 元 | 角 | 分 |
| 领用材料 | | | | | 2 | 0 | 0 | 0 | 0 | 0 | | | | | | | | | | |
| 分配人工费 | | | | | 6 | 0 | 0 | 0 | 0 | 0 | | | | | | | | | | |
| 分配制造费用 | | | | | 4 | 0 | 0 | 0 | 0 | 0 | | | | | | | | | | |
| 过次页 | | | | | 3 | 0 | 0 | 0 | 0 | 0 | ← 结出本页发生额 | | | | | | | | | |
| ★最后一行是账边，不准记账 | | | | | | | | | | | | | | | | | | | | |

表 7-13　账页结转（承前页）

会计科目：生产成本

| 摘要 | 借方金额 | | | | | | | | | | 贷方金额 | | | | | | | | | |
|---|---|---|---|---|---|---|---|---|---|---|---|---|---|---|---|---|---|---|---|---|
| | 千 | 百 | 十 | 万 | 千 | 百 | 十 | 元 | 角 | 分 | 千 | 百 | 十 | 万 | 千 | 百 | 十 | 元 | 角 | 分 |
| 承前页 | | | | | 3 | 0 | 0 | 0 | 0 | 0 | ← 抄录上页发生额 | | | | | | | | | |
| ★新账页第一行的处理 | | | | | | | | | | | | | | | | | | | | |

（9）规范更正错账。发生错账时，不得涂改、刮擦和挖补，也不准更换账页重新抄写。发生错误时，应根据规定的方法进行更正。具体更正方法见下文。

## 7.4　对账

### 7.4.1　对账的定义

对账就是核对账目，是指将日常发生的交易或事项完整地记入有关账户后，为保证账证相符、账账相符及账实相符，财会人员对相关凭证、账户记录的有关数据与会计凭证、账户数据及账户与各种资产进行核对的工作。

### 7.4.2　对账的内容

对账的内容一般包括以下几个方面。

（1）账证核对。账证核对是指将各种账簿数字与会计凭证进行核对。这种核对主要发生在日常编制凭证和登记账簿过程中。核对的重点是会计凭证上记载的业务内容、金额和科目是否与账簿的记录一致。

（2）账账核对。账账核对是指对各种账簿之间的有关数字进行核对。

（3）账实核对。账实核对是指将账面数字与实际物资、款项进行核对。
（4）账表核对。账表核对是指将账簿记录与各种会计报表相互核对。

## 7.5 错账的更正

### 7.5.1 错账的类型

在对账的过程中可能会发现错账，一般发生在填制记账凭证和登记账簿两个环节。错账的类型如下。

（1）记账凭证正确但登记账簿时发生错误，由此产生的错账。

① 漏记了一方，可以是借方或贷方，导致试算不平衡。这种错账可以用差数法查找。差数法就是根据试算平衡表中借方和贷方合计数的差额直接查找错账。

例如，假定"银行存款"账户漏记了一笔，为贷方金额 3 000 元。那么，在试算平衡时发现借方发生额合计数为 258 000 元，贷方发生额合计数为 255 000 元，两者差额为 3 000 元。假定没有其他差错，那么这一差额就是一方漏记的金额，于是按照差额 3 000 元去查找。

② 将借贷方向记反了，产生同借或同贷，导致试算不平衡。这种错账可以用除二法查找。除二法就是将确定的差额除以 2，根据得出的商查找错账的一种方法。

例如，在试算平衡时发现借方发生额合计数为 258 000 元，贷方发生额合计数为 255 000 元，两者差额为 3 000 元。假定没有其他差错，如果是借贷方向记错了导致的同借，那么将差额 3 000 元除以 2，得到 1 500 元，1 500 元就是一方重复登记的金额，于是按照 1 500 元去查找。

③ 相邻数字的次序写颠倒了，导致试算不平衡。这种错账可以用除九法查找。除九法就是将确定的差额除以 9，根据得出的商查找错账的一种方法。利用除九法，其差额必须能够被 9 整除。整除得到的商有可能是次序颠倒的相邻两个数字的差。

例如，在试算平衡时发现借方发生额合计数为 258 300 元，贷方发生额合计数为 258 327 元，两者差额为 27 元。27÷9＝3，假定没有其他差错，很可能是相邻的数字次序写颠倒了。接着按照商的规律进一步排查：得出的商连续加 11，直到找出颠倒的数字为止。那么可以将 3 连加 11，得到 14、25、36、47、58、69 等。去排查是否有这些数字的业务，如有数字 25 的业务，颠倒的数字就是 2 和 5。

这些错账往往可以通过编制试算平衡表得以发现。

如果只有一种错账，运用上述方法去查找比较有效，但如果好几种错账同时发生，运用上述方法就不一定能有效查到。

然而，试算平衡并不能发现所有错账。比如，同一笔经济业务重复登记、漏记一项或多项经济业务，或几种错账的金额相互抵销等，这些错账发生时可能无法通过编制试算平衡表来发现。

（2）记账凭证错误导致账簿登记错误。具体有以下 3 种情况。

① 记账凭证上会计科目用错引发的错账。

② 记账凭证上金额写多引发的错账。
③ 记账凭证上金额写少引发的错账。

### 7.5.2 错账的更正方法

**1. 划线更正法**

划线更正法适用于更正记账凭证正确但在登记账簿时发生金额上的错误的错账。具体更正方法如下：如果在记账后结账前发现账簿登记金额有错，可先在错误的数字上画一条红线表示注销，之后在画过红线的数字上方填写正确的金额，并在更正处加盖更正人的名章。

**例 7-1**

企业用银行存款支付了一笔销售广告费用，金额为 4 525 元。付款凭证上的会计分录如下，并已登记入账。

借：销售费用　　　　　　　　　　　　　　　　　4 525
　贷：银行存款　　　　　　　　　　　　　　　　　　　　4 525

但是在登记"银行存款"账簿时，将 4 525 错写为 4 552。记账后很快就发现了这一错误。对于这种错账，一般可以采用划线更正法进行更正，如表 7-14 所示。

表 7-14　划线更正法举例

| 摘要 | 借方金额 | | | | | | | | | 贷方金额 | | | | | | | | |
|---|---|---|---|---|---|---|---|---|---|---|---|---|---|---|---|---|---|---|
| | 千 | 百 | 十 | 万 | 千 | 百 | 十 | 元 | 角 | 分 | 千 | 百 | 十 | 万 | 千 | 百 | 十 | 元 | 角 | 分 |
| 支付销售广告费用 | | | | | | | | | | | | | | 王静 4 | 5 5 | 2 5 | 5 | 0 2 | 0 0 |

此为红线

**2. 红字更正法**

红字更正法又称红字冲销法，适用于更正记账凭证上会计科目用错引发的错账和金额写多引发的错账。

（1）更正记账凭证上会计科目用错引发的错账。如果在记账后结账前发现记账凭证上会计科目用错，那么据以登记的账簿肯定有错。在这种情况下，首先应用红字填制一张与原错误的记账凭证相同的记账凭证，并据以登记有关账户（由于红字在会计上表示减少，用红字登记相关账户后，就冲销掉了原来的错账）。然后用蓝字填写一张正确的记账凭证，并重新登记有关账户。经过以上两个步骤的处理，原来的错账就得到了更正。

**例 7-2**

企业用银行存款 1 500 元购买办公用品。记账凭证上的错误会计分录如下：

借：销售费用　　　　　　　　　　　　　　　　　1 500
　贷：银行存款　　　　　　　　　　　　　　　　　　　　1 500

错账更正：正确的借方科目应为"管理费用"，分两步更正。

① 用红字编制会计分录并记账，冲销错账：
借：销售费用　　　　　　　　　　　　　　　　　　1 500 [1]
　　贷：银行存款　　　　　　　　　　　　　　　　　　　　1 500
② 用蓝字编制正确的会计分录并记账：
借：管理费用　　　　　　　　　　　　　　　　　　1 500
　　贷：银行存款　　　　　　　　　　　　　　　　　　　　1 500

**注意**：登记没有错误的账户也要同时更正（如"银行存款"账户），不能只更正记错账的账户。

（2）更正记账凭证上金额写多引发的错账。在记账后结账前发现记账凭证的会计科目和借贷方向正确，但所填金额大于正确金额。在这种情况下，首先计算出正确金额与错误金额之间的差额，然后按计算出的差额用红字填制一张记账凭证，并据以登记有关账户，这样就冲销了原来多记的金额，错账得到了更正。

### 例 7–3

企业用银行存款 80 元支付办理银行业务的手续费。记账凭证上的错误会计分录如下：
借：财务费用　　　　　　　　　　　　　　　　　　800
　　贷：银行存款　　　　　　　　　　　　　　　　　　　　800

错账更正：会计分录中金额写多，可用红字编制会计分录并记账（金额为正确数字与错误数字之差），冲销错账：
借：财务费用　　　　　　　　　　　　　　　　　　720
　　贷：银行存款　　　　　　　　　　　　　　　　　　　　720

重新登记有关账户以后，原来多记的金额被冲销掉，实际记入两个账户的金额变为 80（800－720）元。

### 3. 补充登记法

补充登记法适用于更正记账凭证上金额写少引发的错账。在记账后结账前发现记账凭证的会计科目和借贷方向正确，但所填金额小于实际金额。在这种情况下，首先计算出正确金额与错误金额之间的差额，然后用蓝字重新填制一张记账凭证，并据以登记有关账户，这样就实现了对原来少记金额的补充登记，错账得到了更正。

### 例 7–4

企业收到某单位归还的欠款 15 000 元存入银行。记账凭证上的错误会计分录如下：
借：银行存款　　　　　　　　　　　　　　　　　　1 500
　　贷：应收账款　　　　　　　　　　　　　　　　　　　　1 500

错账更正：会计分录中金额写少，可用蓝字编制会计分录并记账（金额为正确数字与错误数字之差），更正错账：
借：银行存款　　　　　　　　　　　　　　　　　　13 500
　　贷：应收账款　　　　　　　　　　　　　　　　　　　　13 500

---

[1] 本书对需用红字处理的分录数据加框。实务中不用加框，而用红字书写。

重新登记有关账户以后，原来少记的金额被补记，实际记入两个账户的金额变为 15 000（1 500 ＋ 13 500）元。

## 7.6 结账

### 7.6.1 结账的定义

结账（closing entry）又称期末结账，是指在会计期末对该会计期间的账簿记录所做的结束工作，需要计算出每个账户的本期发生额和期末余额（没有期末余额的账户除外），并将期末余额转入下一个会计期间的方法。

通过结账计算出企业在会计期末的财务状况和该会计期间的经营成果，为期末编制财务报表提供必要的数据资料。

### 7.6.2 结账的内容

（1）将本期内发生的交易或事项全部入账。结账之前，应检查本期内发生的交易或事项是否已全部在所属账户下完整登记。对尚未登记入账的交易或事项应及时补记，保证记录的完整准确。

（2）对应记事项或错账进行调整入账。

（3）结清收入类和费用类账户。在账项调整的基础上，将本期全部收入类和费用类账户余额结转至"本年利润"账户。结转时，应填制记账凭证并登记有关账户。结账后，收入类和费用类账户被结清，不再有余额。

（4）计算并结转其他账户的发生额及余额。余额应转至下一会计期间的有关账户。

### 7.6.3 结账的方法

期末结账按结转时间一般有月结、季结和年结。

#### 1. 月结

月结是指企业在每月月末进行的结账。具体做法如下。

（1）在账页上本月最后一笔交易或事项记录这一栏的下方画一条通栏的红线。

（2）在红线的下一行结出本月发生额和月末余额，在对应的"摘要"栏内注明"本月合计"字样，并在这一栏的下方同样画一条通栏的红线。

（3）将本月的余额结转至下个月该账户的第一行，即形成下个月的月初余额。在对应的"摘要"栏内注明"上月结转"字样。

对于需要逐月结算出本年累计发生额的账户，在"本月合计"栏下一行增加"本年累计"栏，计算年初至本月月末该账户的累计发生额，并在这一栏的下方画一条通栏的红线，如表 7-15 所示。

表 7-15　结账方法举例

会计科目：原材料　　　　　　　　　　　　　　　　　　　　　　　　　　　　单位：元

| 202× 年 | | 凭证 | | 摘要 | 借方金额 | 贷方金额 | 借或贷 | 余额 |
|---|---|---|---|---|---|---|---|---|
| 月 | 日 | 字 | 号 | | | | | |
| 1 | 1 | | | 上年结转 | | | 借 | 8 500 |
| | 8 | 转 | 3 | 购入 | 10 000 | | 借 | 18 500 |
| | 17 | 转 | 8 | 发出 | | 5 000 | 借 | 13 500 |
| | 31 | 转 | 15 | 发出 | | 2 000 | 借 | 11 500 |
| | 31 | | | 本月合计 | 10 000 | 7 000 | 借 | 11 500 |
| | | | | 本年累计 | 10 000 | 7 000 | 借 | 11 500 |
| 2 | 1 | | | 上月结转 | | | 借 | 11 500 |

（此为红线）

### 2. 季结

季度终了，结算出本季度3个月的发生额合计数及余额，写在每个季度第3个月"本月合计"栏的下一行，在"摘要"栏内注明"第 × 季度季结"字样，并在下方画一条通栏的红线。可以在"第 × 季度季结"栏下一行增加"本年累计"栏。

### 3. 年结

年结是指企业在年末进行的结账。具体做法是在12月月结或第四季度季结记录的下一行，计算出账户全年（12个月）的发生额合计数及年末余额，在"摘要"栏内注明"本年合计"字样，并在该栏下方画通栏双红线表示封账。

年结时为了验证数据的正确性，可以在"本年合计"栏下一行抄列上一年的结余数，然后根据"年末余额＝年初余额＋本期增加发生额－本期减少发生额"来验证年末余额是否正确。

## 7.7　账簿的更换与保管

### 7.7.1　账簿的更换

企业在每个新的会计年度开始时都需要建立新账。一般情况下会启用新的账簿，但是否全部账簿都需要更换为新的，应根据实际情况而定。一般来说，总账、序时账和绝大多数明细账应当每年更换一次，而记录财产物资的卡片式明细账由于对记录的连续性要求比较高，可以跨年使用。

账簿更换环节如下。

（1）结清本年度账户，检查账户确实已平衡相等，并将余额在本年账簿中做"结转下年"的处理。

（2）将需要结转到下年的余额直接记入新年度账户第一行的"余额"栏内，在"日期"栏内注明"1月1日"字样，在"摘要"栏内注明"上年结转"字样，在"借或贷"栏内注明余额方向。注意，在进行跨年的余额结转时，不必填制记账凭证。

### 7.7.2 账簿的保管

各种账簿是重要的经济档案,必须按规定妥善保管,不得丢失和随意销毁。

(1)专人管理,严防丢失和损坏,确保账簿安全。

(2)查阅复制,须经批准。未经批准,其他人员不能随意翻阅查看、摘抄或复制。

(3)除非必要,不得外带。会计账簿除非特殊需要或司法介入要求,一般情况下不允许携带外出。

(4)及时归档保管,不得任意销毁。各账簿的保管期限一般为30年。保管期满后,应按规定的审批程序,报经批准后方可销毁。对需要永久保存的账簿不能销毁处理。

## 关键术语

会计账簿(accounting book)　　　序时账簿(chronological book)
总分类账(general ledger)　　　明细分类账(subsidiary ledger)
备查账簿(memorandum book)　　订本式账簿(bound book)
活页式账簿(loose-leaf book)　　卡片式账簿(card book)
结账(closing entry)

第7章即测即评

## 思考题

1. 登记账簿有哪些基本规则?
2. 账簿有哪些种类?
3. 为什么库存现金和银行存款要单独设置日记账?
4. 如果登记账簿时发生了错误,应如何查找与更正?

## 职业能力训练

### 一、单选题

1. 登记账簿的直接依据是(　　)。
   A. 经济合同　　　B. 原始凭证　　　C. 记账凭证　　　D. 会计分录
2. (　　)为编制财务报表提供直接的依据。
   A. 会计凭证　　　B. 会计科目　　　C. 会计要素　　　D. 会计账簿
3. 库存现金日记账和银行存款日记账必须采用(　　)账簿。
   A. 活页式　　　B. 订本式　　　C. 卡片式　　　D. 备查式

4. "管理费用"明细账的格式一般是（　　）。
   A. 三栏式　　　　B. 借方多栏式　　C. 数量金额式　　D. 贷方多栏式
5. 库存现金日记账由（　　）登记。
   A. 财务主管　　　B. 财会人员　　　C. 出纳　　　　　D. 经办人员
6. 固定资产明细账一般采用（　　）账簿。
   A. 订本式　　　　B. 活页式　　　　C. 序时　　　　　D. 卡片式
7. 下列适合采用多栏式明细账格式核算的是（　　）。
   A. 原材料　　　　B. 应收账款　　　C. 制造费用　　　D. 固定资产
8. 在结账以前，编制的记账凭证没有错误，但发现账簿记录中的文字或数字有笔误或计算错误，应用（　　）更正。
   A. 划线更正法　　B. 红字更正法　　C. 补充登记法　　D. 上述都可以
9. （　　）只能在结账、画线、改错和冲账时使用。
   A. 铅笔　　　　　B. 圆珠笔　　　　C. 蓝黑墨水笔　　D. 红色墨水笔
10. 财会人员登记账簿时，误将580元填写为5 800元，而记账凭证无误，对此正确的更正方法是（　　）。
    A. 红字更正法　　B. 划线更正法　　C. 补充登记法　　D. 蓝字更正法

## 二、多选题

1. 账簿按其用途，可分为（　　）。
   A. 序时账簿　　　B. 订本式账簿　　C. 分类账簿　　　D. 备查账簿
2. 库存现金日记账的登记依据有（　　）。
   A. 现金收款凭证　　　　　　　　　B. 现金付款凭证
   C. 银行存款付款凭证　　　　　　　D. 银行存款收款凭证
3. 下列明细账采用数量金额式明细账的有（　　）。
   A. 实收资本　　　B. 原材料　　　　C. 库存商品　　　D. 应付账款
4. 下列明细账中，采用三栏式账页格式的有（　　）。
   A. 应收账款明细账　　　　　　　　B. 短期借款明细账
   C. 应付账款明细账　　　　　　　　D. 生产成本明细账
5. 账簿的登记规则包括（　　）。
   A. 以审核无误的记账凭证为依据　　B. 必须逐页逐行按顺序连续登记
   C. 必须逐页结转　　　　　　　　　D. 必须及时结出余额
6. 对账的内容包括（　　）。
   A. 账证核对　　　B. 账账核对　　　C. 证证核对　　　D. 账实核对

## 三、判断题

1. （　　）日记账都是根据记账凭证逐日逐笔登记的。
2. （　　）会计账簿和会计凭证记录经济业务的方式不同。
3. （　　）三栏式账簿是指具有"日期""摘要""金额"3个栏目格式的账簿。
4. （　　）债权债务类账户采用多栏式明细账簿。
5. （　　）总账和明细账必须平行登记。
6. （　　）总账和日记账必须采用订本式账簿。

7. （　　）如果账簿记录发生错误，可以视情况选用涂改工具涂改。
8. （　　）在会计年度中间变更财会人员时，可以不办理账簿移交手续。
9. （　　）年度结账时，应在"本年累计"栏下面画通栏单红线，表示封账。
10. （　　）总账、日记账和多数明细账应每年更换一次。

### 四、实训题

练习1

目的：练习账簿的登记方法。

资料（结合第 6 章实训题的资料）：库存现金日记账的期初余额为 1 400 元，银行存款的期初余额为 80 000 元。原材料 A 期初结余 2 千克，金额 800 元。

要求：根据第 6 章实训题的记账凭证，在表 7-16～表 7-19 中登记库存现金日记账、银行存款日记账（采用三栏式账页），原材料总分类账和数量金额式原材料明细账，结出账簿的本期发生额和期末余额。

表 7-16　库存现金日记账

**库存现金日记账**

| 年 | | 凭证 | | 摘要 | 借方金额 | 贷方金额 | 借或贷 | 余额 |
|---|---|---|---|---|---|---|---|---|
| 月 | 日 | 字 | 号 | | 千百十万千百十元角分 | 千百十万千百十元角分 | | 千百十万千百十元角分 |

表 7-17　三栏式银行存款日记账

**银行存款日记账**

| 年 | | 凭证 | | 摘要 | 借方金额 | 贷方金额 | 借或贷 | 余额 |
|---|---|---|---|---|---|---|---|---|
| 月 | 日 | 字 | 号 | | 千百十万千百十元角分 | 千百十万千百十元角分 | | 千百十万千百十元角分 |

表 7-18 原材料总分类账

## 总 分 类 账

会计科目：

| 年 | | 凭证 | | 摘要 | 借方金额 | | | | | | | | 贷方金额 | | | | | | | | 借或贷 | 余额 | | | | | | | |
|---|---|---|---|---|---|---|---|---|---|---|---|---|---|---|---|---|---|---|---|---|---|---|---|---|---|---|---|---|---|
| 月 | 日 | 字 | 号 | | 千 | 百 | 十 | 万 | 千 | 百 | 十 | 元 | 角 | 分 | 千 | 百 | 十 | 万 | 千 | 百 | 十 | 元 | 角 | 分 | | 千 | 百 | 十 | 万 | 千 | 百 | 十 | 元 | 角 | 分 |
| | | | | | | | | | | | | | | | | | | | | | | | | | | | | | | | | | | | |

表 7-19 数量金额式原材料明细账

## 原材料明细账

数量单位：千克
金额单位：元

材料名称：

| 年 | | 凭证 | | 摘要 | 借方 | | | 贷方 | | | 余额 | | |
|---|---|---|---|---|---|---|---|---|---|---|---|---|---|
| 月 | 日 | 字 | 号 | | 数量 | 单价 | 金额 | 数量 | 单价 | 金额 | 数量 | 单价 | 金额 |
| | | | | | | | | | | | | | |

练习 2

目的：练习错账的更正方法。

资料：某企业 202× 年 6 月底在对账过程中发现以下经济业务的记账出现了错误：

1. 以银行存款归还短期借款 26 000 元，已入账。记账凭证上的错误会计分录如下：

借：短期借款　　　　　　　　　　　　　　　29 000
　　贷：银行存款　　　　　　　　　　　　　　　　　29 000

2. 生产车间领用原材料，价值 10 000 元，已入账。记账凭证上的会计分录如下：

借：生产成本——甲产品　　　　　　　　　　10 000
　　贷：原材料——A 材料　　　　　　　　　　　　　10 000

登记账簿时误将金额登记为 1 000 元。

3. 以银行存款购入新机器一台，价值 23 000 元，已入账。记账凭证上的错误会计分录如下：

　　借：固定资产　　　　　　　　　　　　　　32 000
　　　贷：资本公积　　　　　　　　　　　　　　　　　　32 000

4. 本月通过银行缴纳了所得税 15 000 元，已入账。记账凭证上的错误会计分录如下：

　　借：应交税费　　　　　　　　　　　　　　1 500
　　　贷：银行存款　　　　　　　　　　　　　　　　　　1 500

要求：根据上述资料说明账簿错误记录的更正方法。

# 第 8 章

# 企业主要经济业务的核算

## 学习目标

1. 了解：企业的资金运动与经济业务的关系
2. 理解：经济业务与会计基本理论和核算方法之间的逻辑关系
3. 掌握：主要经济业务的账务处理

## 内容导图

本章利用前面章节所学的会计基本理论和核算方法，结合制造业企业（manufacturing enterprise）的实际经济业务，从筹资、采购、生产、销售、利润形成与分配等方面，全面探讨企业主要交易或事项的账务处理，帮助读者熟练应用会计核算方法。

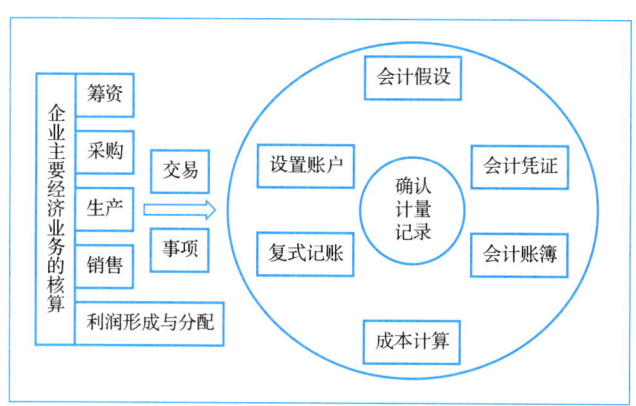

**思政元素**

树立战略意识、发展意识、创新意识和风险意识。

**导入案例**

"天价收入"竟是"无中生有"[1]

证监会调查发现，2013—2017年，胜通集团通过编制虚假财务报表、直接修改经审计的财务报表等方式，连续5年将亏损披露为盈利，累计虚增收入超过615亿元，虚增利润超过119亿元。

公开资料显示，胜通集团主营钢帘线和化工业务，曾经被誉为山东的"钢帘线大王"。胜通集团的发展高度依赖钢帘线业务，主营业务的单一自然会带来不可避免的风险。为此胜通集团一直积极对新兴行业进行投资，从房地产到国际贸易、从机械制造到建筑工程、从金属制品到国际贸易，都有参与。但这导致胜通集团的压力更大，这种无目的的行业"扩张"也是胜通集团破产的重要原因。

这些项目无一例外的失败，使得它们不仅没有为胜通集团带来经营利润，反而需要胜通集团为其"大量输血"，导致胜通集团一个根本性的问题凸显——资金吃紧。

民企解决这一问题无非3条路。一靠自己的经营业绩。对经营利润单一的胜通集团来说，这基本不可能完成。二靠股市融资。但这与经营业绩息息相关，前者不行，后者自然没戏。三靠账外借贷融资。由于其经营债台高筑，信誉极低，这条路基本已断。在所有正常进取的路都被堵死之后，胜通集团唯有以造假来做最后一搏。

胜通集团是通过什么手段造出了如此天价的收入呢？主要造假手段有两个。

第一个手段是"无中生有"。

2013—2017年，在胜通集团时任董事长王秀生的决策和组织下，胜通集团以胜通钢帘线、山东胜通化工有限公司（这家公司平均每年还以贡献约30亿元的收入，成为胜通集团的第二大收入来源，但它实际2013年就已停产）和山东胜通光学材料科技有限公司3家子公司为造假实体，通过复制真实账套后增加虚假记账凭证、生成虚假账套及虚构购销业务等方式实施财务造假，将虚假账套数据提供给审计机构。

在虚增主营业务收入方面，2013—2017年，胜通集团通过上述3家子公司虚增主营业务收入金额共计615.39亿元，各年度分别为86.53亿元、98.87亿元、142.53亿元、141.84亿元、145.62亿元，占当年对外披露营业收入的比例分别为59.44%、67.30%、71.41%、70.20%、68.50%。

在虚增利润情况方面，2013—2017年，由虚增主营业务收入扣除虚增主营业务成本、税金及附加后，胜通集团虚增利润总额共计113亿元，各年度分别为16.54亿元、20.24亿元、20.67亿元、23.06亿元、32.49亿元，占当年对外披露利润总额的比例分别为121.61%、138.39%、142.23%、117.64%、164.24%。

---

1 资料来源：知乎专栏投行实务观。

第二个手段是"偷梁换柱"。

胜通集团为了让公司的财务数据报表更好看一些，在审计机构已经对胜通集团的虚假财务报表出具审计意见之后，大肆篡改审计机构出具的合并的财务报表，并且加盖了虚假的会计师事务所印章，通过该方式，胜通集团2016年度虚减营业成本4.41亿元，导致虚增利润总额4.41亿元；2017年度虚减销售费用2.30亿元，虚增财务费用0.60亿元，共计虚减费用1.70亿元，导致虚增利润总额1.70亿元。两年时间累计虚增利润超过6亿元。

2021年8月，证监会依法对胜通集团作出行政处罚及市场禁入决定。该案也是证监会横跨交易所和银行两个债券市场开展执法的一起典型案例。

企业是以营利为目的的经济组织。企业需要投入一定人力、物力、财力才能开展有效的经营管理活动，力争实现更多的盈利。不同企业的具体经营活动内容存在较大差别。本章将以从事生产的工业企业（制造业）为例，按照筹资、采购、生产、销售、利润形成与分配的顺序依次对其主要的经济业务展开会计核算分析。

## 8.1 筹资业务的核算

筹资又称融资。资金筹集是企业生产经营活动的首要条件。融资渠道有两种，一是投资者的投入，又称权益性筹资（equity financing），构成所有者权益；二是从债权人处借入，又称债务性筹资（debt financing），构成负债。

### 8.1.1 权益性筹资业务

#### 1. 权益性筹资概述

权益性筹资一方面使企业资产增加，另一方面使所有者权益增加[1]。企业初始资金一般来自创始股东。权益性筹资无须退还本金，除非减资或停业清算。

#### 2. 设置的主要账户

（1）"实收资本"（paid-in capital）账户。实收资本是指投资者根据公司章程或合同、协议的约定，实际投入企业、按注册资金享有份额的资本金。"实收资本"账户用来核算企业实际收到的投资者投入资本及资本的退还等。股份有限公司收到的股东出资通过"股本"（capital stock）账户核算。

注意，实收资本与注册资本（registered capital）是两个不同的概念。实收资本是企业实际收到的由股东缴存的出资资本。注册资本是指企业在登记管理机构登记的资本总额，

---

[1] 所有者权益来源于两方面：一方面是股东投入的资本，包括现金、实物资产、无形资产等各种资产；另一方面是企业经营过程中赚到的钱，是每年的收益逐渐累积下来的，包括日常活动和非日常活动产生的利润。
所有者权益类科目主要包括5个：实收资本（或股本）、资本公积、其他综合收益、盈余公积和未分配利润。其中：实收资本和资本公积这两个科目都包含"资本"二字，意思是股东投入的资本，不是企业通过经营赚到的钱；其他综合收益、盈余公积和未分配利润这3个科目是企业经营过程中赚到的钱，是通过实现利润累积下来的。

是出资各方已经缴纳和承诺一定要缴纳的出资额的总和。注册资本从实缴制改为认缴制以后，只有当所有股东足额实缴其应有出资后，实收资本才等于注册资本。

账户性质："实收资本"属于所有者权益类账户，实收资本的增加登记在贷方，减少登记在借方，期末余额在贷方。

股东出资有货币形式和非货币形式，构成所有者权益。股东出资后，一方面使企业资产增加，根据出资资产的不同形式，借记"银行存款""库存现金""固定资产"或"无形资产"等账户；另一方面使所有者权益增加，贷记"实收资本（或股本）"账户。

实收资本的明细账户一定要核算清楚，因为实收资本的金额比例通常构成了每位股东在企业中所占的股份，是参与企业经营管理、利润分配的依据，也是企业清算时对企业净资产的要求权的依据。可以根据出资主体设置不同的明细账户，如"国家股""法人股""个人股""外资股"等；也可以直接以股东名称或姓名设置明细账户，如"××公司""张三""李四"等。

（2）"资本公积"（capital reserve）账户。"资本公积"账户用来核算投资者出资金额超出其所占股份金额的部分（资本溢价）和其他事项形成的需直接记入所有者权益的利得和损失等。该账户属于所有者权益类账户，贷方表示增加，借方表示减少，期末余额在贷方。资本公积主要用于转增资本，不得用于弥补亏损。

### 3. 权益性筹资的主要核算分录

借：资产类（收到股东的出资，具体形式为银行存款、固定资产、无形资产等资产）
　贷：实收资本（或股本）
　　　资本公积——资本溢价（存在溢价的话）

#### 资本公积——资本溢价

投资者出资金额超出其所占股份的部分就是资本溢价。比如，A、B分别出资20万元、30万元成立一家公司，公司的实收资本就是50万元，A的股权占比为20/（20+30）×100%＝40%，B的股权占比为60%。

1年后，如果公司实现净利润，赚了100万元，在不分红前提下，公司的净资产变成了50+100＝150万元。这时C出资50万元加入公司，成为股东，C的股权比例是50/（20+30+50）×100%＝50%吗？

显然不是。A、B辛辛苦苦经营了1年的公司，实现了高额利润，不可能让C按照公司成立之初的出资金额计算股权比例，那怎么计算股权比例呢？

答案是应由股东协商确定。比如C出资的50万元中，20万元计入实收资本（用来计算股权比例），这时公司的实收资本就变成了20+30+20＝70万元，那么C的占股比例就是20/70×100%＝28.57%，A的占股比例就变成了20/70×100%＝28.57%，B的占股比例就变成了30/70×100%＝42.86%。

C出资的50万元中的剩余30万元计入资本公积（股东投入公司的资本中超过实收资本的部分），相当于C为了获得公司的股权愿意溢价购买这部分股权。

> 既然是溢价购买股权，那么C投入的资本中超过实收资本且计入资本公积的部分就称为资本溢价[1]。
>
> 又如，某上市公司发行股份，每股发行价18元，每股面值1元，那么每股溢价17元，溢价部分记入"资本公积——资本溢价"账户。

#### 4. 权益性筹资的账务处理

各股东不同出资方式的举例如下。例8-1～例8-51均以宏力公司（以下简称公司）的具体业务为例。

### 例8-1

公司收到银行进账单，是股东新美公司根据公司章程的规定而存入的投资款，金额为1 500 000元。

【分析】该经济业务使公司的银行存款增加了1 500 000元，记入"银行存款"账户的借方；对应的是所有者权益的增加，法人股资本增加1 500 000元，记入"实收资本"账户的贷方。因此，会计分录如下：

借：银行存款　　　　　　　　　　　　　　1 500 000
　　贷：实收资本——新美公司　　　　　　　　　　1 500 000

会计处理登记的相关账户如图8-1所示。

| 借方 | 银行存款 | 贷方 |   | 借方 | 实收资本 | 贷方 |
|---|---|---|---|---|---|---|
| (1) 1 500 000 |  |  |   |  |  | (1) 1 500 000 |

图8-1　例8-1会计处理登记的相关账户

### 例8-2

公司收到投资者张三的货币资金投资500 000元，款项已收到。

【分析】公司收到投资款，导致银行存款增加，这属于资产的增加，因此应记入"银行存款"账户的借方；公司的实收资本也增加了500 000元，这属于所有者权益的增加，应记入"实收资本"账户的贷方。因此，会计分录如下：

借：银行存款　　　　　　　　　　　　　　500 000
　　贷：实收资本——张三　　　　　　　　　　　　500 000

会计处理登记的相关账户如图8-2所示。

| 借方 | 银行存款 | 贷方 |   | 借方 | 实收资本 | 贷方 |
|---|---|---|---|---|---|---|
| (1) 1 500 000 |  |  |   |  |  | (1) 1 500 000 |
| (2) 　 500 000 |  |  |   |  |  | (2) 　 500 000 |

图8-2　例8-2会计处理登记的相关账户

---

[1] 资料来源：知乎。

## 例 8-3

公司收到丽华公司价值 1 000 000 元的厂房投资,已办理过户手续。

**【分析】** 接受厂房投资,一方面公司增加了一栋厂房,即固定资产增加,这属于资产的增加,记入"固定资产"账户的借方;另一方面公司收到的厂房系丽华公司对本公司的投资,是实收资本的增加,这属于所有者权益的增加,记入"实收资本"账户的贷方。因此,会计分录如下:

借:固定资产——厂房　　　　　　　　　　1 000 000
　　贷:实收资本——丽华公司　　　　　　　　　　1 000 000

会计处理登记的相关账户如图 8-3 所示。

| 借方 | 固定资产 | 贷方 |
|---|---|---|
| (3) 1 000 000 | | |

| 借方 | 实收资本 | 贷方 |
|---|---|---|
| | (1) | 1 500 000 |
| | (2) | 500 000 |
| | (3) | 1 000 000 |

图 8-3　例 8-3 会计处理登记的相关账户

## 例 8-4

股东张磊将其一项专利技术投入公司。专利估价 600 000 元,已完成专利权人变更手续。

**【分析】** 接受专利权投资,一方面使公司的无形资产增加,这属于资产的增加,记入"无形资产"账户的借方;另一方面使公司的实收资本增加了 600 000 元,这属于所有者权益的增加,记入"实收资本"账户的贷方。因此,会计分录如下:

借:无形资产——专利　　　　　　　　　　600 000
　　贷:实收资本——张磊　　　　　　　　　　　600 000

会计处理登记的相关账户如图 8-4 所示。

| 借方 | 无形资产 | 贷方 |
|---|---|---|
| (4) 600 000 | | |

| 借方 | 实收资本 | 贷方 |
|---|---|---|
| | (1) | 1 500 000 |
| | (2) | 500 000 |
| | (3) | 1 000 000 |
| | (4) | 600 000 |

图 8-4　例 8-4 会计处理登记的相关账户

## 例 8-5

经营半年后,公司因需扩大生产规模,经股东会同意,决定接受长江公司的投资 600 000 元,长江公司的出资占本公司股份的 10%,投资款已存入本公司账户。

**【分析】** 这是一项增资业务。在此次增资之前,公司的股本总额为 3 600 000 元。本次增加的实收资本等于实收资本总额的 10%,假设增加的实收资本为 $X$,则 $X = (3\,600\,000 + X) \times 10\%$,$X = 400\,000$ 元,资本溢价 200 000(600 000 − 400 000)元。

这项增资业务,一方面使公司的银行存款增加 600 000 元,记入"银行存款"账户的借方。另一方面使公司的实收资本增加 400 000 元,记入"实收资本"账户的贷方;资本溢价增加 200 000 元,记入"资本公积"账户的贷方。因此,会计分录如下:

借：银行存款　　　　　　　　　　　　　　　　600 000
　　贷：实收资本——长江公司　　　　　　　　　　400 000
　　　　资本公积——资本溢价　　　　　　　　　　200 000

会计处理登记的相关账户如图8-5所示。

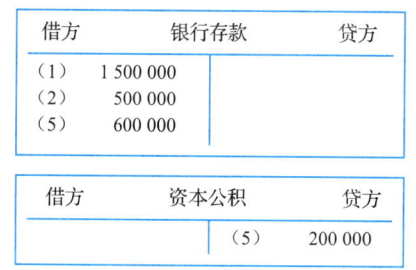

图 8-5　例 8-5 会计处理登记的相关账户

### 8.1.2 债务性筹资业务

**1. 债务性筹资概述**

债务性筹资又称负债筹资。这里的负债筹资是指企业按照事先约定的代价和用途取得资金且需要按约还本付息的一种筹资方式。这类负债属于有息负债（interest-bearing liabilities），主要包括短期借款、长期借款、应付债券等。负债还包括企业运营过程中通过商业信用占用的其他单位的资金，如赊购原材料，实际上占用了供应商的资金。这类负债往往没有利息，属于无息负债（interest free liabilities）。因这类无息负债发生在企业的经营过程中，形成企业的应付款项，故通常情况下不认为属于筹资业务。因此，这里仅介绍有息负债筹资。

负债筹资业务包括本金（principal）和利息（interest）。

**2. 设置的主要账户**

（1）"短期借款"（short-term borrowing）账户。"短期借款"账户用来核算短期借款资金的增减变动和余额。该账户属于负债类账户，贷方登记短期借款本金的增加额，借方登记短期借款本金的偿还额。该账户余额在贷方，表示期末尚未归还的短期借款。该账户一般按贷款单位进行明细核算。

（2）"长期借款"（long-term borrowing）账户。"长期借款"账户用来核算长期借款资金的增减变动和余额。该账户属于负债类账户，贷方登记长期借款本金的增加额和计提的到期一次还本付息的借款利息，借方登记长期借款本金的偿还额。该账户余额在贷方，表示期末尚未归还的长期借款。该账户一般按贷款单位进行明细核算。利用长期借款资金进行项目建设时，项目达到预定可使用状态前发生的利息支出记入"在建工程"账户；项目达到可使用状态后发生的利息支出记入"财务费用"账户。

（3）"财务费用"（financial expense）账户。"财务费用"账户用来核算企业为筹集资金而发生的筹资费用，包括利息支出（减利息收入）、汇兑损益及为筹集资金而发生的其他费用（如手续费等）。该账户属于费用类账户，借方登记增加的利息费用、手续费等，贷方登记应冲减财务费用的利息收入和期末转入"本年利润"账户的财务费用净额。期末结转后，该账户无余额。

（4）"应付利息"（interest payable）账户。"应付利息"账户用来核算企业按约定应支付的利息。该账户属于负债类账户，贷方登记企业计提的应付未付的利息，借方登记已支付的利息。该账户期末余额在贷方，反映企业期末应付未付的利息。该账户一般按债权人设置明细账户。

（5）"应付债券"（bonds payable）账户。"应付债券"账户用来核算企业为筹集长期资金而发行债券的本金和计提的到期一次性还本付息的应付利息。该账户属于负债类账户，贷方表示增加，登记企业发行债券的本金和到期一次性支付的应付利息；借方表示减少，登记企业归还的债券本金和利息。利用债券资金进行项目建设时，项目达到预定可使用状态前发生的债券利息记入"在建工程"账户；项目达到可使用状态后发生的利息支出记入"财务费用"账户。

### 3. 债务性筹资的主要核算分录

（1）取得本金。

借：银行存款
　　贷：短期借款（或长期借款、应付债券）

（2）计提利息。

① 计提短期借款利息。

借：财务费用
　　贷：应付利息

② 计提长期借款利息。

借：在建工程（工程达到可使用状态前的利息支出）
　　　财务费用（工程达到可使用状态后的利息支出）
　　贷：应付利息
　　　　长期借款（适用于利息到期一次性支付）
　　　　应付债券（适用于利息到期一次性支付）

（3）支付利息。

借：应付利息
　　贷：银行存款

（4）归还本金和到期付息的利息。

借：短期借款（或长期借款、应付债券）
　　贷：银行存款

### 4. 债务性筹资的账务处理

**例 8-6**

4月1日，公司向工商银行借款 300 000 元，期限为6个月，年利率为4%，利息按季度支付。借款已汇入公司银行账户。

【分析】这是一项债务筹资业务，需要按照取得本金、计提利息、支付利息和归还本金顺序进行会计处理。

（1）取得借款，使公司的银行存款增加 300 000 元，应记入"银行存款"账户的借方；同时，借入的为期 6 个月的 300 000 元属于短期借款，企业负债增加，应记入"短期借款"账户的贷方。因此，会计分录如下：

借：银行存款　　　　　　　　　　　　300 000
　　贷：短期借款　　　　　　　　　　　　　　　300 000

（2）4 月 30 日，计算公司本月应承担的银行利息时，一方面公司的利息费用增加 1 000（300 000×4%÷12）元，记入"财务费用"账户的借方；另一方面公司应付未付利息增加 1 000 元，记入"应付利息"账户的贷方。因此，会计分录如下：

借：财务费用　　　　　　　　　　　　1 000
　　贷：应付利息　　　　　　　　　　　　　　　1 000

同理，5 月份计提一笔利息 1 000 元，会计分录同上。

（3）6 月 30 日支付 3 个月的利息，使银行存款减少 3 000（1 000×3）元，记入"银行存款"账户的贷方；同时，应付给银行的 3 个月的借款利息已还清，4 月份和 5 月份已计提的应付利息减少，记入"应付利息"账户的借方，6 月份的利息记入"财务费用"账户的借方。因此，会计分录如下：

借：财务费用　　　　　　　　　　　　1 000
　　应付利息　　　　　　　　　　　　2 000
　　贷：银行存款　　　　　　　　　　　　　　　3 000

（4）7 月份的利息处理。会计分录如下：

借：财务费用　　　　　　　　　　　　1 000
　　贷：应付利息　　　　　　　　　　　　　　　1 000

8 月份利息处理同上。

（5）9 月 30 日，偿还借款本金和利息，一方面使公司的银行存款减少 303 000 元（300 000 元本金＋3 个月的利息 3 000 元），记入"银行存款"账户的贷方；另一方面公司还清了所欠的短期借款本金和 3 个月的利息费用。其中，短期借款减少，记入"短期借款"账户的借方。7 月份和 8 月份计提的应付利息被冲减，记入"应付利息"账户的借方；9 月份的利息直接记入"财务费用"账户的借方。因此，会计分录如下：

借：短期借款　　　　　　　　　　　　300 000
　　财务费用　　　　　　　　　　　　1 000
　　应付利息　　　　　　　　　　　　2 000
　　贷：银行存款　　　　　　　　　　　　　　　303 000

## 例 8-7

6 月 1 日，公司为增加一个生产项目，向银行借款 800 000 元，期限为 2 年，年利率为 6.75%，到期一次还本付息。该项目到 10 月 31 日就可以使用了。

【分析】这是一项债务筹资业务，需要按照取得本金、计提利息、归还本金和到期付息的利息顺序进行会计处理。

（1）取得借款，使公司的银行存款增加 800 000 元，应记入"银行存款"账户的借方；同时，这笔借款是 2 年期借款，属于长期借款，导致企业负债增加，应记入"长期借款"账户的贷方。因此，会计分录如下：

  借：银行存款              800 000
    贷：长期借款——本金         800 000

（2）计算应承担的银行借款利息，一方面公司的利息费用每月增加 4 500（800 000×6.75%÷12）元，该项目 10 月 31 日才可以使用，因此 6—10 月份的利息费用记入"在建工程"账户的借方，11 月份和 12 月份的利息费用记入"财务费用"账户的借方；另一方面利息的支付方式是到期一次还本付息，因此公司每个月计提的应付未付利息 4 500 元，应记入"长期借款"账户的贷方，同时可以设置"应付利息"明细账户。因此，会计分录如下：

① 6—10 月份，每个月计提的利息费用。

  借：在建工程              4 500
    贷：长期借款——应付利息       4 500

② 11—12 月份，每个月计提的利息费用。

  借：财务费用              4 500
    贷：长期借款——应付利息       4 500

（3）假定利息按月支付，则 6—10 月份的利息费用记入"在建工程"账户的借方，11 月份和 12 月份的利息费用记入"财务费用"账户的借方，对应的贷方账户为"银行存款"。因此，会计分录如下：

① 6—10 月份，每个月支付的利息。

  借：在建工程              4 500
    贷：银行存款            4 500

② 11 月份和 12 月份，每个月支付的利息。

  借：财务费用              4 500
    贷：银行存款            4 500

（4）2 年后的 5 月 31 日，偿还借款本金和利息，一方面使公司的银行存款减少 908 000 元（800 000 元本金＋24 个月的利息 108 000 元），记入"银行存款"账户的贷方；另一方面公司还清了所欠的长期借款本金和 24 个月的利息费用。其中，长期借款减少，记入"长期借款"账户的借方；计提了 23 个月的应付利息被冲减，最后一个月的利息直接记入"财务费用"账户的借方。因此，会计分录如下：

  借：长期借款——本金         800 000
      ——应付利息        103 500（4 500×23）
    财务费用              4 500
    贷：银行存款           908 000

## 8.2 采购业务的核算

采购业务是为生产做准备的，包括采购生产所需的原材料（raw material）及辅助材料和固定资产。

## 8.2.1 材料采购业务

**1. 材料采购业务概述**

材料采购业务包括采购成本的计算、货款支付和材料入库 3 项工作。

材料采购成本是指企业从材料采购到入库前发生的一切合理、必要的支出。其具体包括：①购买价格，是指购货发票所注明的货款金额。②采购运杂费，包括运输费、包装费、装卸费、保险费、仓储费、手续费等。③途中合理损耗［不合理损耗向责任人或责任单位索赔，无过失人的损耗记入"管理费用"（administration expense）账户的借方；意外损耗记入"营业外支出"账户的借方］。④入库前的挑选整理费。⑤按规定计入材料成本的各种税金，但不包括可以抵扣的增值税进项税额。

货款支付方式一般有 3 种：①交货时支付；②交货后一段信用期后支付；③交货前支付。

> **增值税专题**
>
> 征税对象：增值税（value added tax, VAT）纳税人分为一般纳税人和小规模纳税人。一般纳税人的应纳税额实行进项税额抵扣政策，即下文将介绍的销项税额减去进项税额。
>
> 增值税税率：一般纳税人的增值税税率有 13%、9%、6% 和零税率。
>
> 小规模纳税人不实行抵扣税制，即不能抵扣进项税额，其征收率比较低，适用 3% 的征收率（财政部和国家税务总局另有规定的除外）。
>
> 征税设计：增值税，顾名思义是对每次发生流转的增值额进行征税。理论上，增值税是根据增值额乘以适用的税率计算出来的。例如，企业的收入是 $A$ 元，成本是 $B$ 元，增值额为 $(A-B)$ 元，假定增值税税率为 $C\%$，那么应纳增值税 $=(A-B) \times C\%$。例如甲企业将以 1 000 元购进的一件商品以 1 800 元卖出，那么增值额为 800 元，按照 13% 的适用税率，企业应缴纳增值税 104（800×13%）元。
>
> 在实践中，为了利于税源管控和方便征收，企业应缴纳的增值税按以下方法计算：
>
> 应纳增值税 $=(A-B) \times C\% = A \times C\% - B \times C\%$
>
> $\qquad\qquad$ =收入×税率（%）−成本×税率（%）
>
> $\qquad\qquad$ =销项税额−进项税额
>
> 其中，收入×税率（%）是因销售货物或提供劳务等而形成的向买方收取的税额，简称销项税额；成本×税率（%）是因购进货物或接受劳务等所支付或承担的税额，简称进项税额。
>
> 这样的征管设计，对于税务局来讲，只需盯着进货和销售环节进行征管即可。比如甲企业向乙企业销售一批货物，则甲企业的销售额就是乙企业的进货成本，甲企业的销项税额就是乙企业的进项税额；乙企业又将购进的货物卖给了丙企业，那么乙企业实现的收入又是丙企业的进货成本，乙企业的销项税额就是丙企业的进项税额，如此一来，就能实现增值税的环环相扣、层层征收，尽可能地保留了增值额的真实性，避免了直接对增值额进行征收带来的虚报瞒报的可能。

对于一般纳税人来讲，既然计税依据从增值额变成了收入金额，那么应该被允许抵扣进货成本的进项税额。

那么如何抵扣进项税额呢？应依据购进货物或接受劳务而取得的增值税专用发票上注明的税额进行抵扣。增值税发票实行价税分离，发票上注明购买价和相应的增值税税额。购买价计入购进货物或接受劳务的成本，相应的增值税作为进项税额进行抵税。

账户设置："应交税费"账户。该账户属于负债类账户，用来核算企业按税法规定应缴纳的各种税费。该账户贷方登记计算出的应交未交的各种税费，包括增值税、消费税、城市维护建设税、教育费附加、房产税、车船税、城镇土地使用税等。其中，增值税通过"应交税费——应交增值税"账户来核算，这个账户属于负债类账户，核算企业应缴纳的增值税。该账户贷方表示增加，借方表示减少。"应交税费——应交增值税"账户下还设有若干专栏。一般纳税人因销售收入而产生的销项税额，登记在"应交税费——应交增值税"账户贷方的"销项税额"栏内；一般纳税人采购的进项税额可以抵扣，抵减"应交税费——应交增值税"，因此采购业务所产生的可以抵扣的进项税额不计入采购成本，应登记在"应交税费——应交增值税"账户借方的"进项税额"栏内。其余专栏从略。

### 2. 设置的主要账户

（1）"在途物资"账户。该账户属于资产类（成本计算类）账户，用来核算原材料的实际采购成本。该账户借方登记企业实际采购的但尚未验收入库的材料、商品等物资。采购的材料或商品一旦验收入库，则从"在途物资"账户转出，登记在贷方。该账户期末余额在借方，反映期末未入库物资的采购成本。该账户可按采购的物资品种、规格等进行明细核算，明细账一般采用数量金额式。

（2）"原材料"账户。该账户属于资产类账户，用来核算原材料的增减变动。该账户借方登记已验收入库的原材料成本，贷方登记被领用发出的原材料成本。该账户期末余额在借方，反映期末库存的原材料成本。该账户可按材料、品种、类别、规格等进行明细核算，明细账一般采用数量金额式。

（3）"银行存款"账户。该账户属于资产类账户，用来核算交付货款；支付货款时登记在贷方。

（4）"应付账款"（accounts payable）账户。该账户属于负债类账户，用来核算因赊购产生的应付给供应商的款项。该账户贷方登记尚未支付的款项，借方登记已偿还的货款。该账户期末余额一般在贷方，反映企业应付未付的账款余额。该账户可按债权人名称进行明细核算。

（5）"应付票据"（notes payable）账户。该账户属于负债类账户，用来核算因赊购产生的而签发给供应商的汇票（汇票分为银行承兑汇票和商业承兑汇票）。该账户贷方登记已签发的但尚未支付的票据金额，借方登记已经偿还的票据金额。该账户可按供应商名称进行明细核算。对于已开出票据，企业还应设置备查账簿，详细登记商业汇票的种类、票据金额、票面利率、出票日期、到期日、收票人名称等资料，票据支付完成后加以注销。

（6）"预付账款"（prepayment）账户。该账户属于资产类账户，用来核算按照购买合同需预先支付的款项。该账户借方登记已支付的款项，贷方登记收到货物后应冲减的款项。该账户期末余额一般在借方，反映企业已预付但尚未收到货物的款项。该账户可按供应商名称进行明细核算。如果预付款项不多，则可以不设置该账户，将预付的款项直接登记到"应付账款"账户的借方即可。

（7）"应交税费——应交增值税（进项税额）"账户。该账户用来核算可以抵扣的进项税额。

### 3. 材料采购的主要核算分录

（1）采购材料时。

借：在途物资（买价＋运杂费＋入库前其他合理支出）
　　应交税费——应交增值税（进项税额）
　贷：银行存款（或应付账款、应付票据、预付账款，具体视支付方式而定）

（2）材料验收入库后。

借：原材料
　贷：在途物资

### 4. 材料采购的账务处理

#### 例 8-8

公司从深圳美达公司购入甲材料，收到美达公司开具的增值税专用发票，数量 2 000 千克，单价 30 元，价款 60 000 元，增值税税额 7 800 元，同时发生了 200 元运费（假定运费不考虑增值税），货款和税额均已通过网银付讫，材料尚未运达公司。

【分析】该笔采购业务，支付了全部货款，使银行存款减少了 68 000（60 000 ＋ 7 800 ＋ 200）元，记入"银行存款"账户的贷方；由于材料尚未运达公司，应记入"在途物资"账户的借方；为购买材料而支付的增值税（进项税额）用来抵税，记入"应交税费——应交增值税"账户的借方（表示减少）。因此，会计分录如下：

借：在途物资——甲材料　　　　　　　　　　　　60 200（60 000 ＋ 200）
　　应交税费——应交增值税（进项税额）　　　　 7 800
　贷：银行存款　　　　　　　　　　　　　　　　68 000

#### 例 8-9

承接例 8-8，3 天后，甲材料抵达公司，经仓库保管人员验收后入库。

【分析】材料抵达后，需经保管人员验收后才能入库。材料一旦入库，就不再是在途物资了，而应转为原材料。那么，在途物资减少了，贷记"在途物资"账户；原材料增加了，借记"原材料"账户。因此，会计分录如下：

借：原材料——甲材料　　　　　　　　　　　　　60 200
　贷：在途物资——甲材料　　　　　　　　　　　60 200

#### 例 8-10

公司从顺德公司购进乙材料和丙材料。乙材料 2 000 千克，单价 50 元，丙材料 500 千克，单价 40 元，两种材料价款共计 120 000 元，增值税税额 15 600 元。收到增值税专用发票，款项均未支付，材料尚未运达。

【分析】这次采购的总支出金额是 135 600（120 000 + 15 600）元，但款项均未支付，故欠顺德公司一笔货款，增加一笔负债，应记入"应付账款"账户的贷方；100 000 元构成乙材料的成本，20 000 元构成丙材料的成本，但材料尚未运达，应记入"在途物资"账户的借方；15 600 元增值税作为进项税额用来抵税，记入"应交税费——应交增值税"账户的借方。因此，会计分录如下：

借：在途物资——乙材料　　　　　　　　　　　100 000
　　　　　　——丙材料　　　　　　　　　　　 20 000
　　应交税费——应交增值税（进项税额）　　　　15 600
　　贷：应付账款——顺德公司　　　　　　　　　　　　　　135 600

## 例 8-11

承接例 8-10，公司以银行存款为乙材料和丙材料支付了相关运费 600 元（假定运费不考虑增值税）。

【分析】这笔运输费用是两种材料的共同费用，需要在两种材料之间进行分配，计入材料的成本。分配费用的基础可以是重量、体积、长度和价格等。本例分配的基础为重量。

分配率 = 总费用 ÷ 总重量 × 100% = 600 ÷（2 000 + 500）× 100% = 24%
每种材料应分配到的运费 = 分配率 × 该材料重量
乙材料应分配到的运费 = 24% × 2 000 = 480（元）
丙材料应分配到的运费 = 24% × 500 = 120（元）
因此，会计分录如下：

借：在途物资——乙材料　　　　　　　　　　　480
　　　　　　——丙材料　　　　　　　　　　　120
　　贷：银行存款　　　　　　　　　　　　　　　　　600

## 例 8-12

承接例 8-10，3 天后，乙材料和丙材料抵达公司，经仓库保管人员验收后入库。

【分析】材料抵达后，经仓库保管人员验收后入库。材料一旦入库，就不再是在途物资了，而应转为原材料。那么，在途物资减少了，应贷记"在途物资"账户；原材料增加了，应借记"原材料"账户。因此，会计分录如下：

借：原材料——乙材料　　　　　　　　　　　100 480
　　　　　——丙材料　　　　　　　　　　　 20 120
　　贷：在途物资——乙材料　　　　　　　　　　　　　　100 480（100 000 + 480）
　　　　　　　——丙材料　　　　　　　　　　　　　　  20 120（20 000 + 120）

## 例 8-13

公司开出了一张余额 90 400 元、不带息的 3 个月的银行承兑汇票，向大地公司购入丁材料 1 吨，80 000 元/吨，购买价款 80 000 元，增值税税额 10 400 元。已取得增值税专用发票。假定丁材料已验收入库。

【分析】这项采购业务使丁材料增加了，已验收入库，记入"原材料"账户的借方；同时开出一张汇票，记入"应付票据"账户的贷方。因此，会计分录如下：

借：原材料——丁材料　　　　　　　　　　　　80 000
　　应交税费——应交增值税（进项税额）　　　10 400
　　贷：应付票据——大地公司　　　　　　　　　　　　　90 400

### 例 8–14

公司向达美公司购入一批丁材料，数量 2 000 千克，根据合同需预付 50 000 元。预付款已通过网银付讫。

【分析】预付款是购货方先支付给供应商的购货款，用于购买产品或劳务，因支付预付款时供应商尚未履行合同职责，所以预付款属于支付方的一项资产。

这项业务使预付账款增加了，这属于资产的增加，记入"预付账款"账户的借方；同时银行存款减少了，记入"银行存款"账户的贷方。因此，会计分录如下：

借：预付账款——达美公司　　　　　　　　　　50 000
　　贷：银行存款　　　　　　　　　　　　　　　　　　　50 000

### 例 8–15

承接例 8-14，收到达美公司发来的丁材料，取得的增值税专用发票上注明价款 70 000 元，增值税税额 9 100 元。余款已用银行存款付清，材料已验收入库。

【分析】这项业务，一方面使原材料增加了，记入"原材料"账户的借方；原材料所附带的增值税税额 9 100 元应由本企业承担并支付，可以用来抵税，使应交税费减少，故记入"应交税费——应交增值税"账户的借方。另一方面应冲减掉原预付账款 50 000 元，记入"预付账款"账户的贷方；用银行存款支付了余款，银行存款减少，记入"银行存款"账户的贷方。因此，会计分录如下：

借：原材料——丁材料　　　　　　　　　　　　70 000
　　应交税费——应交增值税（进项税额）　　　9 100
　　贷：预付账款——达美公司　　　　　　　　　　　　　50 000
　　　　银行存款　　　　　　　　　　　　　　　　　　　29 100

## 8.2.2　固定资产业务

#### 1. 固定资产概述

（1）固定资产的概念与特征。固定资产是指企业为生产商品、提供劳务、出租或经营管理而持有的、使用寿命超过一个会计年度的有形资产，如机器设备、厂房、空调、汽车等。固定资产具有 3 个特征：①具有实物形态；②持有的目的是使用，而非出售；③使用寿命超过一个会计年度。

（2）固定资产的取得方式。企业可以通过外购、自行建造、投资者投入、债务重组、非货币资产交换、企业合并等方式取得固定资产。在此仅分析外购的固定资产，其余从略。

（3）固定资产的入账价值。外购的固定资产的入账价值是指企业购买的某项固定资产达到预定可使用状态前发生的一切合理、必要的支出，包括购买价款、相关税费（不包括可以抵扣的增值税进项税额）、运输费、装卸费、安装费和专业人员服务费、材料费等。

### 2. 设置的主要账户

（1）"固定资产"（fixed asset）账户。该账户属于资产类账户，用来核算固定资产的原始成本。该账户借方登记增加的固定资产，贷方登记减少的固定资产。该账户期末余额在借方。该账户一般按固定资产类别或项目进行明细核算。

购入不需要安装的固定资产时，会计分录如下：

借：固定资产
　　应交税费——应交增值税（进项税额）
　贷：银行存款（或应付账款、应付票据、预付账款）

（2）"在建工程"（construction-in-progress）账户。该账户属于资产类账户，用来核算固定资产的建造、更新改造、需要安装的工程的成本。该账户借方登记各项在建工程的实际支出，贷方登记达到预定可使用状态的工程转出时的成本。该账户期末余额在借方，表示尚未达到可使用状态的在建工程的成本。

购入需要安装的固定资产时，会计分录如下：

借：在建工程
　　应交税费——应交增值税（进项税额）
　贷：银行存款（或应付账款、应付票据、预付账款）
　　原材料（耗用的材料）
　　应付职工薪酬（耗用的人工）

达到可使用状态之后，在建工程转为固定资产，会计分录如下：

借：固定资产
　贷：在建工程

（3）"累计折旧"（accumulated depreciation）账户。该账户用来核算企业固定资产在使用过程中的价值损耗，贷方表示增加，登记按月计提的应计入当月成本或费用的折旧金额；借方表示减少，登记因处置、清理固定资产或盘亏时结转的折旧金额。该账户期末余额在贷方，反映企业累计折旧的实有金额。

### 累计折旧

"累计折旧"账户是一个结构比较特殊的资产类账户，其借方表示减少，贷方表示增加。通过该账户来反映固定资产价值的减少。固定资产价值的减少不是贷记"固定资产"账户，而是贷记"累计折旧"账户。这样处理，可以使"固定资产"账户始终保持固定资产原始价值的记录。将"固定资产"账户余额减去"累计折旧"账户余额，就可以求得固定资产的净值。因此，"累计折旧"是一个调整账户，用来调减固定资产的账面价值。

> 累计折旧的计算：影响累计折旧的因素主要有固定资产的原价、预计净残值和预计使用寿命。企业可以选用的折旧方法有年限平均法、工作量法、双倍余额递减法和年数总和法。在此只介绍年限平均法。
> 
> 年限平均法又称直线法，是指将折旧总额在预计使用年限内平均分摊。
> 
> 年折旧额＝（原值－预计净残值）÷预计使用年限
> 
> 月折旧额＝年折旧额÷12
> 
> 计提固定资产的折旧时，折旧费用记入相关的成本类或费用类账户，会计分录如下：
> 
> 借：制造费用（或管理费用、销售费用）
> 　　贷：累计折旧

（4）"固定资产清理"（disposal of fixed assets）账户。该账户用来核算固定资产的清理与报废。

首先，将需要清理的固定资产转出，并将固定资产原值扣除累计折旧后的余值记入"固定资产清理"账户，会计分录如下：

借：固定资产清理
　　累计折旧
　贷：固定资产

其次，处置固定资产取得的收入和支付的相关费用均通过"固定资产清理"账户核算。取得收入时，会计分录如下：

借：银行存款（或库存现金）
　贷：固定资产清理

支付相关费用时，会计分录如下：

借：固定资产清理
　贷：银行存款（或库存现金）

最后，固定资产处置完毕后，"固定资产清理"账户的余额为零。清空前，如果"固定资产清理"账户的余额在贷方，则表示处置净收益，应转入"营业外收入"账户；否则表示处置净损失，应转入"营业外支出"账户。

### 3. 固定资产的账务处理

#### 例 8-16

公司从杭州绿地公司购入 2 台不需要安装的设备，每台 20 000 元，取得的增值税专用发票上注明价款 40 000 元，增值税税额 5 200 元。货款已支付。

【分析】这项采购业务，一方面使公司的固定资产增加了，记入"固定资产"账户的借方；增值税进项税额用来抵税，记入"应交税费——应交增值税"账户的借方。另一方面，银行存款减少了 45 200 元，记入"银行存款"账户的贷方。因此，会计分录如下：

借：固定资产——设备　　　　　　　　　　40 000
　　应交税费——应交增值税（进项税额）　　5 200

贷：银行存款　　　　　　　　　　　　　　　　　　　　　　45 200

### 例 8-17

公司从鼎力公司购入 2 套生产线，需安装调试。生产线 A 的价格为 600 000 元，生产线 B 的价格为 1 100 000 元，合计 1 700 000 元，增值税税额 221 000 元，总金额 1 921 000 元。货款已付 1 500 000 元。安装费用分别为 50 000 元和 80 000 元，已用银行存款支付。

【分析】这项业务采购的是需要安装调试的生产线，先通过"在建工程"账户归集购买价款和安装调试成本，运行合格后，再从"在建工程"账户转入"固定资产"账户。

（1）购入需要安装调试的生产线，记入"在建工程"账户的借方。生产线的进项税额记入"应交税费——应交增值税"账户的借方，抵减应纳税额。银行存款减少了 1 500 000 元，登记在"银行存款"账户的贷方，还有余款 421 000（1 921 000－1 500 000）元尚未支付，形成应付账款，登记在"应付账款"账户的贷方。因此，会计分录如下：

　　借：在建工程——生产线 A——成本　　　　　600 000
　　　　　　　　——生产线 B——成本　　　　1 100 000
　　　　应交税费——应交增值税（进项税额）　　221 000
　　　贷：银行存款　　　　　　　　　　　　　1 500 000
　　　　　应付账款——鼎力公司　　　　　　　　421 000

（2）支付安装费用时，一方面，在建工程的安装成本增加了，登记在"在建工程"账户的借方；另一方面，银行存款减少了，登记在"银行存款"账户的贷方。假定不考虑增值税，会计分录如下：

　　借：在建工程——生产线 A——成本　　　　　 50 000
　　　　　　　　——生产线 B——成本　　　　　 80 000
　　　贷：银行存款　　　　　　　　　　　　　　130 000

（3）生产线经安装调试后可投入使用，应结束在建工程的状态，将在建工程转为固定资产。因此，在建工程减少，登记在"在建工程"账户的贷方；同时固定资产增加，登记在"固定资产"账户的借方。因此，会计分录如下：

　　借：固定资产——生产线 A　　　　　　　　　650 000
　　　　　　　　——生产线 B　　　　　　　　1 180 000
　　　贷：在建工程——生产线 A　　　　　　　　650 000
　　　　　　　　　　　　　　　　　　　　（600 000＋50 000）
　　　　　　　　——生产线 B　　　　　　　　1 180 000
　　　　　　　　　　　　　　　　　　　（1 100 000＋80 000）

（4）公司以银行存款支付了欠鼎力公司的余款 421 000 元，还清所欠的应付账款，会计分录如下：

　　借：应付账款——鼎力公司　　　　　　　　　421 000
　　　贷：银行存款　　　　　　　　　　　　　　421 000

### 例 8-18

公司用银行存款购入了一辆货车，供生产车间使用，取得的增值税专用发票上注明价款 48 000 元，增值税税额 6 240 元，共计 54 240 元。又以银行存款购入了一辆轿车，供行政管理部门使用，取得的增值税专用发票上注明价款 300 000 元，增值税税额 39 000 元，共计 339 000 元。

【分析】这两笔业务，一方面使银行存款减少了 393 240（54 240＋339 000）元，记入"银行存款"账户的贷方；另一方面，增加了两辆车，即固定资产增加，记入"固定资产"账户的借方。因此，会计分录如下：

| | |
|---|---|
| 借：固定资产——货车 | 48 000 |
| ——轿车 | 300 000 |
| 应交税费——应交增值税（进项税额） | 45 240（6 240＋39 000） |
| 贷：银行存款 | 393 240 |

### 例 8-19

承接例 8-18，假定公司下个月对货车、轿车计提折旧，折旧金额共 5 000 元。

【分析】按规定，当月新增的固定资产下个月开始计提折旧。折旧反映的是固定资产价值的损耗。计提折旧就是将固定资产的价值损耗分期计入有关费用。一方面，货车用于生产车间，其损耗增加了生产费用，记入"制造费用"账户的借方；轿车系行政管理部门使用，其损耗属于管理费用，记入"管理费用"账户的借方。另一方面，损耗使固定资产的账面价值减少，记入"累计折旧"账户的贷方。

假定公司按照直线法计提折旧。

月折旧额＝（原值－预计残值）÷预计使用年限÷12

货车的原值为 48 000 元，预计无残值，预计使用 4 年；轿车的原值为 300 000 元，预计净残值率 4%，预计使用 6 年。

货车月折旧额＝48 000÷4÷12＝1 000（元）

轿车月折旧额＝300 000×（1－4%）÷6÷12＝4 000（元）

因此，下个月这笔业务的会计分录如下：

| | |
|---|---|
| 借：制造费用 | 1 000 |
| 管理费用 | 4 000 |
| 贷：累计折旧——货车 | 1 000 |
| ——轿车 | 4 000 |

### 例 8-20

承接例 8-19，假定 3 年 8 个月之后，货车已提累计折旧 44 000 元。公司处置那辆货车，取得现金 4 800 元，用现金支付手续费 100 元。

【分析】（1）当公司决定要处置那辆货车时，应将固定资产转出，转入固定资产清理状态。处于清理状态的固定资产的价值为固定资产原值减去累计折旧金额后的净值，因此，一方面固定资产原值减少，记入"固定资产"账户的贷方，还需冲减之前计提的累计折旧，记入"累计折旧"账户的借方；另一方面处于清理状态的固定资产增加了，记入"固定资产清理"账户的借方。因此，会计分录如下：

| | |
|---|---|
| 借：固定资产清理 | 4 000 |
| 累计折旧 | 44 000 |
| 贷：固定资产 | 48 000 |

（2）固定资产转入清理状态后，其发生的后续事项均通过"固定资产清理"账户来核算。为处置这辆货车支付的手续费，增加了要清理的固定资产的成本，记入"固定资产清理"账户的借方；同时支付的现金记入"库存现金"账户的贷方。因此，会计分录如下：

借：固定资产清理　　　　　　　　　　　　　　　100
　　贷：库存现金　　　　　　　　　　　　　　　　　　100

（3）将货车处置后，处于清理状态的固定资产减少了，贷记"固定资产清理"账户；同时收到4 800元，库存现金增加了，记入"库存现金"账户的借方。因此，会计分录如下：

借：库存现金　　　　　　　　　　　　　　　　4 800
　　贷：固定资产清理　　　　　　　　　　　　　　　4 800

（4）被清理掉的固定资产不复存在，"固定资产清理"账户应该为0。

如果"固定资产清理"账户余额在贷方，则为处置净收益，余额应转入"营业外收入"账户；否则为处置净损失，余额应转入"营业外支出"账户。本例中，"固定资产清理"账户余额在贷方，为700（贷方4 800－借方4 000－借方100）元，表示本次固定资产清理处置带来净收益，应该转出，记入"固定资产清理"账户的借方，净收益转入"营业外收入"账户，使营业外收入增加，记入"营业外收入"账户的贷方。因此，会计分录如下：

借：固定资产清理　　　　　　　　　　　　　　　700
　　贷：营业外收入　　　　　　　　　　　　　　　　700

至此，"固定资产清理"账户余额为0。

## 8.3　生产业务的核算

### 8.3.1　生产业务概述

生产业务主要涉及产品生产成本的核算。从材料投入到生产加工最后到产品完工入库的过程称为生产过程。生产过程是制造业企业重要的核心环节。该环节发生的各种耗费称为生产费用，包括材料费用、人工费用、机器设备和厂房等固定资产的折旧损耗费用、水电费用等其他相关的生产耗费。这些生产费用最终都要被归集、分配到具体的产品，从而构成产品的生产成本。

可见，生产费用是生产过程中发生的总耗费，生产成本是生产费用的具体"对象化"。生产成本项目包括：①直接材料；②直接人工；③制造费用。

生产费用归集与分配的方法如下：直接用于某一具体产品的生产费用，属于直接费用，通过"生产成本"账户核算；不能直接分配但应由该产品承担的生产费用，属于间接费用，先归集到"制造费用"账户，最后按照一定的标准来分摊制造费用，计算出该产品应承担的间接费用，转入其"生产成本"账户，最终核算出该产品的全部成本和单位成本。

生产成本核算过程如图8-6所示。

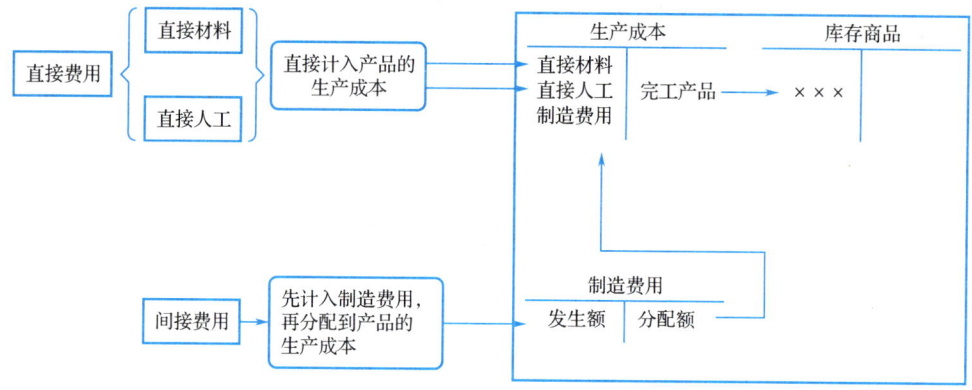

图 8-6 生产成本核算过程

### 8.3.2 设置的主要账户

#### 1. "生产成本"（production cost）

该账户用来核算企业生产产品所发生的各项生产费用，属于成本类账户。该账户借方登记应计入产品成本的各项费用，包括直接计入的直接材料、直接人工等直接费用和分配计入的制造费用（间接费用）；贷方登记结转的完工入库的产成品成本。该账户期末余额在借方，表示尚未完工产品（在产品）的成本。该账户按产品品种或类别进行明细核算。产品完工时，产品生产成本按一定的分配方法在完工产品和在产品之间进行分配。

#### 2. "制造费用"（manufacturing overhead）账户

该账户用来核算生产活动中产生的与产品生产有关但不能直接归属于某具体产品成本的费用（间接费用），包括生产部门发生的办公费、车间管理人员的薪酬、机器设备的折旧费和维修费、水电费、租金、机物料消耗等，属于成本类账户。

当间接费用发生时，需先在"制造费用"账户归集，再按一定的标准分配转入具体产品的生产成本。"制造费用"账户借方登记实际发生的制造费用，贷方登记按一定分配标准分摊并转入"生产成本"账户的制造费用。分配标准可以选择产品数量、机器小时数、生产工人工资等。分配后，该账户期末一般无余额。

#### 3. "应付职工薪酬"（employee benefits payable）账户

该账户属于负债类账户，用来核算尚未支付的已计入成本费用的职工薪酬总额，包括工资、福利、奖金、津贴和补贴、社会保险费等。该账户贷方登记发生的应付未付的职工薪酬，借方登记已支付的职工薪酬。该账户期末余额在贷方，反映尚未支付的职工薪酬。

本期发生的职工薪酬总额，一方面贷记"应付职工薪酬"账户，另一方面按照职工所属的部门记入"生产成本"或"制造费用"（生产部门）、"管理费用"（除销售部门和生产部门以外的行政办公部门）、"销售费用"（销售部门）等账户的借方。

#### 4. "累计折旧"账户

该账户是固定资产的备抵账户，贷方表示增加，即每个月计提的折旧金额，具体如"固定资产业务"部分所述。

### 5. "库存商品"（commodity stock）账户

该账户属于资产类账户，用来核算库存商品的增减变动及期末结存情况。该账户借方登记已完工入库的产成品的实际成本或购入的产成品成本；贷方登记发出商品（如销售）的实际成本。该账户期末余额在借方，反映期末结存的各种商品的实际成本。该账户按商品品种或类别进行明细核算。

## 8.3.3 生产业务的账务处理

产品生产是一个从材料投入到完工产出的制造过程，生产过程必然会耗费生产所需的各种资源。材料、人工、制造费用的耗费都构成了产品的生产成本。

### 1. 材料费用的核算

各部门领用材料时必须填制领料单以明确材料收发责任。材料会计可对各领料单按材料的种类和用途进行汇总，编制领用材料汇总表作为入账凭证。材料耗费根据领料单或领用材料汇总表进行核算。不同部门使用的材料记入不同的账户。生产车间领用的材料记入"生产成本"或"制造费用"账户，销售部门领用的材料记入"销售费用"账户，行政管理部门领用的材料记入"管理费用"账户。

**例 8-21**

公司根据本月各种领料单编制的领用材料汇总表进行账务处理，具体如表 8-1 所示。

表 8-1 本月领用材料汇总表

**领用材料汇总表**

数量单位：千克
金额单位：元

| 用途 | 甲材料 | | | 乙材料 | | | 丙材料 | | | 金额合计 |
|---|---|---|---|---|---|---|---|---|---|---|
| | 数量 | 单价 | 金额 | 数量 | 单价 | 金额 | 数量 | 单价 | 金额 | |
| 制造 A 产品耗用 | 1 500 | 30 | 45 000 | | | | 100 | 40 | 4 000 | 49 000 |
| 制造 B 产品耗用 | | | | 700 | 50 | 35 000 | 280 | 40 | 11 200 | 46 200 |
| 生产车间一般耗用 | 20 | 30 | 600 | 60 | 50 | 3 000 | | | | 3 600 |
| 行政管理部门耗用 | | | | | | | 30 | 40 | 1 200 | 1 200 |
| 合计 | 1 520 | | 45 600 | 760 | | 38 000 | 410 | | 16 400 | 100 000 |

【分析】领用材料使原材料总金额减少了 100 000 元，其中，甲材料总金额减少了 45 600 元，乙材料总金额减少了 38 000 元，丙材料总金额减少了 16 400 元，登记在"原材料"账户的贷方。同时，这些减少的原材料根据领用部门的不同记入相关的对应账户，其中，A 产品的生产成本增加 49 000 元，记入"生产成本——A 产品"账户的借方；B 产品的生产成本增加 46 200 元，记入"生产成本——B 产品"账户的借方；生产车间一般耗用的原材料价值 3 600 元，无法直接对应到 A 产品或 B 产品，记入"制造费用"账户的借方；行政管理部门耗用的原材料价值 1 200 元，记入"管理费用"账户的借方。因此，会计分录如下：

| 借：生产成本——A 产品 | 49 000 | |
|---|---|---|
| 　　　　　　——B 产品 | 46 200 | |
| 　　制造费用 | 3 600 | |
| 　　管理费用 | 1 200 | |
| 　贷：原材料——甲材料 | | 45 600 |
| 　　　　　　——乙材料 | | 38 000 |
| 　　　　　　——丙材料 | | 16 400 |

### 2. 职工薪酬的核算

职工薪酬是企业为获得职工提供的服务而给予的各种形式的报酬。根据职工所在部门的不同，将职工薪酬支出记入不同的账户。其中，生产工人的薪酬记入"生产成本"账户，生产部门管理人员的薪酬记入"制造费用"账户，专设销售机构销售人员的薪酬记入"销售费用"账户，行政管理部门人员的薪酬记入"管理费用"账户。此外，由在建工程、无形资产负担的职工薪酬，则计入在建工程或无形资产的成本。

**例 8-22**

根据工资和考勤记录，公司计算出本月应付职工薪酬总额 139 000 元，具体职工薪酬分配表如表 8-2 所示。

表 8-2　本月职工薪酬分配表

### 职工薪酬分配表

单位：元

| 人员 | 职工薪酬 | | 合计 | 借方科目 |
|---|---|---|---|---|
| | 工资 | 补贴 | | |
| 生产 A 产品工人 | 20 000 | 5 000 | 25 000 | 生产成本 |
| 生产 B 产品工人 | 27 000 | 8 000 | 35 000 | 生产成本 |
| 车间管理人员 | 10 000 | 3 000 | 13 000 | 制造费用 |
| 销售人员 | 25 000 | 6 000 | 31 000 | 销售费用 |
| 行政管理人员 | 30 000 | 5 000 | 35 000 | 管理费用 |
| 合计 | 112 000 | 27 000 | 139 000 | |

【分析】职工薪酬按照所属部门归集，生产工人的薪酬直接计入产品的生产成本，记入"生产成本"账户的借方；车间管理人员的薪酬属于间接费用，记入"制造费用"账户的借方；销售人员的薪酬记入"销售费用"账户的借方；行政管理人员的薪酬记入"管理费用"账户的借方。由于职工薪酬并没有实际支付，因此形成对职工的负债，记入"应付职工薪酬"账户的贷方。因此，会计分录如下：

| 借：生产成本——A 产品 | 25 000 |
|---|---|
| 　　　　　　——B 产品 | 35 000 |
| 　　制造费用 | 13 000 |
| 　　销售费用 | 31 000 |
| 　　管理费用 | 35 000 |

贷：应付职工薪酬　　　　　　　　　　　　　　　　　　　　139 000
　　假定下个月 8 日，通过银行转账发放了员工的全部工资 139 000 元，则会计分录如下：
　　借：应付职工薪酬　　　　　　　　　　　　　　　　　　　　139 000
　　　　贷：银行存款　　　　　　　　　　　　　　　　　　　　　　　　139 000

### 3. 制造费用的核算（先归集再分配）

　　生产部门发生的间接费用，如车间的办公费、车间的机物料消耗、车间管理人员的工资、车间设备的折旧费用、车间的水电费用等，都属于多产品的共同耗费，不能直接计入某个产品的成本。因此，当这些间接费用发生时，先记入"制造费用"账户，期末再将这些间接费用汇总，然后按照一定的标准，将制造费用分配到具体产品的生产成本中去。

**例 8-23**

　　公司用银行存款支付了生产车间的水电费 1 020 元。
　　会计分录如下：
　　借：制造费用　　　　　　　　　　　　　　　　　　　　　　1 020
　　　　贷：银行存款　　　　　　　　　　　　　　　　　　　　　　　　1 020

**例 8-24**

　　公司用银行存款支付了生产车间的办公用品费用 500 元。
　　会计分录如下：
　　借：制造费用　　　　　　　　　　　　　　　　　　　　　　500
　　　　贷：银行存款　　　　　　　　　　　　　　　　　　　　　　　　500

**例 8-25**

　　公司计提了本月生产部门的固定资产的折旧 11 880 元。
　　会计分录如下：
　　借：制造费用　　　　　　　　　　　　　　　　　　　　　　11 880
　　　　贷：累计折旧　　　　　　　　　　　　　　　　　　　　　　　　11 880

**例 8-26**

　　承接例 8-21～例 8-25，月末，公司将制造费用的总额按照生产人员的工资比例进行分配，并计入相关产品的成本中。

　　【分析】本月制造费用总额是 30 000（3 600 ＋ 13 000 ＋ 1 020 ＋ 500 ＋ 11 880）元。A 产品和 B 产品的生产人员工资总额是 60 000（25 000 ＋ 35 000）元，那么，
　　分配率：30 000÷60 000×100% ＝ 50%
　　A 产品应分配到的制造费用：50%×25 000 ＝ 12 500（元）
　　B 产品应分配到的制造费用：50%×35 000 ＝ 17 500（元）
　　会计分录如下：
　　借：生产成本——A 产品　　　　　　　　　　　　　　　　　12 500
　　　　　　　　——B 产品　　　　　　　　　　　　　　　　　17 500
　　　　贷：制造费用　　　　　　　　　　　　　　　　　　　　　　　　30 000

### 4. 完工产品入库的核算

产品制造完成并经检验合格后就成为完工产品。完工产品需从生产车间运转至产成品仓库，入库时需填制产成品入库单，并将其中一联交给财务部门作为入账凭证。

#### 例 8-27

假定 A 产品本月全部完工，数量 500 件，并已全部验收入库。产品成本计算单如表 8-3 所示。

表 8-3  A 产品成本计算单

**产品成本计算单**

产品名称：A 产品  单位：元

| 成本项目 | 直接材料 | 直接人工 | 制造费用 | 合计 |
| --- | --- | --- | --- | --- |
| 产品总成本 | 49 000 | 25 000 | 12 500 | 86 500 |
| 单位产品成本 | 98 | 50 | 25 | 173 |

【分析】完工产品验收入库，意味着在产品减少了，记入"生产成本"账户的贷方；而同时库存商品增加了，记入"库存商品"账户的借方。因此，会计分录如下：

借：库存商品——A 产品　　　　　　　　　　　　　86 500
　　贷：生产成本——A 产品　　　　　　　　　　　　　　86 500

> **产品成本计算**
>
> 生产过程是一个连续和反复的过程，通常情况下，各月月末生产车间仍然会有未完工的在产品。本期期末在产品成本成为下一期的期初在产品成本[1]。存在期初在产品和期末在产品的情况下，本期完工产品的成本按以下公式计算：
>
> 本期完工产品成本＝期初在产品成本＋本期生产成本－期末在产品成本
>
> 本期生产成本＝本期直接材料＋本期直接人工＋本期制造费用
>
> 根据上述公式，计算本期完工产品成本则需要知道期末在产品成本。
>
> 假定甲产品期初有在产品，本公司期末在产品成本按定额成本法计算，甲产品的各成本项目的单位定额成本如下：直接材料 12 元、直接人工 30 元、制造费用 5 元。期末在产品数量 80 个，那么这 80 个在产品的成本如下：直接材料 960（80×12）元、直接人工 2 400（80×30）元、制造费用 400（80×5）元，合计 3 760 元。
>
> 本期完工产品成本＝期初在产品成本＋本期生产成本－期末在产品成本＝3 500＋34 800－3 760＝34 540 元，其中直接材料 8 440 元、直接人工 23 600 元、制造费用 2 500 元。完工产品的单位成本为 86.35 元。
>
> 产品成本计算单如表 8-4 所示。

---

[1] 计算产品成本必须根据企业的生产类型和管理要求，采用品种法、分批法和分步法等不同的成本计算方法。这些方法将在成本会计学中详述，本书不讲。

表8-4 甲产品成本计算单

## 产品成本计算单

产品名称：甲产品　　　　　　　　　　　　　　　　　　　　　　　　　　单位：元

| 成本项目 | 直接材料 | 直接人工 | 制造费用 | 合计 |
| --- | --- | --- | --- | --- |
| 期初在产品 | 1 200 | 2 000 | 300 | 3 500 |
| 本期生产费用 | 8 200 | 24 000 | 2 600 | 34 800 |
| 期末在产品 80 个 | 960 | 2 400 | 400 | 3 760 |
| 本期完工产品 400 个 | 8 440 | 23 600 | 2 500 | 34 540 |
| 单位产品成本 | 21.1 | 59 | 6.25 | 86.35 |

## 8.4 销售业务的核算

### 8.4.1 销售业务概述

销售业务是指企业将商品交付给客户，并收回货款的过程。企业确认收入的同时结转已售产品的成本，按照税法的规定，还应计算出相应的增值税销项税额。在销售过程中，还会发生一些销售费用，如包装费、运输费、销售机构运营费用、销售人员薪酬等。因此销售业务涉及收入的确认、增值税销项税额的确认、货款的结算、已售产品成本的结转、销售费用的处理。

#### 1. 收入的确认

收入准则规定，当企业履行了合同中的履约义务且客户取得商品的控制权时确认为收入。收入按交易的性质分为转让商品收入和提供服务收入；根据经营业务的主次，收入分为主营业务收入和其他业务收入。主营业务收入是指企业经常性的主要业务所产生的收入，如销售商品、提供劳务所取得的收入。其他业务收入是除主营业务活动以外的其他经营活动实现的收入，包括销售材料、出租固定资产等活动实现的收入。

#### 2. 增值税销项税额的确认

企业销售商品、提供劳务或服务、转让固定资产或无形资产，按税法规定应确认增值税销项税额。

#### 3. 货款的结算

商品的销售有现销模式、赊销模式和预售模式。按照不同的货款结算方式，收入对应的会计科目涉及"银行存款""应收账款""应收票据""预收账款"等。

#### 4. 已售产品成本的结转

企业取得销售收入是以付出商品、提供劳务为代价的。按照配比原则，应在确认销售收入的当期，确认与其相关的成本费用。其中，已经出售的库存商品的成本确认为主营业务成本,已出售材料的成本确认为其他业务成本,出租的固定资产所计提的折旧费用确认为其他业务成本。

### 5. 销售费用的处理

销售费用是指企业销售部门为促进和推广产品销售而发生的各种营销费用,如支付的销售人员薪酬、产品广告费用、业务宣传费用等。

## 8.4.2 设置的主要账户

### 1. "主营业务收入"(prime operating revenue)账户

该账户用来核算企业在其主要的经营活动中获得的经济利益的总流入。该账户属于收入类账户,贷方登记企业实现的主营业务收入,即主营业务收入的增加额;借方登记主营业务收入的减少额,比如发生退货或销售折让时,需冲减主营业务收入,借记"主营业务收入"账户。期末计算利润时将主营业务收入的贷方余额转入"本年利润"账户,借记"主营业务收入"账户。结转后,该账户无余额。该账户按主营业务的种类进行明细核算。

### 2. "应交税费——应交增值税(销项税额)"账户

"应交税费"是指按税法规定应上缴国家的各种税费,增值税销项税额是其中的一个税种。该账户属于负债类账户,贷方表示增加,借方表示减少。增值税销项税额相关内容可参见本章"增值税专题"。

### 3. "主营业务成本"(prime operating cost)账户

该账户属于费用类账户,用来核算应计入当期损益的已售产品或已提供的劳务等主要经营业务所发生的成本。该账户的借方登记主营业务成本的增加额;贷方登记主营业务成本的减少额,比如发生退货或销售折让时,需冲减主营业务成本,贷记"主营业务成本"账户。期末计算利润时将主营业务成本的借方余额转入"本年利润"账户,贷记"主营业务成本"账户。结转后,该账户无余额。该账户按主营业务的种类进行明细核算。

### 4. "其他业务收入"(other operating revenue)账户

该账户是收入类账户,用来核算企业确认的除主营业务活动以外的其他经营活动所实现的收入,包括销售材料、出租固定资产等收入。该账户的贷方登记其他业务收入的增加额,表示企业已经实现的其他业务收入。期末结转利润时将其贷方余额转入"本年利润"账户,借记本账户。结转后,该账户无余额。该账户按其他业务的种类进行明细核算。

### 5. "其他业务成本"(other operating cost)账户

该账户是费用类账户,用来核算企业确认的除主营业务活动以外的其他经营活动所产生的或需要承担的成本,包括销售材料的成本、出租固定资产的折旧额、出租无形资产的摊销额等。该账户借方登记企业增加的其他业务成本,贷方登记期末转入"本年利润"账户的其他业务成本。结转后,该账户无余额。该账户按其他业务的种类进行明细核算。

### 6. "应收账款"(accounts receivable)账户

该账户属于资产类账户,用来核算企业在赊销模式下销售商品、提供劳务等经营活动所产生的应向购买单位收取的款项。该账户借方登记企业发生的应收未收的账款,贷方登记实际收回的或注销的应收款项。该账户期末余额在借方，反映企业尚未收回的款项。该账户按债务人进行明细核算。

### 7. "应收票据"（notes receivable）账户

该账户属于资产类账户，用来核算企业在赊销模式下销售商品、提供劳务等收到的商业票据，包括银行承兑汇票和商业承兑汇票。该账户的借方登记企业收到的应收票据，贷方登记应收票据的兑现或转让。该账户期末余额在借方，反映企业持有的尚未到期的汇票金额。该账户按债务人进行明细核算。

企业应当设置应收票据备查簿，详细登记商业票据的种类、编号和出票日、票面金额、交易合同号和付款人、承兑人、背书人、到期日等资料。商业票据到期结清票款或退票后，应在备查簿中予以注销。

### 8. "预收账款"（receipt in advance）账户

该账户属于负债类账户，用来核算企业按照合同约定预先收取的但尚未交付商品或服务的款项。该账户的贷方登记企业从购货单位预收的款项，借方登记已交付商品或服务后转为收入的预收款项。该账户期末余额一般在贷方，反映企业预收的款项。该账户按购货单位进行明细核算。

### 9. "销售费用"（selling expense）账户

该账户属于费用类账户，用来核算企业发生的各项销售费用，如产品广告费用等。该账户借方表示费用的增加额，登记发生的各项销售费用；贷方表示减少，登记期末转入"本年利润"账户的销售费用。期末结转后，该账户无余额。

## 8.4.3 销售业务的账务处理

### 1. 主营业务收入与主营业务成本的核算（含存货的计价方法）

**例 8–28**

公司销售产品一批，价款 50 000 元，增值税销项税额 6 500 元。款项已收到并存入银行。

【分析】这是现销业务。一方面，银行存款增加了 56 500 元，记入"银行存款"账户的借方。另一方面，销售收入增加了 50 000 元，记入"主营业务收入"账户的贷方；因销售收入而产生的增值税销项税额记入"应交税费——应交增值税"账户的贷方。因此，会计分录如下：

```
借：银行存款                                    56 500
    贷：主营业务收入                                 50 000
        应交税费——应交增值税（销项税额）                6 500
```

**例 8–29**

公司销售产品一批，价款 10 000 元，增值税销项税额 1 300 元。款项尚未收到。

【分析】这是赊销业务。一方面，公司的应收账款增加了 11 300 元，记入"应收账款"账户的借方。另一方面，确认销售收入增加了 10 000 元，记入"主营业务收入"账户的贷方；因销售收入而产生的增值税销项税额记入"应交税费——应交增值税"账户的贷方。因此，会计分录如下：

借：应收账款　　　　　　　　　　　　　　　　　11 300
　　贷：主营业务收入　　　　　　　　　　　　　　　10 000
　　　　应交税费——应交增值税（销项税额）　　　 1 300

### 例 8-30

公司收到明丽公司汇来的 70 000 元预付款。

【分析】这是预收货款业务。一方面，银行存款增加了 70 000 元，记入"银行存款"账户的借方；另一方面，公司承担了在约定时间内交付商品的履约义务，形成了一项负债，记入"预收账款"账户的贷方。因此，会计分录如下：

借：银行存款　　　　　　　　　　　　　　　　　70 000
　　贷：预收账款——明丽公司　　　　　　　　　　70 000

### 例 8-31

承接例 8-30，公司向明丽公司交付价值 82 000 元的商品，增值税税额 10 660 元。剩余款项已结清，且已存入银行。

【分析】这是预收货款销售方式下交付商品（履行合同义务）的业务。一方面，原预收款项 70 000 元应冲减掉，借记"预收账款"账户；余款 22 660 元已收到，银行存款增加，记入"银行存款"账户的借方。另一方面，因履行了合同义务，可以确认为收入，记入"主营业务收入"账户的贷方；同时，因销售产生的增值税销项税额记入"应交税费——应交增值税"账户的贷方。因此，会计分录如下：

借：银行存款　　　　　　　　　　　　　　　　　22 660
　　预收账款　　　　　　　　　　　　　　　　　70 000
　　贷：主营业务收入　　　　　　　　　　　　　　82 000
　　　　应交税费——应交增值税（销项税额）　　　10 660

### 例 8-32

承接例 8-31，结转主营业务成本。出售的产品成本为 62 000 元。

【分析】公司销售商品会导致库存商品减少，根据配比原则，减少的库存商品的成本结转至"主营业务成本"账户，减少的库存商品记入"库存商品"账户的贷方，增加的主营业务成本记入"主营业务成本"账户的借方。因此，会计分录如下：

借：主营业务成本　　　　　　　　　　　　　　　62 000
　　贷：库存商品　　　　　　　　　　　　　　　　62 000

> **期末存货的数量**
>
> 确定期末存货数量的方法有以下两种。
> （1）永续盘存制。永续盘存制又称账面盘存制，是指在平时的会计核算过程中，根据各种与存货有关的凭证，按其数量在存货明细账中进行登记，既登记存货的收入数，也登记存货的减少数，根据账面记录随时确定存货结存数的一种方法。在永续盘存制方法下，确定存货数量的计算公式如下：

期末存货数量＝期初存货数量＋本期增加数量－本期减少数量

永续盘存制下，每笔变动都要逐日逐笔登记，存货明细账可以随时反映存货的收入、发出和结存情况，随时核查账面数和实际数，有利于存货的管理和控制；可以通过随时结转已销售产品成本来编制利润表，不必等到盘存之后进行，因此实务中普遍适用永续盘存制。

（2）实地盘存制。实地盘存制又称以存计销制，是指在会计核算过程中，对于各种存货，平时只登记其收入数，不登记其发出数，期末通过实地盘点确定实际盘存数，再倒轧出本期发出存货数量的一种方法。在实地盘存制方法下，确定存货数量的计算公式如下：

本期发出存货数量＝期初存货数量＋本期增加数量－期末实地盘点数量

### 发出存货的计价

根据会计准则的规定，企业在确定发出存货的成本时，可以采用先进先出法、加权平均法（包括月末一次加权平均法和移动加权平均法）、个别计价法，不同的计价方法将会直接影响销货成本、当期利润和期末存货成本。存货计价方法一旦选定，不得随意变更，并应在会计报表附注中予以披露。

实务中，每批购进或生产出来的产品的单价并不完全相同。因此，除非实时鉴别每次发出的存货及其对应的成本（个别计价法），否则无法直接确定发出存货的成本。而发出存货的成本作为企业的营业成本，影响企业利润，与利润表息息相关；期末的存货构成资产项目，与资产负债表密切相关。因此，科学确定发出存货的成本非常关键。企业应根据实际情况，综合考虑存货的性质、实物流转方式和管理要求，选择适当的存货计价方法，合理确定发出存货的实际成本。

（1）先进先出法。先进先出法（first-in first-out，FIFO）假定先购入的存货先发出，并按照这样的假设计算发出存货的成本和期末存货的成本。

（2）一次加权平均法。一次加权平均法（weighted average-cost method）是指平时发出存货只登记数量，在月末计算一次加权平均单价，然后计算出发生存货的总成本和期末存货成本，又称全月一次加权平均法。

（3）移动加权平均法。移动加权平均法（moving weighted average-cost method）是指每次入库存货单价与结存单价不同时，就需要重新计算一次加权平均单价，并据此计算发出存货成本和期末存货成本。

采用移动加权平均法比采用先进先出法的工作量小，比采用一次加权平均法更合理，反映更及时，且可以随时了解存货的结存情况，有利于对存货的适时管理。因此，实务中较普遍采用移动加权平均法。

（4）个别计价法。个别计价法适用于不可替代使用的存货、价格昂贵的存货或特定项目专门使用的存货，其特点是一货一价。

下面通过案例分别介绍前 3 种计价方法下存货成本的计算。

**例 8-33**

假定本公司 G 产品期初 400 件,本期分别购进 600 件和 100 件,销售发出 1 040 件,期末留存 60 件。用不同的计价方法计算存货成本。

**【分析】**

(1) 先进先出法下存货成本的计算如表 8-5 所示。

表 8-5 先进先出法下存货成本的计算

产品名称:G 产品

数量单位:件
金额单位:元

| 202×年 | | 凭证 | | 摘要 | 收入 | | | 发出 | | | 结存 | | |
|---|---|---|---|---|---|---|---|---|---|---|---|---|---|
| 月 | 日 | 字 | 号 | | 数量 | 单价 | 金额 | 数量 | 单价 | 金额 | 数量 | 单价 | 金额 |
| 11 | 1 | | | 月初余额 | | | | | | | 400 | 85 | 34 000 |
| | 10 | 记 | × | 入库 | 600 | 82 | 49 200 | | | | 400<br>600 | 85<br>82 | 34 000<br>49 200 |
| | 16 | 记 | × | 销售 | | | | 340 | 85 | 28 900 | 60<br>600 | 85<br>82 | 5 100<br>49 200 |
| | 21 | 记 | × | 入库 | 100 | 90 | 9 000 | | | | 60<br>600<br>100 | 85<br>82<br>90 | 5 100<br>49 200<br>9 000 |
| | 25 | 记 | × | 销售 | | | | 300 | | 24 780 | 360<br>100 | 82<br>90 | 29 520<br>9 000 |
| | 28 | 记 | × | 销售 | | | | 400 | | 33 120 | 60 | 90 | 5 400 |
| | | | | 本月合计 | 700 | | 58 200 | 1 040 | | 86 800 | 60 | 90 | 5 400 |

25 日发出的 300 件库存商品的成本 =60×85 + 240×82 = 24 780(元)

28 日发出的 400 件库存商品的成本 =360×82 + 40×90 = 33 120(元)

期初结存成本(34 000 元)+本期增加成本(58 200 元)-本期减少成本(86 800 元)=期末结存成本(5 400 元),得到验证。

本月发出的 1 040 件库存商品的总成本为 86 800 元。期末 60 件库存商品的总成本为 5 400 元,单价为 90 元/件。

(2) 一次加权平均法下存货成本的计算如表 8-6 所示。

$$\text{加权平均单价} = \frac{\text{期初结存成本} + \text{本期增加成本}}{\text{期初结存数量} + \text{本期增加数量}} = \frac{34\,000 + 49\,200 + 9\,000}{400 + 600 + 100} \approx 83.82 (\text{元/件})$$

本月发出的 1 040 件库存商品的总成本 = $1\,040 \times \frac{34\,000 + 49\,200 + 9\,000}{400 + 600 + 100} \approx 87\,171$(元)

期末 60 件库存商品的总成本 = 34 000 + 58 200 - 87 171 = 5 029(元),单价为 83.82 元/件。

（3）移动加权平均法下存货成本的计算如表8-7所示。

表 8-6　一次加权平均法下存货成本的计算

产品名称：G产品  
数量单位：件  
金额单位：元

| 202×年 | | 凭证 | | 摘要 | 收入 | | | 发出 | | | 结存 | | |
|---|---|---|---|---|---|---|---|---|---|---|---|---|---|
| 月 | 日 | 字 | 号 | | 数量 | 单价 | 金额 | 数量 | 单价 | 金额 | 数量 | 单价 | 金额 |
| 11 | 1 | | | 月初余额 | | | | | | | 400 | 85 | 34 000 |
| | 10 | 记 | × | 入库 | 600 | 82 | 49 200 | | | | 1 000 | | |
| | 16 | 记 | × | 销售 | | | | 340 | | | 660 | | |
| | 21 | 记 | × | 入库 | 100 | 90 | 9 000 | | | | 760 | | |
| | 25 | 记 | × | 销售 | | | | 300 | | | 460 | | |
| | 28 | 记 | × | 销售 | | | | 400 | | | 60 | | |
| | | | | 本月合计 | 700 | | 58 200 | 1 040 | 83.82 | <u>87 171</u> | 60 | <u>83.82</u> | <u>5 029</u> |

表 8-7　移动加权平均法下存货成本的计算

产品名称：G产品  
数量单位：件  
金额单位：元

| 202×年 | | 凭证 | | 摘要 | 收入 | | | 发出 | | | 结存 | | |
|---|---|---|---|---|---|---|---|---|---|---|---|---|---|
| 月 | 日 | 字 | 号 | | 数量 | 单价 | 金额 | 数量 | 单价 | 金额 | 数量 | 单价 | 金额 |
| 11 | 1 | | | 月初余额 | | | | | | | 400 | 85 | 34 000 |
| | 10 | 记 | × | 入库 | 600 | 82 | 49 200 | | | | 1 000 | 83.2 | 83 200 |
| | 16 | 记 | × | 销售 | | | | 340 | 83.2 | 28 288 | 660 | 83.2 | 54 912 |
| | 21 | 记 | × | 入库 | 100 | 90 | 9 000 | | | | 760 | 84.095 | 63 912 |
| | 25 | 记 | × | 销售 | | | | 300 | 84.095 | 25 228 | 460 | 84.095 | 38 684 |
| | 28 | 记 | × | 销售 | | | | 400 | 84.095 | 33 638 | 60 | 84.095 | 5 046 |
| | | | | 本月合计 | 700 | | 58 200 | 1 040 | | <u>87 154</u> | 60 | <u>84.095</u> | <u>5 046</u> |

10日入库600件商品后的加权平均单价 $= \dfrac{34\,000 + 49\,200}{400 + 600} = 83.2$（元/件）

21日入库100件商品后的加权平均单价 $= \dfrac{54\,912 + 9\,000}{660 + 100} \approx 84.095$（元/件）

本期发出的1 040件库存商品的总成本 $= 28\,288 + 25\,228 + 33\,638 = 87\,154$（元）
期末60件库存商品的总成本是5 046元，单价为84.095元/件。

### 2. 其他业务收入与其他业务成本的核算

实务中，企业一般将销售材料、出租固定资产等业务所取得的收入通过"其他业务收入"账户进行核算。假定不考虑相关税费。

### 例 8-34

公司将一批废弃的材料处理掉,取得 1 000 元现金。

【分析】这项业务使现金增加了 1 000 元,记入"库存现金"账户的借方;同时,这笔收入属于其他业务收入,因其增加了 1 000 元,记入"其他业务收入"账户的贷方。因此,会计分录如下:

借:库存现金　　　　　　　　　　　　　　　1 000
　　贷:其他业务收入　　　　　　　　　　　　　　　1 000

同时结转已出售的材料成本。这批材料的账面成本是 1 500 元。

【分析】废弃的材料被处理掉,使材料减少了 1 500 元,应记入"原材料"账户的贷方;同时,将减少的材料确认为一项成本。根据配比原则,应确认为其他业务成本,因其增加了 1 500 元,应记入"其他业务成本"账户的借方。因此,会计分录如下:

借:其他业务成本　　　　　　　　　　　　　　1 500
　　贷:原材料　　　　　　　　　　　　　　　　　　1 500

### 例 8-35

公司将一处闲置的厂房出租给了奇瑞公司,取得租金 22 000 元。款项已转入银行。

【分析】这项业务使银行存款增加了 22 000 元,记入"银行存款"账户的借方;同时,这笔收入属于其他业务收入,因其增加了 22 000 元,应记入"其他业务收入"账户的贷方。因此,会计分录如下:

借:银行存款　　　　　　　　　　　　　　　22 000
　　贷:其他业务收入　　　　　　　　　　　　　　　22 000

### 例 8-36

承接例 8-35,计提厂房折旧。该厂房这个月的折旧金额为 5 100 元。

【分析】这项业务使折旧金额增加了 5 100 元,记入"累计折旧"账户的贷方;同时这笔折旧费用应确认为一项成本。根据配比原则,应确认为其他业务成本,因其增加了 5 100 元,应记入"其他业务成本"账户的借方。因此,会计分录如下:

借:其他业务成本　　　　　　　　　　　　　　5 100
　　贷:累计折旧　　　　　　　　　　　　　　　　　5 100

#### 3. 销售费用的核算

销售费用是指企业为销售商品而发生的各项费用,包括销售商品的广告费、展览费、运输费、装卸费和专设销售机构的职工薪酬、业务费、折旧费等。

### 例 8-37

公司用银行存款支付了 9 000 元的产品广告费。

【分析】这项业务使银行存款减少了 9 000 元,记入"银行存款"账户的贷方;同时,产品的广告费属于销售费用,因其增加了 9 000 元,应记入"销售费用"账户的借方。因此,会计分录如下:

借:销售费用　　　　　　　　　　　　　　　9 000
　　贷:银行存款　　　　　　　　　　　　　　　　　9 000

例 8-38

公司销售经理报销了一笔 3 000 元的差旅费。出纳人员已用现金支付。

【分析】这项业务导致现金减少了 3 000 元,记入"库存现金"账户的贷方;同时,差旅费属于销售费用,因其增加了 3 000 元,应记入"销售费用"账户的借方。因此,会计分录如下:

借:销售费用　　　　　　　　　　　　　　　　3 000
　　贷:库存现金　　　　　　　　　　　　　　　　　　3 000

## 8.5　利润形成与分配的核算

### 8.5.1　利润概述

利润是企业一定会计期间的经营成果。

利润的形成过程如下。

(1)营业毛利=营业收入-营业成本=(主营业务收入+其他业务收入)-(主营业务成本+其他业务成本)。

(2)营业利润=营业毛利-税金及附加-期间费用+投资收益-资产减值损失+公允价值变动损益。

(3)利润总额=营业利润+营业外收入-营业外支出。

(4)净利润=利润总额-所得税费用。

### 8.5.2　营业利润

营业收入和营业成本已在前文介绍过,在此略过。这里介绍其他几个常见账户及其例子。相关例子假定不考虑相关税费。

#### 1. "投资收益"账户

"投资收益"(investment gain)账户用来核算企业对外投资而获得的相关收益或损失,如因投资收到的分红、股息,或者转让投资带来的所得。该账户是双重性质的账户,贷方反映投资收益,借方反映投资损失。

例 8-39

公司以每股 18 元的价格卖了一个月前买进的天河公司的股票 1 000 股,当时买进的价格是 12 元/股。

【分析】这是一项出售交易性金融资产的业务。这项业务使银行存款增加了 18 000 元;同时,交易性金融资产减少了 12 000 元。差额 6 000 元构成投资收益。因此,会计分录如下:

借:银行存款　　　　　　　　　　　　　　　　18 000
　　贷:交易性金融资产　　　　　　　　　　　　　　12 000
　　　　投资收益　　　　　　　　　　　　　　　　　　6 000

假定以 9 元/股卖出,则投资损失 3 000 元,记入"投资收益"账户的借方。会计分录如下:

| 借：银行存款 | 9 000 | |
| --- | --- | --- |
| 　　投资收益 | 3 000 | |
| 　贷：交易性金融资产 | | 12 000 |

### 2. 期间费用账户

期间费用是企业经营过程中发生的不能归属于某个产品的生产成本，应直接计入当期损益的各种费用，包括财务费用、销售费用和管理费用。

（1）财务费用是指为筹集资金而发生的各项支出，如借款利息、借款手续费等。相关内容在"筹资业务的核算"部分已详细介绍，不再赘述。

（2）销售费用是指为销售商品而发生的各项费用，包括保险费、包装费、展览费、广告费、销售网点或销售机构的职工薪酬、业务费、折旧费等。相关内容已在"销售业务的核算"部分详细介绍，不再赘述。

（3）管理费用（administration expense）是指企业行政管理部门为组织和管理企业生产经营活动而发生的各种费用，包括办公费、差旅费、行政管理人员的职工薪酬、中介费、诉讼费、业务招待费、咨询费、筹建期间发生的开办费等。"管理费用"账户属于费用类账户，用来核算管理费用的发生和结转。该账户借方登记已发生的各项管理费用，贷方登记期末转入"本年利润"账户的管理费用。期末结转后，该账户无余额。该账户可按费用项目进行明细核算，如办公用品费、差旅费、诉讼费、折旧费等。

#### 例 8-40

公司行政部门本月购置了一批办公用品，金额为 2 000 元。款项已通过网银付讫。

【分析】这项经济业务使银行存款减少了 2 000 元，同时这笔办公用品支出形成收益性支出，属于期间费用，记入"管理费用"账户的借方。因此，会计分录如下：

| 借：管理费用 | 2 000 | |
| --- | --- | --- |
| 　贷：银行存款 | | 2 000 |

#### 例 8-41

公司总经理出差回来，报销了一笔 5 000 元的差旅费。款项已通过网银付讫。

【分析】这项差旅费使银行存款减少了 5 000 元。这笔支出形成收益性支出，属于期间费用，记入"管理费用"账户的借方。因此，会计分录如下：

| 借：管理费用 | 5 000 | |
| --- | --- | --- |
| 　贷：银行存款 | | 5 000 |

### 3. "税金及附加"账户

该账户属于费用类账户，用来核算企业应承担的消费税、城市维护建设税、资源税、教育费附加及房产税、土地使用税、车船税、印花税等相关税费。该账户借方登记发生的各项税费，贷方登记期末转入"本年利润"账户的税费。期末结转后，该账户无余额。

#### 例 8-42

假定公司月末计算出本月需要缴纳的税金及附加共 1 200 元，其中，城市维护建设税 700 元，教育费附加 300 元，地方教育附加 200 元。

【分析】需要上缴的税金构成企业的一项费用支出，记入"税金及附加"账户的借方；由于这笔税金还没有实际缴纳，故形成一项负债，记入"应交税费"账户的贷方。因此，会计分录如下：

借：税金及附加　　　　　　　　　　　　　　　1 200
　　贷：应交税费——应交城市维护建设税　　　　　　　700
　　　　　　　　——应交教育费附加　　　　　　　　　300
　　　　　　　　——应交地方教育附加　　　　　　　　200

### 8.5.3 营业外收支

#### 1."营业外收入"账户

该账户属于收入类账户，用来核算非日常活动产生的利得，如接受捐赠收入、政府补助、罚没收入等。该账户贷方登记增加额（取得的营业外收入），借方登记转入"本年利润"账户的营业外收入本期发生总额。期末结转后，该账户无余额。

#### 2."营业外支出"账户

该账户属于损益类账户，用来核算非日常活动产生的损失，如捐赠支出、资产处置损失、罚款支出等。该账户借方登记发生的营业外支出，贷方登记转入"本年利润"账户的营业外支出本期发生总额。期末结转后，该账户无余额。

**例 8-43**

公司收到政府补助款 65 000 元，已存入银行。

【分析】这项业务使公司的银行存款增加了 65 000 元，记入"银行存款"账户的借方；同时，这项收入与公司日常经营活动无关，应记入"营业外收入"账户的贷方。因此，会计分录如下：

借：银行存款　　　　　　　　　　　　　　　65 000
　　贷：营业外收入　　　　　　　　　　　　　　　65 000

**例 8-44**

公司向某高校捐赠 10 000 元奖学金。捐款通过网银付讫。

【分析】这项捐赠业务使公司的银行存款减少了 10 000 元，同时这项捐赠业务与公司日常经营活动无关，应记入"营业外支出"账户的借方。因此，会计分录如下：

借：营业外支出　　　　　　　　　　　　　　　10 000
　　贷：银行存款　　　　　　　　　　　　　　　　10 000

### 8.5.4 利润总额

影响利润的收入和费用记录在不同的账户里，因此需将分散于不同账户的收入和费用的结存余额转入"本年利润"账户，计算出本期利润。企业计算利润时，具体操作如下。

（1）将所有收入类账户（如"主营业务收入""其他业务收入""营业外收入""投资收益"等账户）的贷方发生额合计数全部转入"本年利润"账户的贷方，借记收入类账户。结转后收入类账户无余额。其会计分录如下：

借：收入类账户
　　　　贷：本年利润

（2）将所有费用类账户（如"主营业务成本""其他业务成本""税金及附加""管理费用""销售费用""财务费用""营业外支出"等账户）的借方发生额合计数全部转入"本年利润"账户的借方，贷记费用类账户。结转后费用类账户无余额。其会计分录如下：

　　借：本年利润
　　　　贷：费用类账户

（3）收入转进来增加本年利润，贷记"本年利润"账户；费用转进来减少本年利润，借记"本年利润"账户。借贷相抵后的本年利润的余额就是利润总额。

在年度中间，该账户的余额保留在本账户，不予结转，表示截至本期本年累计实现的净利润或净亏损属于所有者权益。年度终了，将该账户余额转入"利润分配"账户，结转后，该账户无余额。

### 例 8-45

结转公司所有收入类账户。其中，"主营业务收入"账户的贷方发生额 142 000 元，"其他业务收入"账户的贷方发生额 23 000 元，"营业外收入"账户的贷方发生额 65 000 元，"投资收益"账户的借方发生额 6 000 元，全部结转至"本年利润"账户的贷方。

　　借：主营业务收入　　　　　　　　　　　　142 000
　　　　其他业务收入　　　　　　　　　　　　 23 000
　　　　营业外收入　　　　　　　　　　　　　 65 000
　　　　投资收益　　　　　　　　　　　　　　　6 000
　　　　贷：本年利润　　　　　　　　　　　　　　　　　236 000

### 例 8-46

结转公司所有费用类账户。其中，"主营业务成本"账户的借方发生额 62 000 元，"其他业务成本"账户的借方发生额 6 600 元，"税金及附加"账户的借方发生额 1 200 元，"管理费用"账户的借方发生额 43 200 元，"销售费用"账户的借方发生额 43 000 元，"财务费用"账户的借方发生额 15 000 元，"营业外支出"账户的借方发生额 10 000 元，全部结转至"本年利润"账户的借方。

　　借：本年利润　　　　　　　　　　　　　　181 000
　　　　贷：主营业务成本　　　　　　　　　　　　　　 62 000
　　　　　　其他业务成本　　　　　　　　　　　　　　　6 600
　　　　　　税金及附加　　　　　　　　　　　　　　　　1 200
　　　　　　管理费用　　　　　　　　　　　　　　　　 43 200
　　　　　　销售费用　　　　　　　　　　　　　　　　 43 000
　　　　　　财务费用　　　　　　　　　　　　　　　　 15 000
　　　　　　营业外支出　　　　　　　　　　　　　　　 10 000

## 8.5.5　所得税费用

"所得税费用"（income tax expense）账户用来核算企业应承担的按照税法规定计算出

来的应纳企业所得税费用的发生额和结转额。该账户属于费用类账户,借方登记应纳企业所得税费用,对应账户为"应交税费——应交所得税"。"所得税费用"账户的贷方登记期末转入"本年利润"账户的所得税费用,期末结转后账户无余额。

计提所得税费用时,其计算公式如下:

$$\text{所得税费用}=\text{应纳税所得额}\times\text{适用的企业所得税税率}$$

应纳税所得额一般是在利润总额的基础上,根据税法的规定进行一定的调整得到的。简单起见,假定不存在纳税调整项目,则应纳税所得额等于利润总额。一般企业适用的企业所得税税率为25%,于是,所得税费用=利润总额×25%。会计分录如下:

借:所得税费用
　　贷:应交税费——应交所得税

期末应将所得税费用转入"本年利润"账户,会计分录如下:

借:本年利润
　　贷:所得税费用

结转后,该账户无余额。此时"本年利润"账户的余额就是企业实现的净利润。

## 例 8-47

所得税费用的计提、缴纳、结转。

承接例 8-45 和例 8-46,公司计算出本期应纳税所得额为 55 000 元,适用的企业所得税税率为25%。

【分析】

(1)计提所得税费用。假设不存在纳税调整项目,则:

应纳税所得额= 236 000 - 181 000 = 55 000(元)。

所得税费用=应纳税所得额×适用的企业所得税税率= 55 000×25% = 13 750(元)。

这项业务使所得税费用增加了 13 750 元,记入"所得税费用"账户的借方;同时应交所得税增加了 13 750 元,记入"应交税费——应交所得税"账户的贷方。因此,会计分录如下:

借:所得税费用　　　　　　　　　　　　　　　13 750
　　贷:应交税费——应交所得税　　　　　　　　　　　13 750

(2)实际缴纳税款。实缴税款后,应交税费减少了 13 750 元,记入"应交税费"账户的借方;同时银行存款减少了 13 750 元,记入"银行存款"账户的贷方。因此,会计分录如下:

借:应交税费——应交所得税　　　　　　　　　13 750
　　贷:银行存款　　　　　　　　　　　　　　　　　13 750

(3)所得税费用的结转。将所得税费用转入本年利润,一方面,所得税费用减少了 13 750 元,记入"所得税费用"账户的贷方,所得税费用账户清零;另一方面,当将费用转入本年利润时,本年利润减少,故记入"本年利润"账户的借方。因此,会计分录如下:

借:本年利润　　　　　　　　　　　　　　　　13 750
　　贷:所得税费用　　　　　　　　　　　　　　　　13 750

此时的"本年利润"账户余额为贷方 41 250 元,表示企业实现的净利润为 41 250 元。

### 8.5.6 净利润

在结转所得税费用后,如果"本年利润"账户的贷方发生额合计数大于其借方发生额合计数,则余额在贷方,表示净盈利;反之,余额在借方,表示净亏损。不管是净盈利还是净亏损,年度终了都要把"本年利润"账户清零,即把"本年利润"账户的余额转出,转入"利润分配"账户。结转后,"本年利润"账户余额为0。

从"本年利润"账户转出的金额就是企业实现的净利润(net profit)。此时的净利润属于可供股东自主支配(或分配)的利润,被称为"利润分配"账户,明细账为"未分配利润"。"利润分配——未分配利润"账户用来核算企业利润的分配和结余情况,属于所有者权益类账户。

**例 8-48**

公司结转实现的净利润 41 250 元。

【分析】这是一项内部账务结转事项。一方面清零"本年利润"账户,另一方面公司实现的净利润即未分配利润增加 41 250 元,记入"利润分配——未分配利润"账户的贷方。因此,会计分录如下:

借:本年利润　　　　　　　　　　　　　　41 250
　　贷:利润分配——未分配利润　　　　　　　　　41 250

假定本年利润为 2 000 元,且余额在借方,则表示净亏损。结转净利润时,一方面,清零该账户,记入"本年利润"账户的贷方;另一方面,转入"利润分配——未分配利润"账户的借方。因此,会计分录如下:

借:利润分配——未分配利润　　　　　　　2 000
　　贷:本年利润　　　　　　　　　　　　　　　　2 000

### 8.5.7 利润分配

本年可供分配的利润包括本年实现的净利润和年初未分配利润。企业需对此部分利润进行利润分配(profit appropriation)。

#### 1. 利润分配的程序

以前年度不存在亏损的情况下,企业实现的净利润一般按以下顺序分配:①按法律规定提取法定盈余公积;②按股东大会决议提取任意盈余公积;③向投资者分配利润。经过上述分配后,剩余的净利润为本年的未分配利润,企业留存到以后年度进行分配。

#### 2. 利润分配的核算

首先,"利润分配"账户按照分配事项进行明细核算。其次,分配利润时,不是直接冲减未分配利润,而是先记入"利润分配"账户的各分配事项明细账,再用各分配事项明细账冲减"未分配利润"明细账。最后只剩下"未分配利润"这个明细账。

(1)提取盈余公积。提取法定盈余公积时,借记"利润分配——提取法定盈余公积"账户,贷记"盈余公积——法定盈余公积"账户;提取任意盈余公积时,借记"利润分配——提取任意盈余公积"账户,贷记"盈余公积——任意盈余公积"账户。

## 例8-49

承接例8-48,公司将实现的净利润按10%提取法定盈余公积,按5%提取任意盈余公积。

【分析】提取法定盈余公积时,使盈余公积增加了4 125元,记入"盈余公积"账户的贷方;同时使可供分配利润减少了,但不直接冲减未分配利润,而是记入"利润分配——提取法定盈余公积"账户的借方。同理,提取任意盈余公积。因此,会计分录如下:

借:利润分配——提取法定盈余公积　　　　4 125
　　　　　——提取任意盈余公积　　　　2 062.5
　贷:盈余公积——法定盈余公积　　　　　　　　4 125
　　　　　——任意盈余公积　　　　　　　　　　2 062.5

(2)向投资者分配利润。企业需要设置"应付利润"(或应付股利)账户,根据股东大会审议批准的利润分配方案,按应支付的现金利润,借记"利润分配——应付利润"账户,贷记"应付利润"账户。

## 例8-50

公司经股东会议决议,决定向股东支付现金红利20 000元。

【分析】决议通过时,公司要向股东支付现金红利,使未分配利润减少了20 000元,记入"利润分配——应付利润"账户的借方;鉴于利润并未实际支付,应付未付利润增加了20 000元,记入"应付利润"账户的贷方。因此,会计分录如下:

借:利润分配——应付利润　　　　　　　20 000
　贷:应付利润　　　　　　　　　　　　　　　　20 000

实际支付后:

借:应付利润　　　　　　　　　　　　　20 000
　贷:银行存款(或库存现金)　　　　　　　　　20 000

(3)未分配利润的结转。将"利润分配"账户的各分配事项明细账从"未分配利润"这个明细账中冲销,最后只剩"未分配利润"一个明细账。

## 例8-51

结平"利润分配"账户下的各分配事项明细账(其中,法定盈余公积4 125元,任意盈余公积2 062.5元,应付利润20 000元),将这些明细账从"未分配利润"明细账中冲销。

【分析】"利润分配"账户下的各分配事项明细账发生额登记在借方,要结平这些明细账,应按明细账的相反方向进行对冲,即将原借方金额转入贷方,贷记"利润分配——法定盈余公积""利润分配——任意盈余公积""利润分配——应付利润"账户;同时,公司的未分配利润减少了26 187.5元,记入"利润分配——未分配利润"账户的借方。因此,会计分录如下:

借:利润分配——未分配利润　　　　　26 187.5
　贷:利润分配——法定盈余公积　　　　　　　4 125
　　　　　——任意盈余公积　　　　　　　　　2 062.5
　　　　　——应付利润　　　　　　　　　　　20 000

最后剩下的是"未分配利润"明细账余额。如果余额在贷方,表示累计未分配的盈利;如果余额在借方,表示累计未弥补的亏损。

假定本案例期初未分配利润为 0 元，则"未分配利润"账户余额在贷方，为 15 062.5（41 250 － 26 187.5）元，表示累计未分配盈利 15 062.5 元，归属所有者权益。

## 关键术语

制造业企业（manufacturing enterprise）
权益性筹资（equity financing）
债务性筹资（debt financing）
实收资本（paid-in capital）
注册资本（registered capital）
资本公积（capital reserve）
本金（principal）
利息（interest）
短期借款（short-term borrowing）
长期借款（long-term borrowing）
财务费用（financial expense）    应付利息（interest payable）
应付债券（bonds payable）    原材料（raw material）
增值税（value added tax，VAT）
应付账款（accounts payable）
应付票据（notes payable）
预付账款（prepayment）
固定资产（fixed asset）
在建工程（construction-in-progress）
累计折旧（accumulated depreciation）
固定资产清理（disposal of fixed assets）
生产成本（production cost）
制造费用（manufacturing overhead）
应付职工薪酬（employee benefits payable）
库存商品（commodity stock）
主营业务收入（prime operating revenue）
主营业务成本（prime operating cost）
应收账款（accounts receivable）
应收票据（notes receivable）
预收账款（receipt in advance）
销售费用（selling expense）
投资收益（investment gain）
管理费用（administration expense）
所得税费用（income tax expense）
净利润（net profit）
利润分配（profit appropriation）

第 8 章即测即评

## 思考题

1. 股权融资和债权融资的优缺点分别是什么？
2. 有人说负债经营是一把"双刃剑"，你如何理解？
3. 投资者只能以货币方式出资吗？还可以有哪些出资方式？
4. 企业发行债券容易吗？为什么？
5. 增值税专用发票上注明的进项税额是否计入购入资产的成本？为什么？
6. 材料采购成本包括哪些内容？
7. 固定资产的成本包括哪些内容？
8. 如何区分营业收入和营业外收入？
9. 影响利润的因素有哪些？

## 职业能力训练

### 一、单选题

1. 下列筹资方式属于权益性筹资的是（　　）。
   A. 发行股票　　　B. 发行债券　　　C. 短期借款　　　D. 长期借款
2. "实收资本"账户属于（　　）账户。
   A. 资产类　　　　B. 负债类　　　　C. 成本类　　　　D. 所有者权益类
3. 资本公积的主要用途是（　　）。
   A. 弥补亏损　　　B. 转增资本　　　C. 分配股利　　　D. 归还投资
4. 企业用资本公积转增资本时，会引起所有者权益（　　）。
   A. 减少　　　　　B. 增加　　　　　C. 不变　　　　　D. 不一定
5. 计提短期借款利息时应借记（　　）账户。
   A. "管理费用"　　B. "财务费用"　　C. "应付利息"　　D. "在建工程"
6. 建造工程所需的长期借款，在工程完工达到预定可使用状态之前发生的利息支出应借记（　　）账户。
   A. "财务费用"　　B. "在建工程"　　C. "长期借款"　　D. "应付利息"
7. 下列各项中，属于其他业务收入的是（　　）。
   A. 利息收入　　　　　　　　　　　B. 投资收益
   C. 清理固定资产净收益　　　　　　D. 出售材料收入
8. 下列人员的工资中，通过"管理费用"账户核算的是（　　）。
   A. 生产车间工人工资　　　　　　　B. 车间管理人员工资
   C. 企业管理人员工资　　　　　　　D. 销售部门职工工资
9. 将已完工的产品转入（　　）账户。
   A. "生产成本"　　　　　　　　　　B. "库存商品"
   C. "主营业务成本"　　　　　　　　D. "制造费用"

10. 结转已售产品成本时，借记"主营业务成本"账户，贷记（　　）账户。
   A."库存商品"　　　　　　　　B."原材料"
   C."生产成本"　　　　　　　　D."制造费用"

## 二、多选题

1. 企业的主要经济业务包括（　　）。
   A.筹资业务　　B.采购业务　　C.生产业务　　D.销售业务
2. 下列活动中，属于债务性筹资的有（　　）。
   A.股东出资　　B.短期借款　　C.发行债券　　D.股权转让
3. 到期一次性还本付息的长期借款，计提的利息可能涉及的账户有（　　）。
   A."财务费用"　B."在建工程"　C."长期借款"　D."应计利息"
4. 以下应在"税金及附加"账户核算的有（　　）。
   A.增值税　　　B.教育费附加　C.消费税　　　D.城市维护建设税
5. 企业的期间费用包括（　　）。
   A.管理费用　　B.制造费用　　C.销售费用　　D.财务费用
6. 下列费用中，应计入外购材料采购成本的有（　　）。
   A. 买价
   B. 运输费
   C. 装卸费
   D. 一般纳税人支付的增值税专用发票上注明的进项税额

## 三、实训题

练习1

目的：练习权益性筹资的核算。

资料：雅洁新能源公司新设成立，具体业务如下。

1. 股东小李以发明专利出资，专利评估价100万元。
2. 收到国家科技园区的一栋厂房（入股出资），厂房估价150万元。
3. 收到奇点公司的投资款200万元，款项已存入银行。
4. 收到股东李浩天的投资款50万元，款项已存入银行。

要求：编制上述业务的会计分录。

练习 2

目的：练习债务性筹资的核算。

资料：强能公司本月发生的部分业务如下。

1. 向工商银行借入 100 万元，年利率 4%，期限 6 个月，利息按月支付。

2. 向华夏银行借入 20 万元，年利率 6%，期限 1 年，利息按季度支付。

3. 向农商银行借入 300 万元，用于新产品的生产线建设，年利率 8%，期限 3 年，期满后一次还本付息。新产品生产线第二年才能完工，计提长期借款的利息。

要求：

（1）计算每笔业务每个月应承担的利息费用。

（2）编制上述业务的会计分录。

练习 3

目的:练习原材料的核算。

资料:大地公司本月发生的部分业务如下。

1. 从大华公司购入甲材料 2 000 千克,取得的增值税专用发票上注明价款 10 万元,增值税税额 1.3 万元,约定货款 2 个月后支付。

2. 从大美公司购入乙材料 50 千克,取得的增值税专用发票上注明价款 8 万元,增值税税额 1.04 万元,款项已支付。

3. 从神州公司购入丙材料 150 千克,取得的增值税专用发票上注明价款 7 万元,增值税税额 0.91 万元,公司开出一张转账支票。

4. 用银行存款支付了上述乙、丙两种材料的运输费 2 000 元,并按材料的重量分配运费。

5. 向蓝天公司预付了 3 万元采购丁材料。

6. 300 千克的丁材料到货入库,取得的增值税专用发票上注明价款 3 万元,增值税税额 0.39 万元,差额已用银行存款支付。

7. 将上述材料验收入库。

要求:

根据上述业务编制会计分录。

练习 4

目的：练习固定资产的入账业务核算。

资料：乐华公司本月发生的部分业务如下。

1. 从大秦公司购入一台不需要安装的设备 A，取得增值税专用发票，设备价值 10 万元，增值税税额 1.3 万元，款项 3 个月后支付。

2. 从国外进口设备 B，价值 100 万元，进口增值税税额 13 万元，关税 5 万元，运费 1 万元，款项已全部支付。

3. 从开源公司购入一台需要安装的设备 C，取得增值税专用发票，设备价值 20 万元，增值税税额 2.6 万元，款项 3 个月后支付。

4. 安装设备 C 耗用了一批价值 1 000 元的材料，另外用银行存款支付了 1 万元的安装费。

5. 设备 C 已达到可使用状态。

要求：

（1）计算设备 A 的入账价值。

（2）计算设备 B 的入账价值。

（3）计算设备 C 的入账价值。

（4）编制上述业务的会计分录。

练习 5

目的：练习固定资产的使用与清理业务的核算。

资料：花果山公司本月发生的部分业务如下。

1. 上月购入一台设备，入账价值 3.08 万元，预计使用 4 年，预计净残值 0.2 万元，按照直线法摊销。

2. 计提本月固定资产的折旧 2.7 万元。其中，生产车间的机器设备折旧 2 万元，行政部门的设备折旧 0.5 万元，销售部门的固定资产折旧 0.2 万元。

3. 本月清理了一台已使用了 5 年的设备。该设备购置成本 8 万元，已提折旧 6.5 万元。现以 0.8 万元卖给了天天利公司，款项已收到。假定不考虑其他税费。

要求：

（1）根据资料 1 计算该设备的月折旧额。

（2）根据资料 2 编制会计分录。

（3）根据资料 3 编制会计分录。

练习 6

目的：练习生产业务的核算。

资料：山城公司 202×年 6 月份的生产业务如下。

1. 仓库领用材料汇总情况如表 8-8 所示。

表 8-8　6 月领用材料汇总表

## 领用材料汇总表

数量单位：千克
金额单位：元

| 用途 | 甲材料 | | | 乙材料 | | | 丙材料 | | | 金额合计 |
|---|---|---|---|---|---|---|---|---|---|---|
| | 数量 | 单价 | 金额 | 数量 | 单价 | 金额 | 数量 | 单价 | 金额 | |
| 制造 A 产品耗用 | 100 | 40 | 4 000 | | | | 200 | 6.5 | 1 300 | 5 300 |
| 制造 B 产品耗用 | | | | 500 | 30 | 15 000 | 300 | 6.5 | 1 950 | 16 950 |
| 生产车间一般耗用 | | | | 60 | 30 | 1 800 | | | | 1 800 |
| 行政管理部门耗用 | 20 | 40 | 800 | | | | 30 | 6.5 | 195 | 995 |
| 合计 | 120 | | 4 800 | 560 | | 16 800 | 530 | | 3 445 | 25 045 |

2. 用现金支付了机器维修费 850 元。

3. 用银行存款购买了 450 元的车间办公用品。

4. 分配本月生产车间人员的工资。其中，生产 A 产品的工人工资 21 000 元，生产 B 产品的工人工资 25 000 元，车间管理人员工资 8 000 元。

5. 用银行存款 54 000 元发放上述工资。

6. 计提本月生产车间的固定资产折旧 24 000 元。

7. 用银行存款支付车间的水电费 1 700 元。

8. 按照生产工人的薪酬分配制造费用。

9. 假定月初和月末均无在产品，本月生产的 2 000 件 A 产品和 1 000 件 B 产品全部完工入库。请结转入库成本。

要求：编制上述业务的会计分录。

练习 7

目的：练习销售业务的核算。

资料：某公司 11 月份发生的部分业务如下。销售货物适用 13% 的增值税税率。单价均为不含税价格。假定除销售业务外，其他业务均不考虑增值税。

1. 2 日，销售给京华公司甲产品 100 件，单价 150 元。款项已通过银行收回。同时结转已售产品成本，出售的甲产品的单位成本为 104 元。

2. 4 日，销售给京池公司乙产品 80 件，单价 100 元，收到为期 3 个月不带息的银行承兑汇票一张。同时结转已售产品成本，出售的乙产品的单位成本为 78 元。

3. 8 日，销售给南方公司丙产品 2 000 件，单价 150 元。用银行存款代垫了运杂费 200 元。款项尚未收到。同时结转已售产品成本，出售的丙产品的单位成本为 108 元。

4. 10 日，公司与秒懂公司签订了一笔合同，收取定金 15 000 元。

5. 12 日，公司持有的江达公司的 145 000 元汇票到期，通过银行收回了全部金额。

6. 12 日，接到银行通知，收到了南方公司前欠货款 339 200 元。

7. 15 日，出租一项闲置设备，取得当月租金收入 30 000 元，款项已通过银行取得。

8. 18 日，销售一批废料，50 千克，取得现金 800 元。这批废料的成本为 500 元。

9. 20 日，用银行存款支付产品广告费 3 000 元。

10. 25 日，用银行存款支付销售网点的办公费 6 000 元。

11. 30 日，计提销售机构人员的工资 120 000 元。

要求：根据上述业务编制会计分录。

练习8

目的：练习综合业务的核算。

资料：长乐公司发生下列经济业务。假定除购销业务外，其他业务均不考虑增值税。

1. 收到投资者（宝来公司）投入资本 80 000 元，存入银行。

2. 向泰美公司购买甲材料 6 000 千克，每千克不含税价 50 元；购买乙材料 4 000 千克，每千克不含税价 35 元，增值税税率 13%，款项用银行存款支付。

3. 以银行存款支付购买甲、乙材料的运输费 1 500 元，以现金支付购买甲、乙材料的装卸费 500 元；运输费、装卸费按照甲、乙材料的重量分配。

4. 向欣林公司购买一台不需安装的电子设备，取得的增值税专用发票上注明价款 131 384 元，增值税税额 17 080 元。款项以商业承兑汇票结算。

5. 上述购买的甲、乙材料验收入库，按材料的实际成本入账。

6. 客户新盛公司归还前欠货款 50 000 元，款项存入银行。

7. 以银行存款支付应缴的消费税 2 500 元。

8. 以银行存款向"希望工程"捐赠 50 000 元。

9. 以现金支付企业行政管理部门的办公经费 200 元。

10. 从工商银行取得为期 3 个月的短期借款 60 000 元，年利率 6%，已存入银行。

11. 取得罚款收入 1 000 元，已存入银行。

12. 企业签发的商业承兑汇票到期，以银行存款向欣欣公司支付票据款 35 100 元。

13. 以现金支付企业销售部门的办公经费 300 元。

14. 以银行存款支付本月的水电费 1 300 元。其中，生产车间的水电费为 900 元，企业管理部门的水电费为 400 元。

15. 企业行政管理部门的职工刘东出差回来，报销差旅费 1 200 元，不足部分财务部门以现金支付。刘东出差前向公司借款 1 000 元。

16. 以银行存款支付本月发生的销售广告费 25 500 元。

17. 计提本月固定资产折旧费 6 700 元。其中，生产车间的固定资产折旧 4 900 元，企业行政管理部门的固定资产折旧 1 800 元。

18. 确认本月应付的短期借款利息 300 元。

19. 以银行存款支付本月的电话费 1 300 元。

20. 结算本月应付职工工资 143 000 元。其中，生产 A 产品工人工资 80 000 元，生产 B 产品工人工资 50 000 元，车间管理人员工资 6 000 元，企业管理人员工资 7 000 元。

21. 从银行提取现金 143 000 元，以备发放工资。

22. 发放本月职工工资。

23. 出售多余的甲材料 200 千克，每千克不含税售价 60 元，增值税税率 13%，款项已收到并存入银行。

24. 结转上述出售材料的实际成本 10 000 元。

25. 汇总本月使用材料的情况。具体领用情况如表 8-9 所示。

表 8-9　本月领用材料汇总表

## 领用材料汇总表

数量单位：千克
金额单位：元

| 用途 | 甲材料 | | | 乙材料 | | | 丙材料 | | | 金额合计 |
|---|---|---|---|---|---|---|---|---|---|---|
| | 数量 | 单价 | 金额 | 数量 | 单价 | 金额 | 数量 | 单价 | 金额 | |
| 制造 A 产品耗用 | 200 | 50 | 10 000 | 440 | 25 | 11 000 | 700 | 40 | 28 000 | 49 000 |
| 制造 B 产品耗用 | 240 | 50 | 12 000 | 200 | 25 | 5 000 | | | | 17 000 |
| 生产车间一般耗用 | 120 | 50 | 6 000 | 160 | 25 | 4 000 | 40 | 40 | 1 600 | 11 600 |
| 合计 | 560 | | 28 000 | 800 | | 20 000 | 740 | | 29 600 | 77 600 |

26. 将制造费用按生产工人工资比例摊入 A、B 产品成本。

27. 本月完工验收入库的 A 产品 280 件和 B 产品 250 件，金额分别是 98 000 元和 70 000 元。

28. 本月出售 A 产品 600 件，每件不含税售价 600 元；出售 B 产品 400 件，每件不含税售价 500 元，增值税税率 13%，款项已存入银行。

29. 结转上述出售的 A、B 产品成本，A 产品每件成本 350 元，B 产品每件成本 300 元。

30. 计提本月应缴的城市维护建设税 3 500 元，教育费附加 1 500 元。

31. 将各损益类账户余额转入"本年利润"账户，结转出利润总额。

32. 按利润总额的 25% 计算应缴的企业所得税（假定没有其他纳税调整项目）。

33. 将所得税费用转入"本年利润"账户。

34. 将全年实现的净利润自"本年利润"账户转入"利润分配"账户。

35. 按税后利润的 10% 计算应提取的盈余公积。

36. 按税后利润的 10% 计算应付给投资者的利润。

37. 结转利润分配各明细账户。

要求：根据上述资料编制会计分录。

# 第 9 章

# 财产清查

## 学习目标

1. 了解：财产清查的意义与种类
2. 理解：财产清查的方法
3. 掌握：主要财产清查结果的账务处理

## 内容导图

财产清查是会计核算方法之一。为保证账实一致，提高会计信息的真实性和准确性，企业需要定期和不定期开展财产清查。

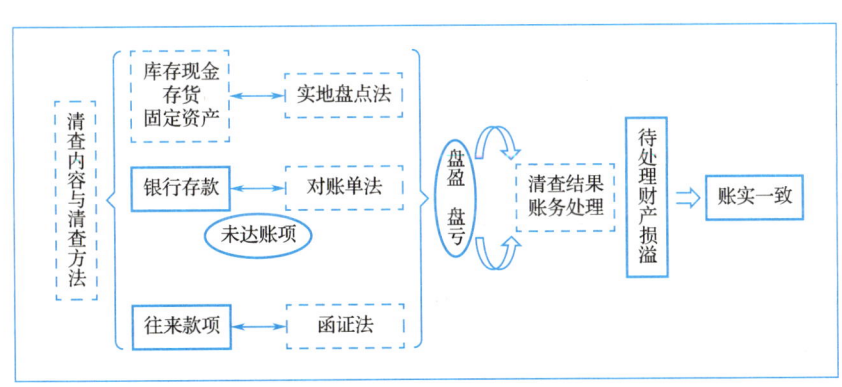

据实记录、如实反映是应有的职业道德，应采用科学合理的盘点方法，本着认真负责的态度切实履行职责，做到账实相符，保证会计信息真实可靠。

### 獐子岛扇贝 6 年逃 4 次？！证监会出动北斗找扇贝！[1]

獐子岛扇贝逃跑是 A 股名梗。獐子岛扇贝曾 6 年 4 次离奇失踪。

獐子岛公司成立于 1992 年 9 月，于 2006 年在深交所上市，主营业务包括水产养殖、水产加工、水产贸易等。2014 年，獐子岛发生了"冷水团"事件，导致 100 多万亩（1 亩 ≈ 666.67 平方米）虾夷扇贝绝收，前三季度业绩由预计盈利转为亏损 8 亿元。2017 年，"部分海域的底播虾夷扇贝存货异常"，导致全年业绩由预计盈利转为亏损 7.23 亿元。

2019 年，獐子岛公司董事长吴厚刚表示因海水温度变化等原因，扇贝再次大量损失，6 年 4 次扇贝大逃亡使獐子岛这家上市公司一再引发外界对其的关注。早在 2018 年，中国证监会就已正式启动对獐子岛公司的调查。

獐子岛公司的"扇贝跑路和死亡"事件为何一再发生？调查人员又是如何认定獐子岛公司的违法违规行为的呢？

问题一：肆意操纵财务报表，寅吃卯粮

2016 年，獐子岛公司已经连续两年亏损，当年能否盈利直接关系到公司是否会"暂停上市"。为了达到盈利目的，獐子岛公司利用了底播养殖产品的成本与捕捞面积直接挂钩的特点，在捕捞记录中刻意少报采捕面积，通过虚减成本的方式来虚增 2016 年的利润。

调查发现，獐子岛公司的捕捞面积由公司负责捕捞的人员按月提供给财会人员，整个过程无逐日客观记录可参考，财会人员也没有有效手段核验，公司内控严重缺失。随意上报的捕捞面积，无法核查检验的数据，是獐子岛公司造假的基本操作。实际上，公司采捕船去过哪些海域，停留了多长时间，早已被数十颗北斗卫星组成的"天网"记录了下来。

调查人员正是利用客观的卫星定位数据，还原出獐子岛公司采捕船实际捕捞轨迹图的。

根据卫星定位数据还原的獐子岛公司采捕船的行驶轨迹可以看出，该公司提供的数据明显存在出入，说明獐子岛公司并没有如实记录采捕海域的面积。

调查人员聘请了两家专业的第三方机构，分别对卫星定位数据进行作业状态分析，对捕捞轨迹进行还原并计算采捕面积，其还原出来的捕捞轨迹与调查人员还原出来的高度一致。

北斗卫星导航系统是我国自主建设且独立运行的卫星导航系统，其数据具有很好的时空特征，民用定位数据的精度在 10 米以内，能够记录渔船位置、航速、航向等。北斗 3 号的定位精度更高，可以达到 2.5 米到 5 米。这一系统在调查中的创新性运用，让獐子岛公司自以为隐蔽的造假手段暴露无遗。

通过对比：2016 年，獐子岛公司实际采捕的海域面积比账面记录多出近 14 万亩，

---

[1] 资料来源：新浪财经。

这意味着实际的成本比账面上要多出 6 000 万元人民币，而多出来的成本都被獐子岛公司隐藏了起来。

由上述内容可知，獐子岛公司成功地在 2016 年实现了所谓的"账面盈利"，保住了上市公司的地位。到了 2017 年，獐子岛公司故技重施，再度宣称扇贝跑路和死亡，借此消化掉前一年隐藏的成本和亏损，共计约 1.3 亿元。这种将 2016 年的成本和损失转移到 2017 年的乾坤大挪移法，是典型的"寅吃卯粮"，操纵财务报表的行为。

问题二：抽测数据造假，虾夷扇贝库存成谜

獐子岛公司在 2017 年披露的《秋测结果公告》中称，公司在 120 个不同点位进行了抽测。但卫星导航系统数据显示，抽测船只在执行秋测期间并没有经过其中的 60 个点位，这说明抽测船只根本没有在这些点位执行过抽测。獐子岛公司故弄玄虚，凭空捏造"抽测"数据，掩盖了自身资产盘点混乱的问题。

人在做，天在看，"弥天大谎"无所遁形。这次证监会的盘点方法让人大开眼界，也给盘点工作提供了新的思路。

## 9.1 财产清查的概念与意义

财产清查是对企业的货币资金、实物资产、债权债务等财产物资进行盘点和核对，确定其实存数，查明账存数与实存数是否相符的一种专门方法。

财产清查的目的是保证账实相符。实务中，存在诸多会导致账面记录与实际状况有差异的因素。比如自然损耗（如受温度或空气湿度影响导致的腐烂、受潮等）；收发计量工具误差；自然灾害破坏；会计程序处理不当（如漏记、少记、多记等登记错误或计算错误）；管理人员的过失或营私舞弊、贪污；被盗；因债务人的清偿能力不足导致债权不能收回或不能足额收回；未达账项（票据传递时差导致暂时性的账实不符）；不可抗力因素导致的财产损毁或灭失等。

因此，定期或不定期地开展财产清查，其作用不可小觑。通过财产清查：①可以查明财产的实有数量，确定账面数和实有数的差异，确保账实相符，提高会计信息质量；②通过查明原因和责任，采取有效措施消除差异，可以改进和健全资产管理工作；③通过财产清查，可以及时摸清资产的使用情况和"家底"，切实保障各项财产的安全、完整和资产的有效使用。

## 9.2 财产清查的种类

### 1. 按清查范围分类

（1）全面清查。全面清查是指对所有财产进行全面盘点和核对。全面清查的范围广、内容多、工作量大、参与人员多，一般在年终决算、企业撤销或合并、改变隶属关系、清产核资及单位主要领导调离工作时进行。

（2）局部清查。局部清查又称重点清查，是指根据需要对部分财产进行盘点和核对。局部清查的一般内容如下：库存现金由出纳人员每日清点一次，银行存款每月核对一次，贵重物资每月盘点一次。

### 2. 按清查时间分类

（1）定期清查。定期清查是指按照预先安排的时间对财产进行清查。这种清查一般在月末、季末或年末进行。定期清查可以是全面清查，也可以是局部清查。

（2）不定期清查。不定期清查又称临时清查，是指根据实际需要临时进行的财产清查，一般在更换财产物资保管人员、发生自然灾害和意外损失、企业撤销或合并时进行。

### 3. 按执行单位分类

（1）内部清查。内部清查是指由本单位内部自行组织清查工作小组开展的财产清查工作。大多数的财产清查都是内部清查。

（2）外部清查。外部清查是指由上级部门、审计机关、司法部门、会计师事务所等根据有关规定或情况需要对本单位开展的财产清查。外部清查一般应有本单位相关人员参加。

## 9.3 财产清查的内容与方法

财产清查主要涉及货币资金、实物资产和债权债务，其清查方法各有不同。

### 9.3.1 货币资金的清查

#### 1. 库存现金的清查

库存现金的清查采用实地盘点法确定实存数，然后与库存现金日记账的账面余额进行核对，确定账实是否相符。

（1）出纳人员自查。库存现金日记账由出纳人员根据收付款凭证，按照业务发生顺序逐日逐笔登记。每日终了，出纳人员将库存现金日记账的余额与实际库存现金余额相核对，做到日清日结，保证账款相符。

（2）清查小组人员清查。对库存现金进行盘点应实施突击性的检查，以防被审计单位移东补西。为了不影响企业正常工作，清查时间最好选择在上午上班前或下午下班后进行。实地盘点时，出纳人员必须在场。盘点完成后，应编制库存现金盘点报告表，并由盘点人员和出纳人员共同签章。

库存现金盘点报告表是进行库存现金清查结果处理的重要原始凭证。其基本格式如表 9-1 所示。

表 9-1 库存现金盘点报告表基本格式

**库存现金盘点报告表**

年　月　日　　　　　　　　　　　　　　　　　　　　　　　单位：元

| 实有金额<br>（盘点后实际结存金额） | 账存金额<br>（库存现金日记账余额） | 对比结果 | | 备注 |
|---|---|---|---|---|
| | | 盘盈<br>（实有金额＞账存金额） | 盘亏<br>（实有金额＜账存金额） | |
| | | | | |

清查小组负责人签章：　　　　　　　　　盘点人签章：　　　　　　　　　出纳员签章：

## 2. 银行存款的清查

银行存款是企业存放在银行存款账户里的货币资金。银行存款清查采用对账单法，是指将企业银行存款日记账的记录情况与开户银行转来的对账单逐笔核对，确定银行存款的实有数。银行存款的清查一般在月末开展。

如果日记账与对账单记录不一致，则需查明原因。可能的原因包括：①银行或企业存在错账；②存在未达账项。

（1）未达账项（account in transit）。未达账项是指企业和银行之间由于结算凭证传递时间上的差异导致双方记账时间不一致而发生的一方已经入账但另一方尚未入账的事项。例如，假定罗山公司签订了企业电费代扣协议，则银行收到供电公司定期发起的电费缴纳申请后，将电费款项汇至供电公司，从而实现自动扣费。这时就会出现银行已付款记账，但企业因暂时没有收到扣费凭证而未登记银行存款日记账的情况，从而形成了"银行已付款记账，企业未付款记账"的未达账项。

未达账项一般有以下 4 种情况。

① 企业已收款记账，银行未收款记账的款项。例如，企业收到购货方开具的用于支付货款 45 000 元的转账支票一张。企业已登记银行存款增加，但尚未到银行办理转账手续，因此企业的银行账户上没有登记这笔收入。

② 企业已付款记账，银行未付款记账的款项。例如，企业开出一张转账支票，但持票人尚未到银行办理转账手续。企业已登记银行存款减少，但银行尚未登记这笔业务。

③ 银行已收款记账，企业未收款记账的款项。例如，银行已收到购买商汇来的购货款 2 万元，但企业还没有收到银行收款通知单。因此银行已登记企业存款增加，但企业尚未登记这笔业务。

④ 银行已付款记账，企业未付款记账的款项。例如，根据事先签订的代扣款协议，银行收到自来水公司的水费缴纳申请后会自动扣费给自来水公司，这个月自动扣了 800 元，银行已登记付款记账业务，但企业尚未收到付费凭证，尚未登记付款业务。

（2）银行存款清查步骤。

① 逐日逐笔核对银行存款日记账和银行对账单。凡双方一致的，用铅笔在金额旁打"√"；双方不一致的，打"×"。

② 针对不一致的款项，找出未达账项。

③ 编制银行存款余额调节表（bank reconciliation）。首先把企业银行存款日记账余额和银行对账单在对账日的余额分别填入表内；然后加上对方已收款入账但本方尚未入账的款项，减去对方已付款但本方尚未入账的款项。经调节后，双方分别得到新的余额。

④ 新的余额一致，说明银行存款收支的记录不存在问题。调节后的余额是企业可以实际动用的银行存款实有数。如果调节后的余额不一致，则说明一方或双方记账有误，需要进一步追查，查明原因后予以更正和处理。

**注意**：银行存款余额调节表不能作为调账的原始凭证。编制银行存款余额调节表是进行存款记录完整性核对的一种技术方法，只能起到对账作用。对于未达账项，应在以后实际收到有关结算凭证时，根据结算凭证登记银行存款日记账。

### 例 9—1

9 月 30 日，瑞丽公司的银行存款日记账余额是 205 000 元，银行对账单余额是 196 000 元。

经逐笔核对，发现有 4 笔未达账项。

（1）25 日，因销售商品而收到一张 72 000 元的转账支票，银行存款日记账已处理，但是该支票尚未送达银行。

（2）27 日，公司开出一张 56 000 元的转账支票支付采购款，但银行尚未划款（持票人尚未提示付款）。

（3）28 日，银行收到一笔本公司客户汇来的货款 11 000 元，但进账单尚未送达本公司。

（4）29 日，银行代支付一笔水电费 4 000 元，但结算单据尚未送达本公司。

【分析】本案例中共有 4 笔未达账项，其中 72 000 元和 56 000 元是企业银行存款日记账上有但银行对账单上没有的，72 000 元已登记在银行存款日记账的借方，56 000 元已登记在银行存款日记账的贷方，因此银行对账单余额应加上 72 000 元，减去 56 000 元；11 000 元和 4 000 元是企业银行存款日记账上没有但银行对账单上有的，11 000 元是银行收进来的款项，4 000 元是银行支付出去的款项。因此银行存款日记账余额应加上 11 000 元，减去 4 000 元。调节后双方得到的金额为 212 000 元。编制银行存款余额调节表，具体如表 9-2 所示。

表 9-2 例 9-1 的银行存款余额调节表

### 银行存款余额调节表

202×年 9 月 30 日　　　　　　　　　　　　　　　　　　　　　　　　　　单位：元

| 项目 | 金额 | 项目 | 金额 |
| --- | --- | --- | --- |
| 银行存款日记账余额 | 205 000 | 银行对账单余额 | 196 000 |
| 加：银行已收，企业未收 | 11 000 | 加：企业已收，银行未收 | 72 000 |
| 减：银行已付，企业未付 | 4 000 | 减：企业已付，银行未付 | 56 000 |
| 调节后的日记账余额 | 212 000 | 调节后的对账单余额 | 212 000 |

### 9.3.2 实物资产的清查

实物资产主要包括存货、固定资产等。除金额外，实物资产还需要从数量和质量方面进行清查。清查方法主要有以下两种。

#### 1. 实地盘点法

实地盘点（physical count）法是指在实物存放现场逐一盘点实存数的一种方法。

#### 2. 技术推算法

技术推算法是指运用科学技术手段推算特定物资的实存数的方法。这种方法主要适用于量大、难以逐一清点的实物，如露天煤矿、海里的扇贝、仓储食物等。

清查实物时，实物保管人员应当与盘点人员同时在场，并在盘存单（inventory list）上签字确认盘点结果。盘存单格式如表 9-3 所示。

盘存单是记录盘点结果的书面证明，是反映财产物资实存数的原始凭证。根据盘存单编制实存账存对比表（盘存结果对比表）。该表是调账的重要原始凭证，也是分析差异产生的原因、明确经济责任的重要依据。盘存结果对比表格式如表 9-4 所示。

表 9-3　盘存单格式

## 盘存单

单位名称：　　　　　　　　　　　　　　　　　　　　　　　　　盘点时间：

| 序号 | 存货名称 | 型号规格 | 存放地 | 单位 | 实存数量 | 单价 | 金额 | 备注 |
|---|---|---|---|---|---|---|---|---|
|  |  |  |  |  |  |  |  |  |
|  |  |  |  |  |  |  |  |  |
|  |  |  |  |  |  |  |  |  |

清查小组负责人签章：　　　　　　　盘点人签章：　　　　　　　保管人签章：

表 9-4　盘存结果对比表格式

## 盘存结果对比表

单位名称：　　　　　　　　　　　　　　　　　　　　　　　　　盘点时间：

| 序号 | 存货名称 | 型号规格 | 单位 | 实存 | | 账存 | | 盘盈 | | 盘亏 | | 备注 |
|---|---|---|---|---|---|---|---|---|---|---|---|---|
|  |  |  |  | 数量 | 金额 | 数量 | 金额 | 数量 | 金额 | 数量 | 金额 |  |
|  |  |  |  |  |  |  |  |  |  |  |  |  |
|  |  |  |  |  |  |  |  |  |  |  |  |  |

清查小组负责人签章：　　　　　　　盘点人签章：　　　　　　　保管人签章：

## 9.3.3　债权债务的清查

债权债务的清查一般采用函证法，根据账户信息编制对账单，给各债权人和债务人发函求证。往来款项对账单的基本格式及内容如表 9-5 所示。

表 9-5　往来款项对账单的基本格式及内容

×××公司：
　　下列信息出自本公司账簿记录，如与贵公司记录相符，请在本函下端"信息证明无误"处签章说明；如不符，请在"信息不符"处列出不符项目。如存在与本公司有关的未列入本函的其他项目，也请在"信息不符"处列出这些项目的金额及详细资料。回函请直接寄回。
　　回函地址：
　　联系人：　　　　　　　电话：
1. 本公司与贵公司的往来款项列示于表 9-6 中：

表 9-6　公司之间的往来款项

### 往来款项

| 截止日期 | 贵公司欠 | 欠贵公司 | 备注 |
|---|---|---|---|
|  |  |  |  |
|  |  |  |  |

2. 其他事项：

本函仅为复核账目之用，并非催款结算。若款项在上述日期之后已经付清，仍请及时函复为盼。
　　　　　　　　　　　　　　　　　　　　　　　　　　　　核查单位：×××公司
　　　　　　　　　　　　　　　　　　　　　　　　　　　　时间：　　年　月　日
结论：
1. 信息证明无误。（×××公司盖章）
　　　　　　　　　　　　　　　　　　　　　　　　　　　　年　月　日　经办人：

2. 信息不符，请列明不符项目及具体内容。（×××公司盖章）
　　　　　　　　　　　　　　　　　　　　　　　　　　　　年　月　日　经办人：

## 9.4 财产清查结果的账务处理

企业经过清查确认各种财产的账面数与实际结存数之间存在差额,即盘盈或盘亏,体现为账实不符。需要对清查结果进行分步处理。

(1) 核准金额并查明具体原因,提出处理意见。
(2) 批准后进行账务处理:调整账簿记录,做到账实相符。

### 9.4.1 货币资金和实物资产清查结果的处理

账务处理需要设置"待处理财产损溢"账户来反映盘盈或盘亏情况。该账户属于特殊结构的资产类账户,借方登记盘亏数、损毁数和批准转销的盘盈数;贷方登记盘盈数和批准转销的盘亏数。处理完毕后,该账户在期末没有余额。

财产清查结果处理程序如图9-1所示。

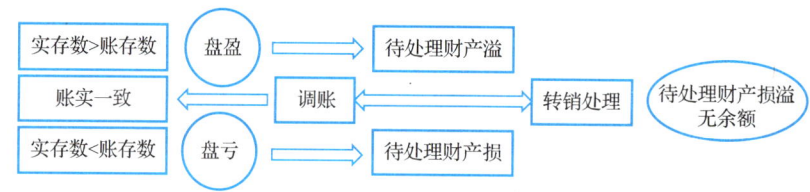

图 9-1 财产清查结果处理程序

清查结果的账务处理,最终目标是保证账实相符,即账存数等于实存数。假定不考虑增值税,账务处理原则如下。

**1. 资产盘盈**

当资产盘盈时,即账存数小于实存数,则应调增资产的账面数。资产增加登记在借方,因此,会计分录如下:

借:盘盈的资产账户
　　贷:待处理财产损溢

一经批准处理,则将待处理财产损溢转出,借记"待处理财产损溢"账户,贷记对应科目。处理后,"待处理财产损溢"账户余额为0。

盘盈转出时,贷记对应科目具体如下。

(1) 库存现金盘盈,需要支付或退还他人的,贷记"其他应付款"账户;无法查明原因的,贷记"营业外收入"账户。
(2) 存货盘盈,应冲减清查当期的管理费用,贷记"管理费用"账户。
(3) 固定资产盘盈,应作为前期差错进行以前年度损益调整。

**2. 资产盘亏**

当资产盘亏时,即账存数大于实存数,则应调减资产的账存数,贷记盘亏的资产账户,借记"待处理财产损溢"账户。因此,会计分录如下:

借:待处理财产损溢

贷：盘亏的资产账户

　　一经批准处理，则将待处理财产损溢转出，贷记"待处理财产损溢"账户，借记对应科目。处理后，"待处理财产损溢"账户余额为0。

　　盘亏转出时，借记对应科目具体如下。

　　（1）库存现金盘亏，属于责任人赔偿或保险公司赔偿的，借记"其他应收款"账户；无法查明原因的，一般视为出纳人员失职，可令其赔偿，借记"其他应收款"账户。

　　（2）存货盘亏，对于可收回的赔偿金额，借记"其他应收款"账户；合理损耗或因管理不善等造成的净损失，借记"管理费用"账户；自然灾害等非正常原因造成的净损失，借记"营业外支出"账户。

　　（3）固定资产盘亏，对于可收回的赔偿金额，借记"其他应收款"账户；对于净损失，借记"营业外支出"账户。

#### 例9-2　库存现金盘点结果的处理举例

　　罗山公司在库存现金清查中发现长款（盘盈）108元，反复核查未查明原因，经批准转作营业外收入。

　　对于盘盈的库存现金，首先应调增账面价值，做到账实相符。会计分录如下：

　　借：库存现金　　　　　　　　　　　　　　108
　　　　贷：待处理财产损溢　　　　　　　　　　　　108

　　经批准转作营业外收入，冲平待处理财产损溢。会计分录如下：

　　借：待处理财产损溢　　　　　　　　　　　108
　　　　贷：营业外收入　　　　　　　　　　　　　　108

　　假定罗山公司在库存现金清查中发现短款（盘亏）208元，经查，属于出纳人员保管失职，应由出纳人员赔偿。

　　对于盘亏的库存现金，首先应调减账面价值，做到账实相符。会计分录如下：

　　借：待处理财产损溢　　　　　　　　　　　208
　　　　贷：库存现金　　　　　　　　　　　　　　　208

　　经批准转作其他应收款，冲平待处理财产损溢。会计分录如下：

　　借：其他应收款　　　　　　　　　　　　　208
　　　　贷：待处理财产损溢　　　　　　　　　　　　208

　　收到出纳人员的赔款后，会计分录如下：

　　借：库存现金　　　　　　　　　　　　　　208
　　　　贷：其他应收款　　　　　　　　　　　　　　208

#### 例9-3　存货盘点结果的处理举例（假定不考虑增值税）

　　罗山公司在存货清查中发现盘盈钢材100千克，实际成本5 000元，经查，是由收发材料时计量工具不准确造成的，经批准冲减管理费用。

　　首先，发现盘盈材料应调增账面价值，做到账实相符。会计分录如下：

　　借：原材料　　　　　　　　　　　　　　5 000
　　　　贷：待处理财产损溢　　　　　　　　　　　5 000

　　其次，经批准冲减管理费用，记入"管理费用"账户的贷方。会计分录如下：

借：待处理财产损溢　　　　　　　　　　　　　　　　　5 000
　　贷：管理费用　　　　　　　　　　　　　　　　　　　　　5 000

假定公司在存货清查中发现盘亏材料80千克，实际成本2 000元。下面将通过3种情况分别解析。

情况1：经查，盘亏的材料属于定额内的合理损耗，经批准转作管理费用。

首先，盘亏的材料应调减账面价值，做到账实相符。会计分录如下：
借：待处理财产损溢　　　　　　　　　　　　　　　　　2 000
　　贷：原材料　　　　　　　　　　　　　　　　　　　　　　2 000
其次，经批准转作管理费用。会计分录如下：
借：管理费用　　　　　　　　　　　　　　　　　　　　2 000
　　贷：待处理财产损溢　　　　　　　　　　　　　　　　　　2 000

情况2：经查，过失人承担600元，差额1 400元经批准计入管理费用。会计分录如下：
借：其他应收款　　　　　　　　　　　　　　　　　　　　600
　　管理费用　　　　　　　　　　　　　　　　　　　　1 400
　　贷：待处理财产损溢　　　　　　　　　　　　　　　　　　2 000

情况3：经查，属于自然灾害造成的损毁，经批准计入营业外支出。会计分录如下：
借：营业外支出　　　　　　　　　　　　　　　　　　　2 000
　　贷：待处理财产损溢　　　　　　　　　　　　　　　　　　2 000

**例9-4　固定资产盘点结果的处理举例**

公司在盘点固定资产时发现盘亏了一台设备。该设备原值72 000元，累计折旧54 000元，盘亏净损失18 000元，经查，属于非人为原因造成的。其中，保险公司赔付12 000元，另6 000元经批准计入营业外支出。

首先，盘亏的固定资产应按净值调减账面价值，做到账实相符。会计分录如下：
借：待处理财产损溢　　　　　　　　　　　　　　　　　18 000
　　累计折旧　　　　　　　　　　　　　　　　　　　54 000
　　贷：固定资产　　　　　　　　　　　　　　　　　　　　72 000
其次，经批准，扣除保险赔偿后的净损失计入营业外支出。会计分录如下：
借：其他应收款　　　　　　　　　　　　　　　　　　12 000
　　营业外支出　　　　　　　　　　　　　　　　　　　6 000
　　贷：待处理财产损溢　　　　　　　　　　　　　　　　　18 000

### 9.4.2　往来款项清查结果的处理

#### 1. 应收账款

应收账款容易发生坏账。对于确实无法收回的应收账款，应冲减已经计提的坏账准备。企业发生的坏账损失采用备抵法处理。在备抵法下，基于谨慎性原则，企业应按期估计可能发生的坏账损失，采用一定方法计提坏账准备，并计入当期信用减值损失；当确认坏账发生时，从已提取的坏账准备金额中转销应收账款。计提坏账准备的方法有应收账款余额百分比法和账龄分析法等。

根据应收账款余额百分比法，有如下公式。

本期计提的坏账准备金额＝期末应收账款余额 × 坏账计提比例－前期已累计计提的坏账准备金额

计提的坏账通过"坏账准备"（provision for bad debt）账户核算。该账户是一个结构特殊的资产类账户，贷方登记计提的坏账准备（增加数），借方登记转销的坏账准备（减少数）。

### 例 9-5

罗山公司采用应收账款余额百分比法提取坏账准备，提取比例为5%，假定当年年末"应收账款"账户余额为70 000元，"坏账准备"账户期初余额为0元。

当年应计提的坏账准备为3 500（70 000×5%）元。

会计分录如下：

借：信用减值损失　　　　　　　　　　　　3 500
　　贷：坏账准备　　　　　　　　　　　　　　　　3 500

假定过了一段时间后发现，有3 000元货款确实无法收回。经批准，无法收回的应收账款作为坏账损失予以转销。会计分录如下：

借：坏账准备　　　　　　　　　　　　　　3 000
　　贷：应收账款　　　　　　　　　　　　　　　　3 000

### 2. 应付账款

无法偿付的应付账款应转为营业外收入。

### 例 9-6

公司在财产清查中确认，有2 800元应付账款无法偿还，经批准转为营业外收入。会计分录如下：

借：应付账款　　　　　　　　　　　　　　2 800
　　贷：营业外收入　　　　　　　　　　　　　　　2 800

## 关键术语

未达账项（account in transit）
银行存款余额调节表（bank reconciliation）
实地盘点（physical count）
坏账准备（provision for bad debt）

第 9 章即测即评

思考题

1. 财产清查的意义是什么？财产清查对反腐倡廉有什么作用？
2. 如何杜绝私设"小金库"的行为？
3. 什么是未达账项？产生的原因是什么？包括哪几种情况？
4. 如何将传统的盘点方法与数字经济下的高新科技技术相结合来提升财产清查的质量？

 职业能力训练

一、单选题

1. 适合库存现金清查的方法是（　　）。
   A. 技术推算法　　　　　　　　B. 实地盘点法
   C. 函证法　　　　　　　　　　D. 对账单法
2. 对银行存款进行清查时，需核对的是（　　）。
   A. 银行存款日记账与总账　　　B. 银行存款日记账与银行存款收/付款凭证
   C. 银行存款日记账与银行对账单　D. 银行存款总账与银行存款收/付款凭证
3. 盘盈的库存现金调整账面金额时借记（　　）账户。
   A. "待处理财产损溢"　　　　　B. "库存现金"
   C. "其他应付款"　　　　　　　D. "营业外收入"
4. 盘亏的固定资产经批准核销后，应将其净损失借记（　　）账户。
   A. "待处理财产损溢"　　　　　B. "营业外收入"
   C. "营业外支出"　　　　　　　D. "管理费用"
5. 银行对账单指的是（　　）。
   A. 银行转来的记录　　　　　　B. 出纳人员的记录
   C. 会计人员的记录　　　　　　D. 清查人员的记录
6. "待处理财产损溢"账户经批准核销后，其期末余额（　　）。
   A. 在借方　　B. 在贷方　　C. 在借方、贷方均有可能　　D. 为 0
7. 华力公司 5 月 31 日银行存款日记账的余额为 100 万元，经逐笔核对，未达账项如下：银行已收，企业未收的 2 万元；银行已付，企业未付的 1.5 万元。调整后的企业银行存款余额应为（　　）万元。
   A. 100.5　　B. 102　　C. 101.5　　D. 99.5
8. 对往来账项的清查，应采用的方法是（　　）。
   A. 技术推算法　　B. 实地盘点法　　C. 函证法　　D. 对账单法
9. 企业对因债权人撤销等而无法支付的应付账款，应（　　）。
   A. 记入"营业外收入"账户　　　B. 记入"其他业务收入"账户
   C. 冲减管理费用　　　　　　　D. 记入"营业外支出"账户
10. 核销盘盈的存货时，应贷记（　　）账户。
    A. "管理费用"　　　　　　　　B. "营业外收入"

C. "其他应收款"            D. "其他业务收入"

## 二、多选题

1. 财产清查按清查的范围可分为（　　）。
   A. 全面清查　　　B. 定期清查　　　C. 局部清查　　　D. 内部清查
2. 下列各项中，属于全面清查适用情况的有（　　）。
   A. 企业合并　　　B. 年终决算　　　C. 企业破产　　　D. 存货盘点
3. 企业财产物资出现账实不符的原因可能有（　　）。
   A. 管理不善　　　B. 责任者过失　　C. 计量不准确　　D. 不法分子贪污盗窃
4. 财产清查结果账务处理的原始凭证有（　　）。
   A. 银行存款余额调节表　　　　　　B. 询证函
   C. 现金盘点报告表　　　　　　　　D. 账存实存对比表
5. 下列各项中，适用实地盘点法的有（　　）。
   A. 库存现金　　　B. 银行存款　　　C. 应收账款　　　D. 固定资产

## 三、判断题

1. （　）银行存款的清查，主要是将银行存款日记账与总账进行核对。
2. （　）盘盈的材料一般作为营业外收入处理。
3. （　）月末，企业银行存款的实有余额为银行对账单余额加上企业未收、银行已收款项，减去企业已付、银行未付款项。
4. （　）产生未达账项的原因是记账错误，应予以纠正。
5. （　）月末，应根据银行存款余额调节表中调整后的余额进行账务处理，使企业银行存款账户的余额与调整后的余额一致。
6. （　）年终决算对企业财产物资所进行的清查一般属于全面清查。
7. （　）对账实不一致的财产清查结果进行账务处理时，一律需调整账存数。
8. （　）银行存款余额调节表是企业发现该存款账实不符时进行会计核算的原始凭证。
9. （　）盘盈的存货，应于批准后计入营业外支出。
10. （　）盘亏存货的净损失，经批准，属于正常营业损失部分应计入管理费用。

## 四、实训题

练习1

目的：练习存货盘点的账务处理。

资料：企业财产清查中，发现以下问题。

（1）库存甲材料盘盈了50千克，金额1 200元。

（2）库存乙材料盘亏了1 000千克，金额5 400元。经查明，属于定额内损耗的有1 400元，属于非常损失的有4 000元，经批准按营业外支出处理。

要求：根据上述资料编制相关的会计分录。

练习2

目的：练习货币资金清查的账务处理。

资料：202×年2月1日清查人员核对银行开户行转来的1月份的银行对账单时，发现截止到1月31日，银行对账单余额是288 100元，银行存款日记账上的余额是150 500元。经查，发现有以下几笔未达账项。

（1）银行已将借给企业的150 000元划入企业的存款账户，企业未收到入账通知。

（2）企业收到转账支票一张，金额为42 000元，但未持支票到银行办理手续。

（3）企业因开出空头支票，被银行罚款2 000元，银行已将款项从企业账户划出，企业未作处理。

（4）企业开出一张31 600元的转账支票，但持票人尚未到银行申请付款。

要求：根据上述资料填制银行存款余额调节表（见表9-7）。

表9-7 银行存款余额调节表的填制

## 银行存款余额调节表

年　月　日　　　　　　　　　　　　　　　　　　单位：元

| 项目 | 金额 | 项目 | 金额 |
| --- | --- | --- | --- |
| 银行存款日记账余额 | （　　） | 银行对账单余额 | （　　） |
| （　）银行已收，企业未收 | （　　） | （　）企业已收，银行未收 | （　　） |
| （　）银行已付，企业未付 | （　　） | （　）企业已付，银行未付 | （　　） |
| 调节后的日记账余额 | （　　） | 调节后的对账单余额 | （　　） |

# 第 10 章

# 财务报告

### 学习目标

1. 理解：财务报告的基本概念和基本要求
2. 掌握：主要财务报表的结构、基本内容
3. 掌握：主要财务报表的编制方法

### 内容导图

编制财务报告是会计核算循环中的最后一个环节，是会计核算最具影响力的一个关键环节。财务报告是在其他核算方法应用成果的基础上通过一定的列示和披露方法形成的。本章主要讲述财务报告的意义与构成，以及主要财务报表的结构、内容和编制方法。

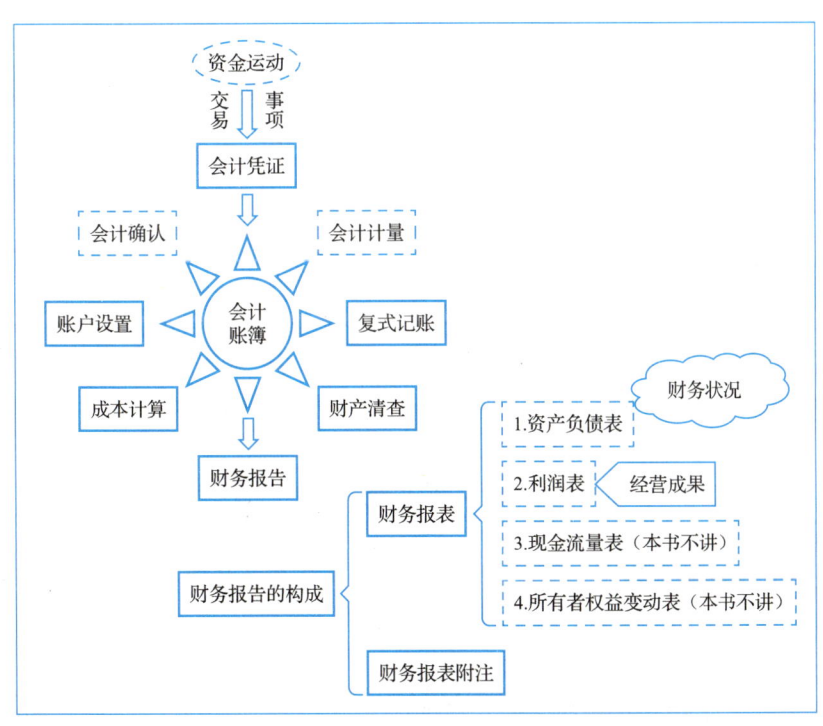

力争勤勉尽责，开启财富密码，争创财富，为实现中华民族伟大复兴添砖加瓦。

### 一份错漏1 419项的年报[1]

《财报就像一本故事书》提到：不谈责任（accountability），就没有会计，只讲究会计技术而不谈诚信原则，财务报表就会失去灵魂。对企业经理人来说，编制财务报表过程中，正确的价值观和态度远比会计专业知识重要。

年报是企业每年度公布的财务报表，包括资产负债表、利润表、现金流量表、所有者权益变动表等内容，以及企业的经营业绩、组织架构、业务发展、公司治理、风险管理、社会责任等方面的信息。

上市第一年，苏州近岸蛋白质科技股份有限公司（以下简称"近岸蛋白"）就出了个年报"乌龙"事件。近岸蛋白（SH688137）于2023年4月26日晚间发布了公司自2022年9月科创板上市以来的首份年报。报告期内，公司共实现营业收入2.65亿元，同比下降22.62%；实现归母扣非（归属于母公司扣除非经常性损益）净利润7 759.69万元，同比下降47.88%；经营活动产生现金流量净额337.66万元，同比下降95.24%。

除业绩增速大幅放缓之外，近岸蛋白发布的这份年报居然错漏百出，疑似将未完成的年报底稿直接发布在了平台上。年报中出现的错误包括但不限于：多个表格数据缺失，多处重要数据被"××"或"—"符号替代，部分业务描述存在明显语病，披露的年报中出现大量红色、紫色、黄色的彩色高亮标记，包括词语含义解释等内容的表格也出现大量空白。年报第10页，管理层讨论与分析部分，出现"公司新增研发人员×××人"，数据缺失。写到"2022年新增产品"便戛然而止，再无下文。另外，年报中还出现了多个空白表格，包括研发投入情况表、产销情况分析表、成本分析表、公司前五名客户、公司前五名供应商、资产及负债状况等表格。2022年年报共297页，其中自第260页起的表格均为空白表格。

对此，网友纷纷吐槽"这是一份自助式年报""这是让股东自己填？""年报还能上传草稿版的，重大事故了吧""等吃交易所的函吧""这也能拿百万年薪？"等。

在年报乌龙事件发酵了两个交易日后，4月28日晚间，近岸蛋白分别发布《关于2022年年度报告的更正公告》和《2022年年度报告（更正版）》[以下简称"年报（更正版）"]，对4月26日晚间披露的年报进行了大量更正。根据公开媒体的报道，26日发布的年报为297页，年报（更正版）为262页，相比之下，年报（更正版）减少了35页；与此同时，以年报（更正版）为准，26日发布的年报中的错漏竟然达1 419项，包括122项事实性差错和1 297项遗漏。

年报是上市公司最重要的定期报告，复核、签发流程必须严格。年报所涉重要内容足

---

1 资料来源：新华社《经济参考报》和苏州近岸蛋白质科技股份有限公司2022年年度报告。

以影响投资者决策。有关律师表示，如果年报错漏百出、未在第一时间更正，则涉嫌误导投资者、侵害投资者合法权益。

5月25日，公司及董事长等被江苏证监局出具警示函。

## 10.1 财务报告概述

### 1. 财务报告定义

财务报告（financial reporting）又称财务会计报告，是指企业对外提供的反映企业某一特定日期的财务状况和某一会计期间的经营成果、现金流量等会计信息的文件。编制财务报告的主要目的是向财务报告使用者提供对其经济决策有用的会计信息。

### 2. 财务报告的构成

财务报告包括财务报表（financial statement）及其附注和其他应当在财务报告中披露的相关信息和资料。

（1）财务报表。财务报表又称会计报表，是形成财务报告信息的主要载体。财务报表是对企业财务状况、经营成果和现金流量的结构性表述。企业对外提供的财务报表至少包括资产负债表、利润表、现金流量表、所有者权益（或股东权益）变动表。

（2）财务报表附注。财务报表附注（notes to financial statements）是每份财务报表所附的、对财务报表中所列示的内容和项目所作的进一步说明和解释。

（3）其他应当在财务报告中披露的相关信息和资料。比如，编报财务报表的企业的基本情况、财务报表的编制基础、社会责任报告、可持续发展能力等。

### 3. 财务报表的种类

（1）按编制时间，财务报表可分为中期财务报表和年度财务报表。中期财务报表是以短于一个完整的会计年度的报告期间为基础而编制的财务报表，包括月报、季报和半年报。年度财务报表是指企业年度终了时以会计年度为报告期间而编制的财务报表。

（2）按编制主体，财务报表可分为个别财务报表和合并财务报表。个别财务报表反映的是单个企业法人的财务状况和经营成果、现金流量等信息。合并财务报表反映的是以母公司和子公司所组成的企业集团为会计主体的财务状况和经营成果、现金流量等信息。

### 4. 财务报表列报的基本要求

（1）遵循会计准则进行确认和计量，编制和对外提供真实完整的财务报告。

（2）以企业的持续经营为列报基础。持续经营是会计的基本前提，是会计确认、计量和编制财务报表的基础。如果出现客观情况导致以持续经营为基础编制的财务报表不再合理，则应当以其他基础编制财务报表，并在附注中声明财务报表未以持续经营为基础编制的事实和原因等。

（3）遵循列报的一致性原则并列报比较信息。一致性原则要求企业报表项目的列报在各个期间保持一致，不得随意变更。列报比较信息要求企业列报当期的会计信息时，至少列报前期财务数据，以便为财务报告使用者提供对比数据。

（4）遵循报告期间的时间要求。月报在月份终了后 6 日内报出；季报在季度终了后 15 日内报出；半年报在年度中期结束后 60 日内报出；年报应当于年度终了后 4 个月内对外提供。

（5）遵循列报的格式要求。财务报表一般分为表首和正表两部分。其中，表首部分披露列报企业的名称、列报时间、货币名称和计量单位。

## 10.2　资产负债表

### 10.2.1　资产负债表的定义

资产负债表（balance sheet）是反映企业某一特定日期财务状况的财务报表。特定日期一般是指一定会计期间的最后一日，比如编制年度资产负债表时，特定日期是该年度的最后一天。财务状况具体包括资金的存在形态和资金的来源两个方面。其中，资产反映企业资金的存在形态，负债和所有者权益反映企业资金的来源。

### 10.2.2　资产负债表的基本列示格式与基本内容

#### 1. 资产负债表的基本列示格式

资产负债表的基本列示格式一般有账户式和报告式两种。企业一般采用账户式资产负债表。

（1）账户式资产负债表是直接依据"资产＝负债＋所有者权益"会计等式编制的，由表首和正表两部分组成。其中，表首部分填写填制单位、填制时间、金额单位等内容。正表采用左右对称排列的结构，左边列示资产项目，右边列示负债和所有者权益项目，且左边的资产总额与右边的负债和所有者权益总额必须相等。

资产负债表中，资产是企业可以支配的钱或物。负债是企业所欠的必须偿还的那部分资产，包括借款或供应商占用款。所有者权益是投资人的剩余利益。如果有一天企业不幸破产，资产抵债以后剩余的部分归投资者所有，但前提是企业还清债务后还有剩余的部分，如果资不抵债，则投资者什么也拿不到。

（2）报告式资产负债表是将资产、负债和所有者权益自上而下、垂直排列于表格。首先列示资产，其次列示负债，最后列示所有者权益。

此外，资产负债表应列示比较信息，各项目分为"期初余额"和"期末余额"两栏分别列示。

#### 2. 资产负债表的基本内容

（1）资产的构成情况。资产反映在资产负债表的左边。资产按照流动性列示，分为流动资产和非流动资产，再进一步按其性质分项列示。

（2）负债的构成情况。负债反映在资产负债表的右边。负债按照流动性列示，分为流动负债和非流动负债，再进一步按其性质分项列示。

（3）所有者权益的构成情况。所有者权益反映在资产负债表的右边。所有者权益按照净资产的不同来源和特定用途进行分类，包括实收资本（或股本）、资本公积、盈余公积和未分配利润。

## 10.2.3 资产负债表的编制

### 1. 各项目"期初余额"的填列方法

以年度资产负债表为例，资产负债表的"年初余额"就是上一年的"期末余额"，即应根据上一年度资产负债表"期末余额"栏内的数字直接填列本年度资产负债表的"年初余额"各相应行次。如果本年度资产负债表规定的各个项目与上一年不一致，应对上一年度资产负债表中各项目的名称和数字按照本年度的规定进行调整，然后填入本年度资产负债表的"年初余额"栏内。

在编制月度资产负债表时，应将"年初余额"改为"上期余额"或"期初余额"，并根据上一个月资产负债表的"期末余额"填列。

### 2. 各项目"期末余额"的填列方法

各项目"期末余额"的填列方法主要有以下几种。

（1）根据总账期末余额直接填列。具体项目有"短期借款""应付票据""应付职工薪酬""应交税费""实收资本（或股本）""资本公积""盈余公积"等。

（2）根据有关总账期末余额汇总填列。具体项目有"货币资金""存货""其他应收款""其他应付款"等。

（3）根据有关明细账期末余额分析计算填列。具体项目有"应收账款""预付账款""应付账款""预收账款"。

（4）根据总账和所属明细账期末余额分析计算填列。具体项目主要有"长期借款"。

（5）根据账户余额减去其备抵项目后的净额填列。具体项目有"应收账款""固定资产""无形资产"等。

（6）根据资产负债表中的有关项目金额计算填列。具体项目有"流动资产合计""非流动资产合计""资产总计""流动负债合计""非流动负债合计""负债合计""所有者权益（或股东权益）合计""负债和所有者权益（或股东权益）总计"等。

### 3. 各项目"期末余额"填列的举例说明

（1）"货币资金"项目：根据"库存现金""银行存款""其他货币资金"账户期末余额相加得到的合计数填列。

（2）"应收票据"项目：根据"应收票据"总账期末余额直接填列。

（3）"应收账款"项目：根据"应收账款"明细账借方余额合计数，加上"预收账款"明细账借方余额合计数，减去"坏账准备"账户期末余额后得到的金额填列。

（4）"预付账款"项目：根据"预付账款"明细账借方余额合计数，加上"应付账款"明细账借方余额合计数后得到的金额填列。

（5）"其他应收款"项目：根据"应收利息""应收股利""其他应收款"账户期末余额，减去相应的坏账准备后得到的金额填列。

（6）"存货"项目：根据"在途物资""原材料""库存商品""生产成本"等账户的期

末借方余额合计数减去"存货跌价准备"账户期末余额后得到的金额填列。

（7）"固定资产"项目：根据"固定资产"账户期末余额，减去"累计折旧"和"固定资产减值准备"账户期末余额后得到的金额填列。

（8）"无形资产"项目：根据"无形资产"账户期末余额，减去"累计摊销"和"无形资产减值准备"账户期末余额后得到的金额填列。

（9）"短期借款"项目：根据"短期借款"账户期末余额直接填列。

（10）"应付账款"项目：根据"应付账款"明细账期末贷方余额，加上"预付账款"明细账期末贷方余额后得到的金额填列。

（11）"预收账款"项目：根据"预收账款"明细账期末贷方余额，加上"应收账款"明细账期末贷方余额后得到的金额填列。

（12）"应付职工薪酬"项目：根据"应付职工薪酬"账户期末余额填列，如果余额在借方，则以"－"号填列。

（13）"应交税费"项目：根据"应交税费"账户期末余额填列，如果余额在借方，则以"－"号填列。

（14）"其他应付款"项目：根据"应付利息""应付股利""其他应付款"等账户期末余额合计数填列。

（15）"1年内到期的非流动负债"项目：分析非流动负债的到期时间，根据1年内到期的非流动负债合计数填列。

（16）"长期借款"项目：根据"长期借款"账户期末余额分析填列，即根据该账户期末贷方余额减去1年内到期的长期借款后得到的金额填列。

（17）"实收资本"项目：根据"实收资本"账户的期末余额直接填列。

（18）"资本公积"项目：根据"资本公积"账户的期末余额直接填列。

（19）"盈余公积"项目：根据"盈余公积"账户的期末余额直接填列。

（20）"未分配利润"项目：根据"利润分配——未分配利润"账户的期末余额直接填列。如果余额在借方，则以"－"号填列。

## 例 10-1

科灵公司202×年12月31日有关账户的期末余额如表10-1所示。

表10-1　科灵公司202×年年末有关账户的期末余额

单位：元

| 账户名称 | 期末借方余额 | 账户名称 | 期末贷方余额 |
| --- | --- | --- | --- |
| 库存现金 | 2 600 | 坏账准备 | 3 000 |
| 银行存款 | 30 000 | 存货跌价准备 | 1 000 |
| 应收票据 | 2 800 | 累计折旧 | 4 000 |
| 应收账款 | 90 000 | 累计摊销 | 4 600 |
| 预付账款 | 3 000 | 短期借款 | 21 000 |
| 其他应收款 | 8 600 | 应付票据 | 3 000 |
| 原材料 | 8 300 | 应付账款 | 5 000 |
| 生产成本 | 5 200 | 预收账款 | 40 000 |
| 库存商品 | 14 000 | 应交税费 | 1 500 |

续表

| 账户名称 | 期末借方余额 | 账户名称 | 期末贷方余额 |
|---|---|---|---|
| 固定资产 | 64 000 | 应付职工薪酬 | 6 600 |
| 无形资产 | 38 600 | 应付利息 | 4 300 |
| | | 其他应付款 | 4 700 |
| | | 长期借款 | 54 000 |
| | | 实收资本 | 86 000 |
| | | 资本公积 | 20 000 |
| | | 盈余公积 | 3 400 |
| | | 未利润分配 | 5 000 |
| 合计 | 267 100 | 合计 | 267 100 |

根据上述资料编制该公司的资产负债表（简表），如表10-2所示。

表10-2 科灵公司202×年资产负债表（简表）

## 资产负债表（简表）

编制单位：科灵公司　　　　　　　202×年12月31日　　　　　　　单位：元

| 资产 | 期末余额 | 年初余额 | 负债和所有者权益 | 期末余额 | 年初余额 |
|---|---|---|---|---|---|
| 流动资产： | | （略） | 流动负债： | | （略） |
| 货币资金 | 32 600 | | 短期借款 | 21 000 | |
| 交易性金融资产 | | | 应付票据 | 3 000 | |
| 应收票据 | 2 800 | | 应付账款 | 57 000 | |
| 应收账款 | 257 000 | | 预收账款 | 210 000 | |
| 预付账款 | 55 000 | | 应付职工薪酬 | 6 600 | |
| 其他应收款 | 8 600 | | 应交税费 | 1 500 | |
| 存货 | 26 500 | | 其他应付款 | 9 000 | |
| 1年内到期的非流动资产 | | | 1年内到期的非流动负债 | 10 000 | |
| 其他流动资产 | | | 其他流动负债 | | |
| 流动资产合计 | 382 500 | | 流动负债合计 | 318 100 | |
| 非流动资产： | | | 非流动负债： | | |
| 债权投资 | | | 长期借款 | 44 000 | |
| 长期应收款 | | | 应付债券 | | |
| 长期股权投资 | | | 长期应付款 | | |
| 固定资产 | 60 000 | | 非流动负债合计 | 44 000 | |
| 在建工程 | | | 负债合计 | 362 100 | |
| 生产性生物资产 | | | 所有者权益（或股东权益）： | | |
| 无形资产 | 34 000 | | 实收资本（或股本） | 86 000 | |
| 开发支出 | | | 资本公积 | 20 000 | |
| 长期待摊费用 | | | 盈余公积 | 3 400 | |
| 其他非流动资产 | | | 未分配利润 | 5 000 | |
| 非流动资产合计 | 94 000 | | 所有者权益（或股东权益）合计 | 114 400 | |
| 资产总计 | 476 500 | | 负债和所有者权益（或股东权益）总计 | 476 500 | |

单位负责人：　　　　　　　财务负责人：　　　　　　　会计主管：

【分析】

(1) 货币资金：库存现金＋银行存款＝2 600＋30 000＝32 600（元）。

(2) 应收票据：根据"应收票据"总账期末余额2 800元直接填列。

(3) 应收账款：不能直接根据"应收账款"总账期末余额填列，应分析"应收账款"明细账和"预收账款"明细账。

"应收账款"总账期末余额为90 000元。

其中，"应收账款"明细账情况如下：

| | |
|---|---|
| 应收账款——A公司 | 120 000元（借方余额） |
| 应收账款——B公司 | 80 000元（贷方余额） |
| 应收账款——C公司 | 70 000元（借方余额） |
| 应收账款——D公司 | 20 000元（贷方余额） |

"预收账款"总账期末余额为40 000元。

其中，"预收账款"明细账情况如下：

| | |
|---|---|
| 预收账款——E公司 | 10 000元（借方余额） |
| 预收账款——F公司 | 30 000元（贷方余额） |
| 预收账款——G公司 | 60 000元（贷方余额） |
| 预收账款——H公司 | 80 000元（贷方余额） |

"应收账款"明细账借方余额属于其正常方向，应计入资产负债表中的应收账款；但是其贷方余额实质属于预收款，应归属于预收账款。

同理，"预收账款"明细账贷方余额属于其正常方向，应计入资产负债表中的预收账款；但是其借方余额具有应收账款的性质，应归属于应收账款。

因此，资产负债表中的应收账款＝"应收账款"明细账借方余额合计数＋"预收账款"明细账借方余额合计数－坏账准备＝120 000＋70 000＋10 000＋60 000－3 000＝257 000（元）。

资产负债表中的预收账款＝"预收账款"明细账贷方余额合计数＋"应收账款"明细账贷方余额合计数＝30 000＋80 000＋80 000＋20 000＝210 000（元）。

(4) 预付账款：见"应付账款"项目分析。

(5) 其他应收款：根据"其他应收款""总账期末余额"8 600元填列。

(6) 存货：原材料＋生产成本＋库存商品－存货跌价准备＝8 300＋5 200＋14 000－1 000＝26 500（元）。

(7) 固定资产：固定资产－累计折旧＝64 000－4 000＝60 000（元）。

(8) 无形资产：无形资产－累计摊销＝38 600－4 600＝34 000（元）。

(9) 短期借款：根据"短期借款"总账期末余额21 000元直接填列。

(10) 应付票据：根据"应付票据"总账期末余额3 000元直接填列。

(11) 应付账款："应付账款"总账期末余额为5 000元。

其中，"应付账款"明细账情况如下：

| | |
|---|---|
| 应付账款——I公司 | 12 000元（借方余额） |
| 应付账款——J公司 | 25 000元（贷方余额） |
| 应付账款——K公司 | 30 000元（借方余额） |

应付账款——L 公司　　　　　　　　　　　22 000 元（贷方余额）

"预付账款"总账期末余额为 3 000 元。

其中，"预付账款"明细账情况如下：

预付账款——M 公司　　　　　　　　　　 9 000 元（借方余额）

预付账款——N 公司　　　　　　　　　　 2 000 元（贷方余额）

预付账款——P 公司　　　　　　　　　　 4 000 元（借方余额）

预付账款——Q 公司　　　　　　　　　　 8 000 元（贷方余额）

"应付账款"明细账贷方余额属于其正常方向，应计入资产负债表中的应付账款；但是其借方余额实质属于预付款，应归属于预付账款。

同理，"预付账款"明细账借方余额属于其正常方向，应计入资产负债表中的预付账款；但是其贷方余额具有应付账款的性质，应归属于应付账款。

因此，资产负债表中的应付账款＝"应付账款"明细账贷方余额合计数＋"预付账款"明细账贷方余额合计数＝25 000＋22 000＋2 000＋8 000＝57 000（元）。

资产负债表中的预付账款＝"预付账款"明细账借方余额合计数＋"应付账款"明细账借方余额合计数＝9 000＋4 000＋12 000＋30 000＝55 000（元）。

（12）预收账款：见"应收账款"项目分析。

（13）应付职工薪酬：根据"应付职工薪酬"总账期末余额 6 600 元直接填列。如果是借方余额，则以"－"号填列。

（14）应交税费：根据"应交税费"总账期末余额 1 500 元直接填列。如果是借方余额，则以"－"号填列。

（15）其他应付款：根据其他应付款账户 4 700 元直接填列。

（16）1 年内到期的非流动负债：根据长期借款中 1 年内要到期的借款金额填列。经分析，有一笔 10 000 元的长期借款将于 8 个月内到期，因此填入 10 000 元。

（17）长期借款：根据"长期借款"总账期末余额 54 000 元减去 1 年内要到期的长期借款金额 10 000 元而得到的 44 000 元填列。

（18）实收资本：根据"实收资本"总账期末余额 86 000 元直接填列。

（19）资本公积：根据"资本公积"总账期末余额 20 000 元直接填列。

（20）盈余公积：根据"盈余公积"总账期末余额 3 400 元直接填列。

（21）未分配利润：根据"利润分配——未分配利润"账户期末余额 5 000 元直接填列。如果是借方余额，则以"－"号填列。

（22）流动资产合计、非流动资产合计、资产合计、流动负债合计、非流动负债合计、负债合计、所有者权益合计、负债和所有者权益合计：根据资产负债表上的相关数据相加得到的合计填列。比如流动资产合计数是根据 32 600＋2 800＋257 000＋55 000＋8 600＋26 500＝382 500（元）填列的。其他合计数以此类推。

（23）整个报表填列完成后，资产合计数＝负债和所有者权益（股东权益）合计数。

## 10.3 利润表

### 10.3.1 利润表的定义与格式

利润表（income statement）是反映企业一定会计期间的经营成果的财务报表。

利润表一般有表首和正表两部分。表首说明报表名称、编制单位、报表所属期间、报表编号、金额单位等。正表反映形成经营成果的各个项目和计算过程。

利润表的格式一般有两种：单步式利润表和多步式利润表。

单步式利润表是将当期所有收入列在一起，将所有费用列在一起，两者相减得出当期利润。

多步式利润表按利润形成的主要环节列示一些中间性利润指标，如营业利润、利润总额、净利润，分步计算当期净利润，因此多步式利润表能充分反映企业经营业绩的主要来源和构成，有助于财务报告使用者判断净利润的质量及其风险，有利于预测企业实现净利润的可持续性，进而作出正确的经济决策。

在我国，利润表一般采用多步式。

### 10.3.2 利润表的编制

为提供可比较信息，利润表各项目需提供"本期金额"和"上期金额"两列。

**1."本期金额"项目填列**

利润表中各项目的本期金额一般根据有关账户的本期发生额填列。

（1）"营业收入"项目：根据"主营业务收入"和"其他业务收入"账户的发生额相加得到的合计数分析填列，即营业收入＝主营业务收入＋其他业务收入。

（2）"营业成本"项目：根据"主营业务成本"和"其他业务成本"账户的发生额相加得到的合计数分析填列，即营业成本＝主营业务成本＋其他业务成本。

（3）"税金及附加"项目：根据"税金及附加"账户的发生额分析填列。

（4）"销售费用"项目：根据"销售费用"账户的发生额分析填列。

（5）"管理费用"项目：根据"管理费用"账户的发生额分析填列。

（6）"财务费用"项目：根据"财务费用"账户的发生额分析填列。

（7）"投资收益"项目：根据"投资收益"账户的发生额分析填列。如果是损失，则以"－"号填列。

（8）"营业利润"项目：根据利润表中的"营业收入"项目减去"营业成本""税金及附加"和期间费用项目，加上"投资收益"项目和其他项目后得到的金额填列。

（9）"营业外收入"项目：根据"营业外收入"账户的发生额分析填列。

（10）"营业外支出"项目：根据"营业外支出"账户的发生额分析填列。

（11）"利润总额"项目：根据利润表中的"营业利润"项目加上"营业外收入"项目，减去"营业外支出"项目后得到的金额填列，即利润总额＝营业利润＋营业外收入－营业外支出。

（12）"所得税费用"项目：根据"所得税费用"账户的发生额分析填列。

（13）"净利润"项目：根据利润表中的"利润总额"项目减去"所得税费用"项目后

得到的金额填列。

### 2."上期金额"项目填列

"上期金额"根据上期利润表有关项目的发生额直接填列。注意,对于月度利润表来讲,上期并不是指上个月,而是指上一年度的同一月份。

### 例 10-2

精诚公司 202× 年 1—12 月各损益类账户累计发生额如表 10-3 所示。

表 10-3　精诚公司 202× 年 1—12 月各损益类账户累计发生额

单位:元

| 账户名称 | 全年累计发生额 | 借贷方向 |
| --- | --- | --- |
| 主营业务收入 | 564 550 | 贷 |
| 主营业务成本 | 205 000 | 借 |
| 税金及附加 | 24 000 | 借 |
| 其他业务收入 | 13 400 | 贷 |
| 其他业务成本 | 7 600 | 借 |
| 管理费用 | 23 000 | 借 |
| 销售费用 | 14 700 | 借 |
| 财务费用 | 6 800 | 借 |
| 投资收益 | 80 500 | 贷 |
| 营业外收入 | 14 400 | 贷 |
| 营业外支出 | 6 950 | 借 |
| 所得税费用 | 96 200 | 借 |

根据上述资料编制该公司的利润表(简表),如表 10-4 所示。

表 10-4　精诚公司 202× 年利润表(简表)

## 利润表(简表)

编制单位:精诚公司　　　　　　202× 年 12 月　　　　　　单位:元

| 项目 | 本期金额 | 上期金额 |
| --- | --- | --- |
| 一、营业收入 | 577 950 | (略) |
| 　减:营业成本 | 212 600 | |
| 　　税金及附加 | 24 000 | |
| 　　销售费用 | 14 700 | |
| 　　管理费用 | 23 000 | |
| 　　财务费用(收益以"－"号填列) | 6 800 | |
| 　　资产减值损失 | | |
| 　加:公允价值变动收益(损失以"－"号填列) | | |
| 　　投资收益(损失以"－"号填列) | 80 500 | |
| 二、营业利润(亏损以"－"号填列) | 377 350 | |
| 　加:营业外收入 | 14 400 | |
| 　减:营业外支出 | 6 950 | |
| 三、利润总额(亏损总额以"－"号填列) | 384 800 | |
| 　减:所得税费用 | 96 200 | |
| 四、净利润(净亏损以"－"号填列) | 288 600 | |

单位负责人:　　　　　　财务负责人:　　　　　　会计主管:

## 关键术语

财务报告（financial reporting）

财务报表（financial statement）

资产负债表（balance sheet）　　利润表（income statement）

财务报表附注（notes to financial statements）

第10章即测即评

## 思考题

1. 如果将企业的资产负债表转换成人生资产负债表，那么你的资产有哪些呢？试编制一张你的人生资产负债表。

2. 数智时代，如何实现民富国强和中华民族伟大复兴？

3. 影响经营成果的因素有哪些？

## 职业能力训练

一、单选题

1. 根据我国的企业会计准则，资产负债表一般采用的格式是（　　）。

　　A. 单步式　　　　B. 多步式　　　　C. 账户式　　　　D. 报告式

2. 编制利润表的主要依据是（　　）。

　　A. 资产类账户的本期发生额　　　　B. 所有者权益的期末余额

　　C. 损益类账户的本期发生额　　　　D. 损益类账户的期末余额

3. 下列项目有可能以负数形式出现的是（　　）。

　　A."投资收益"　　B."流动资产"　　C."固定资产"　　D."短期借款"

4. 资产负债表的编制基础是（　　）。

　　A. 收付实现制　　B. 权责发生制　　C. 货币计量　　D. 会计等式

5. 对营业利润没有影响的是（　　）。

　　A. 管理费用　　　B. 其他业务收入　　C. 税金及附加　　D. 营业外收入

6. 下列项目中，不需要根据总账科目余额减去其备抵科目后的净额填列的是（　　）。

　　A."应收账款"　　B."固定资产"　　C."存货"　　D."货币资金"

7. 某企业"应付账款"明细账期末余额情况如下：甲企业贷方余额200 000元，乙企业借方余额220 000元，丙企业贷方余额340 000元。假如该企业"预付账款"明细账均为借方余额，则根据以上数据计算的反映在资产负债表"应付账款"项目的数额为（　　）元。

　　A. 360 000　　　B. 440 000　　　C. 540 000　　　D. 340 000

## 二、多选题

1. 下列报表中，属于对外报表的有（　　）。
   A. 资产负债表　　　　　　　　　B. 利润表
   C. 现金流量表　　　　　　　　　D. 所有者权益变动表

2. "存货"项目是根据有关账户的期末余额合计数减去其备抵账户期末余额后的金额填列的，这些账户包括（　　）。
   A. "原材料"　　B. "库存商品"　　C. "生产成本"　　D. "存货跌价准备"

3. 流动资产包括（　　）。
   A. 货币资金　　B. 存货　　C. 应收账款　　D. 长期股权投资

4. 流动负债包括（　　）。
   A. 短期借款　　B. 预收账款　　C. 应交税费　　D. 应付职工薪酬

5. 所有者权益包括（　　）。
   A. 实收资本　　B. 资本公积　　C. 未分配利润　　D. 长期股权投资

6. 固定资产净值是根据（　　）账户计算填列的。
   A. "固定资产"　　　　　　　　　B. "累计折旧"
   C. "累计摊销"　　　　　　　　　D. "固定资产减值准备"

7. "营业收入"项目是根据（　　）账户填列的。
   A. "主营业务收入"　　　　　　　B. "投资收益"
   C. "其他业务收入"　　　　　　　D. "营业外收入"

8. 下列属于损益类账户的有（　　）。
   A. "主营业务成本"　　　　　　　B. "管理费用"
   C. "生产成本"　　　　　　　　　D. "制造费用"

9. 影响营业利润的账户有（　　）。
   A. "投资收益"　　　　　　　　　B. "其他业务收入"
   C. "销售费用"　　　　　　　　　D. "营业外收入"
   E. "税金及附加"

10. 资产负债表中的应收账款是根据（　　）填列的。
    A. 应收账款总账余额　　　　　　B. 应收账款明细账借方余额
    C. 应收账款明细账贷方余额　　　D. 预收账款明细账借方余额

## 三、判断题

1. （　　）资产负债表是根据"资产＝负债＋所有者权益"这一会计等式编制的。
2. （　　）资产负债表中的"长期借款"项目是根据"长期借款"总账期末余额直接填列的。
3. （　　）我国企业的利润表采用多步式。
4. （　　）利润表是动态报表，是反映企业一定会计期间财务状况的报表。
5. （　　）利润表是根据"收入－费用＝利润"这一会计等式编制的。
6. （　　）资产负债表中的"应收账款"项目是根据"应收账款"总账余额直接填列的。
7. （　　）资产负债表和利润表之间没有任何联系。

8.（　　）利润总额等于营业利润加上营业外收入，减去营业外支出。

9.（　　）利润表中的"投资收益"项目应根据"投资收益"账户的发生额分析填列。如果是投资损失，则以"－"号填列。

10.（　　）资产负债表中的"固定资产"项目是根据"固定资产"账户余额减去"累计折旧"和"固定资产减值准备"账户余额的合计数填列的。

### 四、实训题

练习1

目的：练习资产负债表的填制。

资料：友好公司202×年12月31日有关账户的期末余额如表10-5所示。

表10-5　友好公司202×年年末有关账户的期末余额

单位：元

| 账户名称 | 期末借方余额 | 账户名称 | 期末贷方余额 |
| --- | --- | --- | --- |
| 库存现金 | 8 800 | 坏账准备 | 5 400 |
| 银行存款 | 250 000 | 累计折旧 | 42 000 |
| 交易性金融资产 | 120 000 | 累计摊销 | 62 000 |
| 应收票据 | 34 000 | 短期借款 | 250 000 |
| 应收账款 | 110 000 | 应付票据 | 27 000 |
| 预付账款 | 30 000 | 应付账款 | 340 000 |
| 其他应收款 | 12 000 | 预收账款 | 41 000 |
| 原材料 | 47 000 | 应付职工薪酬 | 56 000 |
| 库存商品 | 128 000 | 应交税费 | 6 800 |
| 生产成本 | 180 000 | 其他应付款 | 135 000 |
| 长期股权投资 | 100 000 | 长期借款 | 180 000 |
| 固定资产 | 175 000 | 实收资本 | 200 000 |
| 在建工程 | 75 200 | 资本公积 | 6 000 |
| 无形资产 | 126 000 | 盈余公积 | 39 600 |
| 长期待摊费用 | 8 700 | 利润分配 | 13 900 |
| 合计 | 1 404 700 | 合计 | 1 404 700 |

1. 本例中，长期借款中有80 000元将于1年内到期。

2. 债权债务有关明细账户如下。

（1）应收账款：

金创公司　　　　　240 000元（借方余额）

荣兴公司　　　　　60 000元（贷方余额）

融实公司　　　　　70 000元（贷方余额）

（2）应付账款：

融创公司　　　　　540 000元（贷方余额）

金新公司　　　　　120 000元（借方余额）

富力公司　　　　　80 000元（借方余额）

（3）预付账款：

大金公司　　　　　150 000 元（借方余额）

苏丽公司　　　　　44 000 元（贷方余额）

贝宝公司　　　　　76 000 元（贷方余额）

（4）预收账款：

瑞海公司　　　　　45 000 元（借方余额）

温乐公司　　　　　86 000 元（贷方余额）

要求：根据上述资料编制该公司的资产负债表（简表），如表 10-6 所示。

表 10-6　友好公司 202× 年资产负债表（简表）

## 资产负债表（简表）

编制单位：友好公司　　　　　　　　　　　　　年　月　日　　　　　　　　　　　　　　单位：元

| 资产 | 期末余额 | 年初余额 | 负债和所有者权益 | 期末余额 | 年初余额 |
|---|---|---|---|---|---|
| 流动资产： | | （略） | 流动负债： | | （略） |
| 货币资金 | | | 短期借款 | | |
| 交易性金融资产 | | | 应付票据 | | |
| 应收票据 | | | 应付账款 | | |
| 应收账款 | | | 预收账款 | | |
| 预付账款 | | | 应付职工薪酬 | | |
| 其他应收款 | | | 应交税费 | | |
| 存货 | | | 其他应付款 | | |
| 1 年内到期的非流动资产 | | | 1 年内到期的非流动负债 | | |
| 其他流动资产 | | | 其他流动负债 | | |
| 流动资产合计 | | | 流动负债合计 | | |
| 非流动资产： | | | 非流动负债： | | |
| 债权投资 | | | 长期借款 | | |
| 长期应收款 | | | 应付债券 | | |
| 长期股权投资 | | | 长期应付款 | | |
| 固定资产 | | | 非流动负债合计 | | |
| 在建工程 | | | 负债合计 | | |
| 生产性生物资产 | | | 所有者权益（或股东权益）： | | |
| 无形资产 | | | 实收资本（或股本） | | |
| 开发支出 | | | 资本公积 | | |
| 长期待摊费用 | | | 盈余公积 | | |
| 其他非流动资产 | | | 未分配利润 | | |
| 非流动资产合计 | | | 所有者权益（或股东权益）合计 | | |
| 资产总计 | | | 负债和所有者权益（或股东权益）总计 | | |

单位负责人：　　　　　　　财务负责人：　　　　　　　会计主管：

练习 2

目的：练习利润表的填制。

资料：温乐公司 202×年 1—12 月各损益类账户的累计发生额如表 10-7 所示。

表 10-7　温乐公司 202×年 1—12 月各损益类账户的累计发生额

单位：元

| 账户名称 | 全年累计发生额 | 借贷方向 |
| --- | --- | --- |
| 主营业务收入 | 650 000 | 贷 |
| 主营业务成本 | 310 000 | 借 |
| 税金及附加 | 54 000 | 借 |
| 其他业务收入 | 43 000 | 贷 |
| 其他业务成本 | 11 000 | 借 |
| 管理费用 | 89 000 | 借 |
| 销售费用 | 46 000 | 借 |
| 财务费用 | 37 000 | 借 |
| 投资收益 | 13 000 | 贷 |
| 营业外收入 | 51 000 | 贷 |
| 营业外支出 | 62 000 | 借 |

要求：根据上述资料编制该公司本年度的利润表（简表），如表 10-8 所示。

表 10-8　温乐公司 202×年利润表（简表）

## 利润表（简表）

编制单位：　　　　　　　　　　　　　　年　月　　　　　　　　　　　　　单位：元

| 项目 | 本期金额 | 上期金额 |
| --- | --- | --- |
| 一、营业收入 | 693 000 | （略） |
| 　减：营业成本 | 321 000 | |
| 　　　税金及附加 | 54 000 | |
| 　　　销售费用 | 46 000 | |
| 　　　管理费用 | 89 000 | |
| 　　　财务费用（收益以"－"号填列） | 37 000 | |
| 　　　资产减值损失 | | |
| 　加：公允价值变动收益（损失以"－"号填列） | | |
| 　　　投资收益（损失以"－"号填列） | 13 000 | |
| 二、营业利润（亏损以"－"号填列） | 159 000 | |
| 　加：营业外收入 | 51 000 | |
| 　减：营业外支出 | 62 000 | |
| 三、利润总额（亏损总额以"－"号填列） | 148 000 | |
| 　减：所得税费用 | | |
| 四、净利润（净亏损以"－"号填列） | 148 000 | |

单位负责人：　　　　　　　　财务负责人：　　　　　　　　会计主管：

# 第 11 章

# 大数据会计基础[1]

### 学习目标

1. 理解：大数据与数据分析
2. 熟悉：大数据对会计及财会人员的影响
3. 熟悉：大数据会计分析

### 内容导图

大数据正在改变商业世界。本章分析了大数据对会计及财会人员的影响，主要讲解了大数据的运用流程，旨在培养学生的会计和商业数据分析思维。

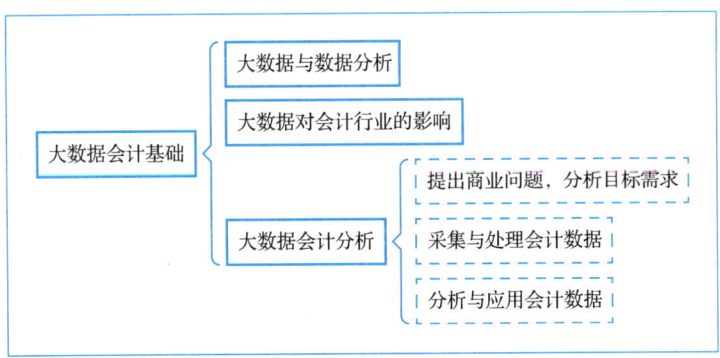

---

[1] 资料来源：[美] 弗农·J.理查森，山雨鑫，[美] 瑞安·A.蒂特，等.会计数据分析（第7版）.北京：机械工业出版社，2021.

坚定科技强国的信念、谋篇布局数智经济下的财务数智化,以与时俱进和开放创新的思维去培养终身学习能力。

### 财会人,习惯你的部分同事不是人类了吗?[1]

一、RPA(Robotic Process Automation,机器人流程自动化)和财务工作是绝配吗

财务业务特点与 RPA 技术特点在很多方面极其吻合。

财务是一个规则性极强的领域,并且在业务流程中存在大量重复的任务需要手工完成。例如票据接收、审核、报表出具等基础工作,都是基于标准化规则的操作,其往往需要财会人员进行大量的计算、核对、验证等工作,出错率和人力成本显著增加。

规则明确和大量重复这两大要点,使 RPA 在财务领域有了用武之地。

RPA 的核心要义,是通过事先设定好的脚本,在计算机上模拟手动操作(特别是敲键盘、点鼠标等操作),执行基于一定规则的大批量、可重复的任务。

放眼财务领域,资金管理、报销管理、税务管理、档案管理、固定资产管理等流程比比皆是。常见财务流程及其子流程都与 RPA 技术的应用条件高度匹配,符合 RPA 的适用标准。

在原本耗费大量人力资源和时间成本,且人工操作出错率较高的业务流程中,应用 RPA,能够最大限度地实现企业财务流程的高效运转,同时降低财务运行成本。

二、RPA + AI(人工智能):打通数据最后要塞

早期的 RPA 往往只擅长对结构化、数字化的数据信息进行识别处理。现如今,在结合了光学字符识别(OCR)、语音识别等 AI 技术之后,RPA 还可以对大量非结构化数据进行识别。

在输入端,利用 OCR 技术,RPA 可以轻松地将纸质发票、凭证、账册、合同中的代码、日期、金额等信息扫描到计算机里,并识别为电子逻辑信息,然后交给 RPA 记账、出具报表,进行后续处理。而语音识别技术则能够帮助 RPA 识别、接收人的语音指令,从语音中识别数字信息并进行处理。

RPA + AI 取代传统人工输入,将以一种更准确、更快捷、更高效的方式,引领智能自动化处理的潮流,及时响应业务变化和拓展。

三、学会接受 RPA

财会工作的本质决定了其最终会采用 RPA 这种自动化的方式。

RPA 的出现,也使得诸如"会计慌了""财会人将被取代"这样的话题不绝于耳。从表面上看,RPA 对那些从事简单基础票据录入、计算等单一工作的财会人员而言,确实有取而代之的危险。

---

[1] 资料来源:网易。

但从长远来看，RPA 给那些有意从中低端财会人员向高端财务管理人员迈进的员工提供了一个良好的成长机会。

随着财务职能的不断拓展，财务工作不再只是提供几张报表中的结构化数据那么简单。高水平的财务管理人员，必然要站在战略的高度，在分析各种因素对资金流动影响的基础上对企业的财务活动进行全局性、长期性和创造性的谋划。

RPA 的出现，与其说是"取代"，不如说是财会人员的"解放"，能最大化地减少财会人员的工作量。当财会人员不用再把时间都放在记账、录入等低附加值的工作上后，便可投入更多的时间和精力，深入分析企业或组织的财务数据，以便企业管理者改进经营决策。

今后，RPA＋AI 的"世纪组合"会以更好的方式，将人与机器的能力相结合，实现人机协作。在满足流程自动化、提高工作效率的基础上，帮助财会人员专注于更有价值、更具创造性的工作，实现向更高水平的财务管理者身份转型。

## 11.1 大数据与数据分析

21 世纪，IT 技术被深度运用，出现了大数据、人工智能、移动商务、云计算和社交网络。这些技术正主宰着人们的日常生活，并驾驭着各个组织的运营。每个组织都努力从技术发展和应用的特征中把握前进方向并获取竞争优势。

大数据正在 3 个层面引发人类活动的变革：社会变革、经济变革和个人生活方式变革。随着科技的发展，大数据时代已经到来。在大数据时代，传统模式已不适用，整合的、跨界的管理创新模式悄然而至。数据重构产业，流量改写未来，新的运营模式正在产生。

面对越来越多的数据，如何将数据转化为可以为企业创造价值的信息呢？可以通过分析数据来回答更多的商业问题并创造商业价值。基于此，数据分析是指通过对大量结构性数据和非结构性数据进行检索与分析，来帮助运用数据的企业发现数据中隐藏的趋势和联系，从而为企业提供所需的信息，帮助企业作出及时、有效的商业决策。数据分析还可以提高企业的生产力和资源使用率等，推动企业向前发展。

如今，数据已经成为社会经济发展的重要资产和竞争优势。会计信息是数据信息中重要的组成部分。

会计大数据，是指会计信息系统中的各种数据，包括企业的财务报表、财务指标、交易记录等。会计大数据的特点是高精度、高纬度、高速度和高价值。可以通过数据分析来回答商业和会计问题并创造价值。

## 11.2 大数据对会计行业的影响

数据分析对会计行业产生了巨大的影响。财会工作必须更好地与技术相结合；数据分析将极大地提高财会人员的工作效率与工作质量。

### 11.2.1 大数据在会计领域的应用

#### 1. 会计核算及财务报表

有些财务数据的估测依赖于财会人员的职业判断。会计数据分析有助于财会人员的职业判断更合理。比如应收账款坏账计提的比例；企业的存货是否过期并减值；商誉是否减值并对利润产生影响；企业是否有负债。数据分析可以帮助财会人员根据客户和竞争对手等利益相关者发布的信息，发现潜在的机遇与挑战，比如对坏账的可收回性、应收账款政策的合理性、长期对外投资是否减值及其对利润的影响等进行更客观的评估。

#### 2. 审计

数据分析将在审计工作中扮演越来越重要的角色。更多的会计师事务所加大了对技术和技术人员的投资。通过对财务数据的采集、整理和分析，可提高审计人员在实质性分析和细节测试过程中评估审计风险的能力，从而提高审计质量，扩大服务范围，增加服务附加值。

传统的审计程序将被自动化技术改进或替代。传统的审计工作常常需要对审计样本进行抽样，而数据分析可以使审计人员对完整的数据进行分析。面对烦冗的数据，审计人员可将更多的精力放在调查与判断数据的逻辑性和合理性上；审计人员的工作范围将不再局限于传统的审计工作，可对财务报表中的错误、重大错报、欺诈和其他风险进行审计检查并编制出相关的审计报告；数据分析可以提高审计人员在实质性分析和细节测试过程中的风险评估能力，如检测欺诈交易和自动监控合规活动的能力。

#### 3. 管理会计

数据分析可以提高企业的生产力和资源使用率，极大地改变企业的运营模式。例如：借助数据分析，测算企业的成本是否合理；如何降低员工的加班费用；大数据可以将企业原材料采购的供求信息汇集起来，实现集约化管理；根据企业流程中每个环节的轻重缓急来更加科学地安排企业的费用支出；通过分类标签与关联分析，可以更好地评估企业的资金效率与资金效益，分析本企业的行业竞争力；为投资决策的可行性分析提供强有力的财务支持；等等。此外，大数据分析有助于企业的税务管理。

### 11.2.2 大数据对财会人员的要求

大数据时代需要财会人员具备基于数据分析思维的数据分析技能。财会人员不需要成为计算机专家，但是需要知道如何完成以下工作。

（1）明确阐述企业面临的财务问题和相关商业问题。
（2）了解具体的数据需求。
（3）根据数据分析，能够针对财务问题或相关商业问题得出分析结论，并提出解决对策或建议。
（4）能够向团队或领导展示分析结果。

为此，财会人员需具备基本的数据分析技能。根据弗农等人的观点，具有数据分析思维的财会人员应该具备以下 7 种分析技能。

（1）建立数据分析思维模式。知道在什么时候和什么情况下使用数据分析来解决商业问题。

（2）清理数据，为进一步的数据分析做好准备。理解数据清理和数据分析前的所有准备工作。

（3）了解数据质量。理解数据质量的含义及数据的完整性、可信性和有效性。

（4）理解描述性数据分析。通过基本的分析判断数据质量。

（5）使用合适的方法处理数据。

（6）通过统计性分析提出问题和解决问题。通过统计性分析获取信息、得出结论并提出建议。

（7）使用数据可视化等方法汇报分析结果。根据不同需求，采用合适、有效的方法来报告分析结果。

## 11.3 大数据会计分析

### 11.3.1 提出商业问题，分析目标需求

大数据时代，可以通过对数据的分析来解释、预测、洞见和决策，从而为现实社会服务。企业的应用转变为以数据为中心。大数据的运用可以改善订单处理方式，改变传统仓储运输模式，让采购变得更加精准，让产品和服务设计更加优化等。

运用大数据始于提出有待解决的商业问题。这些商业问题包括：如何给产品定价；如何找出工作中的错误或违规行为；如何扩大销售量；成本费用是否合理；客户是否及时结清账款；如何找出财务中存在的风险交易；等等，这些问题是运用大数据的第1步。第2步确定哪些数据可以用来解决第1步提出的商业问题。在获取数据之前，首先要了解哪些数据可以获得，包括如何获得数据、数据的可信性、数据的年份等。作为财会人员，首先需要对会计循环及相关数据有基本的了解，知道这些数据是如何被归档和存储的，进而决定哪些数据可以用来回答所提出的财务问题或其他商业问题。一旦确定了自己需要的数据，接下来就要进行数据的采集与处理、数据的分析与应用等工作了。

### 11.3.2 采集与处理会计数据

数据的采集与处理即数据的提取、转换和加载的过程。财会人员需要知道自己需要的数据存储在哪个财务信息系统，要理解数据在财务信息系统中的组织方式，理解数据在关系数据库中的存储方式，能够解释并应用数据提取、转换和加载技术。财会人员具体需要哪些数据？财会人员是否有权访问数据、通过何种方式获得数据？财会人员将使用哪些工具来执行数据分析？获得数据后，财会人员需要对数据进行转换和清洗。其中，数据清洗就是对数据进行预处理，包括处理缺失数据、识别错误数据和异常值、确定合适的变量表达方法等来验证数据的完整性、公允性和一致性。接下来就是加载数据以开展数据分析。

### 11.3.3 分析与应用会计数据

#### 1. 描述性数据分析

描述性数据分析是指描述已经发生的商业行为,如本月出货量、存货周转率、销售收入、毛利率、热销产品、保本量等指标。

#### 2. 统计性数据分析

统计性数据分析是指借助于数据模型建立与评估,对可获取数据进行合理的分析来回答和解决问题。比如通过数据模型来预测下一季度的产品需求、存货供给等,从而服务于商业决策。

#### 3. 制作数据报告,使数据可视化

应针对不同的使用情况,根据特定的需求给出相应的分析报告。数据可视化工具是用来进行大数据分析并以图表形式呈现的数据分析工具。对原始数据集进行数据处理,最终将数据转换为可见的图表形式后,信息使用者可以快速地在图表中发现数据的潜在规律,为决策提供及时、有效的支持。面向商业智能管理的可视化软件有 Excel、Tableau、Power BI。利用 Excel 可以轻松制作出符合要求的数据可视化图表;Tableau 是一款用于大数据整理、统计和分析的可视化工具;Power BI 是基于云的商业数据分析和共享工具,能把复杂的数据转换成简洁的视图,创建可视化交互式报告,并可以在手机端 App 中随时查看。

# 目录

一、实训资料 ·················································································· 1

二、实训要求 ·················································································· 7

    实训1  编制会计分录 ································································ 7

    实训2  填制记账凭证 ································································ 23

    实训3  登记库存现金、银行存款日记账和其他相关总分类账 ············· 69

    实训4  编制库存商品明细账 ······················································ 101

    实训5  编制试算平衡表 ···························································· 105

    实训6  编制财务报表 ······························································· 109

# 一、实训资料

科创公司为增值税一般纳税人,销售货物增值税税率13%,企业所得税税率25%(假定不存在纳税调整项目)。本公司存货计价采用移动加权平均法,有关账户的期初余额如表1所示。

表1 科创公司有关账户的期初余额

单位:元

| 账户名称 | 期初借方余额 | 账户名称 | 期初贷方余额 |
| --- | --- | --- | --- |
| 库存现金 | 5 000 | 累计折旧 | 16 500 |
| 银行存款 | 85 000 | 短期借款 | 65 000 |
| 应收票据 | 12 000 | 应付票据 | 8 000 |
| 应收账款 | 46 000 | 应付账款 | 49 000 |
| 原材料 | 27 000 | 应付职工薪酬 | 63 000 |
| 生产成本 | 7 000 | 应交税费 | 4 200 |
| 库存商品 | 57 500 | 长期借款 | 50 000 |
| 其中:A产品100件 | 20 000 | 实收资本 | 180 000 |
| B产品150件 | 37 500 | 资本公积 | 2 000 |
| 长期股权投资 | 120 000 | 盈余公积 | 7 180 |
| 固定资产 | 150 000 | 未分配利润 | 64 620 |
| 合计 | 509 500 | 合计 | 509 500 |

该公司本月的主要经济业务活动如下。

1. 从丽江公司购入甲材料一批,取得的增值税专用发票上注明数量1 000千克,每千克30元,增值税税额3 900元,价税合计33 900元;运杂费1 000元。款项已用银行存款支付。

2. 根据合同规定,本公司用银行存款20 000元向茶白公司预付购买乙材料的货款。

3. 行政管理部门报销购买办公用品的费用1 000元,取得增值税普通发票。款项用库存现金支付。

4. 向工商银行取得6个月的短期借款20万元,借款已到账,年利率6%,到期还本付息。

5. 从茶白公司购入乙材料一批,取得的增值税专用发票上注明数量200千克,每千克100元,增值税税额2 600元。剩余款项已用银行存款支付。

6. 通过网银转账发放上个月的员工工资63 000元。

7. 从文瑞公司购入丙材料一批,取得的增值税专用发票上注明数量80千克,每千克200元,增值税税额2 080元。款项尚未支付。

8. 购入的甲材料、乙材料和丙材料已验收入库,按实际成本核算。

9. 销售给原木公司B产品40件,每件450元,增值税税额2 340元。款项尚未收到。

10. 结转已售40件B产品的成本10 000元。

11. 接到银行付款通知,支付水电费7 200元。其中,生产车间耗用6 000元,行政管理部门耗用1 200元。

12. 本月生产A产品领用甲材料300千克,金额9 000元;领用丙材料49.7千克,金额9 940元。

生产 B 产品领用乙材料 400 千克，金额 40 000 元。

13. 总经理报销差旅费 820 元，用库存现金支付。

14. 用银行存款支付公司本月电话费 760 元。

15. 用银行存款支付产品的销售广告费 3 600 元。

16. 公司将一处闲置的厂房出租给大自然公司，共收到本月租金 43 600 元，其中含应交增值税 3 600 元。

17. 计提本月固定资产的折旧 17 200 元。其中，生产车间的机器设备折旧 8 500 元，行政管理部门的设备折旧 5 500 元，闲置的厂房折旧 3 200 元。

18. 生产车间购置了一批办公用品，价值 2 200 元，以银行存款支付。

19. 计提本月的短期借款利息 3 000 元。

20. 计提本月职工工资 74 900 元。其中，生产 A 产品人员工资 12 000 元，生产 B 产品人员工资 21 000 元，车间管理人员工资 18 600 元，行政管理人员工资 15 000 元，销售人员工资 8 300 元。

21. 收到新增股东的投资款 190 000 元，按照股权比例所享有的资本是 130 000 元，溢价 60 000 元。

22. 购入一台不需要安装的设备，取得的增值税专用发票上注明价款 20 000 元，增值税税额 2 600 元。款项已通过银行存款支付。

23. 归集本月发生的全部制造费用，将其结转至生产成本，按产品生产工时进行分配。已知本月生产 A 产品耗用 400 小时，生产 B 产品耗用 600 小时。

24. 结转本月完工入库产品的生产成本。其中，A 产品 210 件，成本 45 360 元；B 产品 320 件，成本 82 180 元。

25. 销售给长和公司 A 产品 100 件，每件 600 元，增值税税额 7 800 元。已收到 50 000 元款项，余款未收回。销售给酷源公司 B 产品 100 件，每件 520 元，增值税税额 6 760 元。收到一张对方公司开具的银行票据。

26. 被投资公司特美公司宣布分红政策，按照投资持股比例，本公司确认应享有投资分红 6 800 元。

27. 收回清风公司上个月所欠货款 27 900 元。

28. 用银行存款支付业务招待费 1 600 元。

29. 接到银行通知，支付给大通公司一笔本月到期的银行承兑汇票款 5 000 元。

30. 收到一张金额为 9 516 元的罚单，已用银行存款支付。

31. 注册一个商标，共支出 135 000 元。其中，用现金支付手续费 500 元，用银行存款支付 13 000 元。

32. 根据税法规定，本月应缴城市维护建设税 652.4 元，教育费附加 279.6 元。

33. 结转已售的 100 件 A 产品和 100 件 B 产品的发货成本。其中，A 产品成本 21 084 元，B 产品成本 25 507 元。

34. 收到政府补助金 33 727 元。

35. 将本月发生的各项收入转入"本年利润"账户。

36. 将本月发生的各项成本费用转入"本年利润"账户。

37. 按规定计算本月应缴所得税费用。企业所得税税率 25%（假定不存在纳税调整项目）。

38. 将所得税费用转入"本年利润"账户。
39. 将本年利润余额转入"利润分配"账户。
40. 按税后净利润的 10% 计提法定盈余公积。
41. 向投资者分配现金股利 6 600 元。
42. 将利润分配各明细分类账户的发生额转入"利润分配——未分配利润"账户。

## 二、实训要求

根据上述业务资料完成下列实训。

### 实训 1  编制会计分录

根据上述经济业务，编制会计分录，填入表2。

表2  会计分录

| 序号 | 摘要 | 会计分录 |
| --- | --- | --- |
| 1 | | |
| 2 | | |
| 3 | | |
| 4 | | |
| 5 | | |

续表

| 序号 | 摘要 | 会计分录 |
|---|---|---|
| 6 | | |
| 7 | | |
| 8 | | |
| 9 | | |
| 10 | | |

续表

| 序号 | 摘要 | 会计分录 |
|---|---|---|
| 11 | | |
| 12 | | |
| 13 | | |
| 14 | | |
| 15 | | |
| 16 | | |

续表

| 序号 | 摘要 | 会计分录 |
|---|---|---|
| 17 | | |
| 18 | | |
| 19 | | |
| 20 | | |
| 21 | | |

续表

| 序号 | 摘要 | 会计分录 |
|---|---|---|
| 22 | | |
| 23 | | |
| 24 | | |
| 25 | | |
| 26 | | |

续表

| 序号 | 摘要 | 会计分录 |
|---|---|---|
| 27 | | |
| 28 | | |
| 29 | | |
| 30 | | |
| 31 | | |
| 32 | | |

续表

| 序号 | 摘要 | 会计分录 |
|---|---|---|
| 33 | | |
| 34 | | |
| 35 | | |
| 36 | | |

续表

| 序号 | 摘要 | 会计分录 |
|---|---|---|
| 37 | | |
| 38 | | |
| 39 | | |
| 40 | | |
| 41 | | |
| 42 | | |

## 实训 2　填制记账凭证

资料：假定上述经济业务发生在 202×年 3 月份，请根据上述经济业务发生的顺序逐笔填制记账凭证，如表 3 所示。

表 3　记账凭证（45 张）

### 记 账 凭 证

年　　月　　日　　　　　　　　　　　　　　　　　　　　　　记字第　　号

| 摘要 | 会计科目 | | 借方金额 | | | | | | | | | | 贷方金额 | | | | | | | | | | √ |
|---|---|---|---|---|---|---|---|---|---|---|---|---|---|---|---|---|---|---|---|---|---|---|---|
| | 总账科目 | 明细科目 | 亿 | 千 | 百 | 十 | 万 | 千 | 百 | 十 | 元 | 角 | 分 | 亿 | 千 | 百 | 十 | 万 | 千 | 百 | 十 | 元 | 角 | 分 | |
| | | | | | | | | | | | | | | | | | | | | | | | | | |
| | | | | | | | | | | | | | | | | | | | | | | | | | |
| | | | | | | | | | | | | | | | | | | | | | | | | | |
| | | | | | | | | | | | | | | | | | | | | | | | | | |
| | | | | | | | | | | | | | | | | | | | | | | | | | |
| 附件　　张 | 合计 | | | | | | | | | | | | | | | | | | | | | | | | |

会计主管：　　　　　　记账：　　　　　　复核：　　　　　　出纳：　　　　　　制表：

### 记 账 凭 证

年　　月　　日　　　　　　　　　　　　　　　　　　　　　　记字第　　号

| 摘要 | 会计科目 | | 借方金额 | | | | | | | | | | 贷方金额 | | | | | | | | | | √ |
|---|---|---|---|---|---|---|---|---|---|---|---|---|---|---|---|---|---|---|---|---|---|---|---|
| | 总账科目 | 明细科目 | 亿 | 千 | 百 | 十 | 万 | 千 | 百 | 十 | 元 | 角 | 分 | 亿 | 千 | 百 | 十 | 万 | 千 | 百 | 十 | 元 | 角 | 分 | |
| | | | | | | | | | | | | | | | | | | | | | | | | | |
| | | | | | | | | | | | | | | | | | | | | | | | | | |
| | | | | | | | | | | | | | | | | | | | | | | | | | |
| | | | | | | | | | | | | | | | | | | | | | | | | | |
| | | | | | | | | | | | | | | | | | | | | | | | | | |
| 附件　　张 | 合计 | | | | | | | | | | | | | | | | | | | | | | | | |

会计主管：　　　　　　记账：　　　　　　复核：　　　　　　出纳：　　　　　　制表：

## 记 账 凭 证

年　月　日　　　　　　　　　　　　　　　　　　　　记字第　　号

| 摘要 | 会计科目 | | 借方金额 | | | | | | | | | | 贷方金额 | | | | | | | | | | √ |
|---|---|---|---|---|---|---|---|---|---|---|---|---|---|---|---|---|---|---|---|---|---|---|---|
| | 总账科目 | 明细科目 | 亿 | 千 | 百 | 十 | 万 | 千 | 百 | 十 | 元 | 角 | 分 | 亿 | 千 | 百 | 十 | 万 | 千 | 百 | 十 | 元 | 角 | 分 | |
| | | | | | | | | | | | | | | | | | | | | | | | | | |
| | | | | | | | | | | | | | | | | | | | | | | | | | |
| | | | | | | | | | | | | | | | | | | | | | | | | | |
| | | | | | | | | | | | | | | | | | | | | | | | | | |
| | | | | | | | | | | | | | | | | | | | | | | | | | |
| | | | | | | | | | | | | | | | | | | | | | | | | | |
| 附件　张 | 合计 | | | | | | | | | | | | | | | | | | | | | | | | |

会计主管：　　　　　记账：　　　　　复核：　　　　　出纳：　　　　　制表：

----- ✂ -----

## 记 账 凭 证

年　月　日　　　　　　　　　　　　　　　　　　　　记字第　　号

| 摘要 | 会计科目 | | 借方金额 | | | | | | | | | | 贷方金额 | | | | | | | | | | √ |
|---|---|---|---|---|---|---|---|---|---|---|---|---|---|---|---|---|---|---|---|---|---|---|---|
| | 总账科目 | 明细科目 | 亿 | 千 | 百 | 十 | 万 | 千 | 百 | 十 | 元 | 角 | 分 | 亿 | 千 | 百 | 十 | 万 | 千 | 百 | 十 | 元 | 角 | 分 | |
| | | | | | | | | | | | | | | | | | | | | | | | | | |
| | | | | | | | | | | | | | | | | | | | | | | | | | |
| | | | | | | | | | | | | | | | | | | | | | | | | | |
| | | | | | | | | | | | | | | | | | | | | | | | | | |
| | | | | | | | | | | | | | | | | | | | | | | | | | |
| | | | | | | | | | | | | | | | | | | | | | | | | | |
| 附件　张 | 合计 | | | | | | | | | | | | | | | | | | | | | | | | |

会计主管：　　　　　记账：　　　　　复核：　　　　　出纳：　　　　　制表：

## 记账凭证

年　月　日　　　　　　　　　　　　　　　　　记字第　号

| 摘要 | 会计科目 | | 借方金额 | | | | | | | | | | 贷方金额 | | | | | | | | | | √ |
|---|---|---|---|---|---|---|---|---|---|---|---|---|---|---|---|---|---|---|---|---|---|---|---|
| | 总账科目 | 明细科目 | 亿 | 千 | 百 | 十 | 万 | 千 | 百 | 十 | 元 | 角 | 分 | 亿 | 千 | 百 | 十 | 万 | 千 | 百 | 十 | 元 | 角 | 分 | |
| | | | | | | | | | | | | | | | | | | | | | | | | |
| | | | | | | | | | | | | | | | | | | | | | | | | |
| | | | | | | | | | | | | | | | | | | | | | | | | |
| | | | | | | | | | | | | | | | | | | | | | | | | |
| | | | | | | | | | | | | | | | | | | | | | | | | |
| 附件　张 | 合计 | | | | | | | | | | | | | | | | | | | | | | | |

会计主管：　　　　记账：　　　　复核：　　　　出纳：　　　　制表：

---

## 记账凭证

年　月　日　　　　　　　　　　　　　　　　　记字第　号

| 摘要 | 会计科目 | | 借方金额 | | | | | | | | | | 贷方金额 | | | | | | | | | | √ |
|---|---|---|---|---|---|---|---|---|---|---|---|---|---|---|---|---|---|---|---|---|---|---|---|
| | 总账科目 | 明细科目 | 亿 | 千 | 百 | 十 | 万 | 千 | 百 | 十 | 元 | 角 | 分 | 亿 | 千 | 百 | 十 | 万 | 千 | 百 | 十 | 元 | 角 | 分 | |
| | | | | | | | | | | | | | | | | | | | | | | | | |
| | | | | | | | | | | | | | | | | | | | | | | | | |
| | | | | | | | | | | | | | | | | | | | | | | | | |
| | | | | | | | | | | | | | | | | | | | | | | | | |
| | | | | | | | | | | | | | | | | | | | | | | | | |
| 附件　张 | 合计 | | | | | | | | | | | | | | | | | | | | | | | |

会计主管：　　　　记账：　　　　复核：　　　　出纳：　　　　制表：

## 记 账 凭 证

年　月　日　　　　　　　　　　　　　　　　记字第　号

| 摘要 | 会计科目 | | 借方金额 | | | | | | | | | | 贷方金额 | | | | | | | | | | √ |
|---|---|---|---|---|---|---|---|---|---|---|---|---|---|---|---|---|---|---|---|---|---|---|---|
| | 总账科目 | 明细科目 | 亿 | 千 | 百 | 十 | 万 | 千 | 百 | 十 | 元 | 角 | 分 | 亿 | 千 | 百 | 十 | 万 | 千 | 百 | 十 | 元 | 角 | 分 | |
| | | | | | | | | | | | | | | | | | | | | | | | | |
| | | | | | | | | | | | | | | | | | | | | | | | | |
| | | | | | | | | | | | | | | | | | | | | | | | | |
| | | | | | | | | | | | | | | | | | | | | | | | | |
| | | | | | | | | | | | | | | | | | | | | | | | | |
| 附件　张 | 合计 | | | | | | | | | | | | | | | | | | | | | | | | |

会计主管：　　　　记账：　　　　复核：　　　　出纳：　　　　制表：

---

## 记 账 凭 证

年　月　日　　　　　　　　　　　　　　　　记字第　号

| 摘要 | 会计科目 | | 借方金额 | | | | | | | | | | 贷方金额 | | | | | | | | | | √ |
|---|---|---|---|---|---|---|---|---|---|---|---|---|---|---|---|---|---|---|---|---|---|---|---|
| | 总账科目 | 明细科目 | 亿 | 千 | 百 | 十 | 万 | 千 | 百 | 十 | 元 | 角 | 分 | 亿 | 千 | 百 | 十 | 万 | 千 | 百 | 十 | 元 | 角 | 分 | |
| | | | | | | | | | | | | | | | | | | | | | | | | |
| | | | | | | | | | | | | | | | | | | | | | | | | |
| | | | | | | | | | | | | | | | | | | | | | | | | |
| | | | | | | | | | | | | | | | | | | | | | | | | |
| | | | | | | | | | | | | | | | | | | | | | | | | |
| 附件　张 | 合计 | | | | | | | | | | | | | | | | | | | | | | | | |

会计主管：　　　　记账：　　　　复核：　　　　出纳：　　　　制表：

## 记 账 凭 证

年　月　日　　　　　　　　　　　　　　　　　　　　　　　记字第　　号

| 摘要 | 会计科目 | | 借方金额 | | | | | | | | | | 贷方金额 | | | | | | | | | | √ |
|---|---|---|---|---|---|---|---|---|---|---|---|---|---|---|---|---|---|---|---|---|---|---|---|
| | 总账科目 | 明细科目 | 亿 | 千 | 百 | 十 | 万 | 千 | 百 | 十 | 元 | 角 | 分 | 亿 | 千 | 百 | 十 | 万 | 千 | 百 | 十 | 元 | 角 | 分 | |
| | | | | | | | | | | | | | | | | | | | | | | | | |
| | | | | | | | | | | | | | | | | | | | | | | | | |
| | | | | | | | | | | | | | | | | | | | | | | | | |
| | | | | | | | | | | | | | | | | | | | | | | | | |
| | | | | | | | | | | | | | | | | | | | | | | | | |
| 附件　张 | 合计 | | | | | | | | | | | | | | | | | | | | | | | | |

会计主管：　　　　　记账：　　　　　复核：　　　　　出纳：　　　　　制表：

---

## 记 账 凭 证

年　月　日　　　　　　　　　　　　　　　　　　　　　　　记字第　　号

| 摘要 | 会计科目 | | 借方金额 | | | | | | | | | | 贷方金额 | | | | | | | | | | √ |
|---|---|---|---|---|---|---|---|---|---|---|---|---|---|---|---|---|---|---|---|---|---|---|---|
| | 总账科目 | 明细科目 | 亿 | 千 | 百 | 十 | 万 | 千 | 百 | 十 | 元 | 角 | 分 | 亿 | 千 | 百 | 十 | 万 | 千 | 百 | 十 | 元 | 角 | 分 | |
| | | | | | | | | | | | | | | | | | | | | | | | | |
| | | | | | | | | | | | | | | | | | | | | | | | | |
| | | | | | | | | | | | | | | | | | | | | | | | | |
| | | | | | | | | | | | | | | | | | | | | | | | | |
| | | | | | | | | | | | | | | | | | | | | | | | | |
| 附件　张 | 合计 | | | | | | | | | | | | | | | | | | | | | | | | |

会计主管：　　　　　记账：　　　　　复核：　　　　　出纳：　　　　　制表：

## 记 账 凭 证

年　月　日　　　　　　　　　　　　　　　　　　　　　记字第　　号

| 摘要 | 会计科目 | | 借方金额 | | | | | | | | | | 贷方金额 | | | | | | | | | | √ |
|---|---|---|---|---|---|---|---|---|---|---|---|---|---|---|---|---|---|---|---|---|---|---|---|
| | 总账科目 | 明细科目 | 亿 | 千 | 百 | 十 | 万 | 千 | 百 | 十 | 元 | 角 | 分 | 亿 | 千 | 百 | 十 | 万 | 千 | 百 | 十 | 元 | 角 | 分 | |
| | | | | | | | | | | | | | | | | | | | | | | | | |
| | | | | | | | | | | | | | | | | | | | | | | | | |
| | | | | | | | | | | | | | | | | | | | | | | | | |
| | | | | | | | | | | | | | | | | | | | | | | | | |
| | | | | | | | | | | | | | | | | | | | | | | | | |
| 附件　张 | 合计 | | | | | | | | | | | | | | | | | | | | | | | |

会计主管：　　　　　记账：　　　　　复核：　　　　　出纳：　　　　　制表：

---

## 记 账 凭 证

年　月　日　　　　　　　　　　　　　　　　　　　　　记字第　　号

| 摘要 | 会计科目 | | 借方金额 | | | | | | | | | | 贷方金额 | | | | | | | | | | √ |
|---|---|---|---|---|---|---|---|---|---|---|---|---|---|---|---|---|---|---|---|---|---|---|---|
| | 总账科目 | 明细科目 | 亿 | 千 | 百 | 十 | 万 | 千 | 百 | 十 | 元 | 角 | 分 | 亿 | 千 | 百 | 十 | 万 | 千 | 百 | 十 | 元 | 角 | 分 | |
| | | | | | | | | | | | | | | | | | | | | | | | | |
| | | | | | | | | | | | | | | | | | | | | | | | | |
| | | | | | | | | | | | | | | | | | | | | | | | | |
| | | | | | | | | | | | | | | | | | | | | | | | | |
| | | | | | | | | | | | | | | | | | | | | | | | | |
| 附件　张 | 合计 | | | | | | | | | | | | | | | | | | | | | | | |

会计主管：　　　　　记账：　　　　　复核：　　　　　出纳：　　　　　制表：

## 记 账 凭 证

年　月　日　　　　　　　　　　　　　　　　　　记字第　　号

| 摘要 | 会计科目 | | 借方金额 | | | | | | | | | | 贷方金额 | | | | | | | | | | √ |
|---|---|---|---|---|---|---|---|---|---|---|---|---|---|---|---|---|---|---|---|---|---|---|---|
| | 总账科目 | 明细科目 | 亿 | 千 | 百 | 十 | 万 | 千 | 百 | 十 | 元 | 角 | 分 | 亿 | 千 | 百 | 十 | 万 | 千 | 百 | 十 | 元 | 角 | 分 | |
| | | | | | | | | | | | | | | | | | | | | | | | | |
| | | | | | | | | | | | | | | | | | | | | | | | | |
| | | | | | | | | | | | | | | | | | | | | | | | | |
| | | | | | | | | | | | | | | | | | | | | | | | | |
| | | | | | | | | | | | | | | | | | | | | | | | | |
| | | | | | | | | | | | | | | | | | | | | | | | | |
| 附件　张 | 合计 | | | | | | | | | | | | | | | | | | | | | | | |

会计主管：　　　　　记账：　　　　　复核：　　　　　出纳：　　　　　制表：

---

## 记 账 凭 证

年　月　日　　　　　　　　　　　　　　　　　　记字第　　号

| 摘要 | 会计科目 | | 借方金额 | | | | | | | | | | 贷方金额 | | | | | | | | | | √ |
|---|---|---|---|---|---|---|---|---|---|---|---|---|---|---|---|---|---|---|---|---|---|---|---|
| | 总账科目 | 明细科目 | 亿 | 千 | 百 | 十 | 万 | 千 | 百 | 十 | 元 | 角 | 分 | 亿 | 千 | 百 | 十 | 万 | 千 | 百 | 十 | 元 | 角 | 分 | |
| | | | | | | | | | | | | | | | | | | | | | | | | |
| | | | | | | | | | | | | | | | | | | | | | | | | |
| | | | | | | | | | | | | | | | | | | | | | | | | |
| | | | | | | | | | | | | | | | | | | | | | | | | |
| | | | | | | | | | | | | | | | | | | | | | | | | |
| | | | | | | | | | | | | | | | | | | | | | | | | |
| 附件　张 | 合计 | | | | | | | | | | | | | | | | | | | | | | | |

会计主管：　　　　　记账：　　　　　复核：　　　　　出纳：　　　　　制表：

## 记 账 凭 证

年　月　日　　　　　　　　　　　　　　　　　　　　　　记字第　　号

| 摘要 | 会计科目 | | 借方金额 | | | | | | | | | | 贷方金额 | | | | | | | | | | √ |
|---|---|---|---|---|---|---|---|---|---|---|---|---|---|---|---|---|---|---|---|---|---|---|---|
| | 总账科目 | 明细科目 | 亿 | 千 | 百 | 十 | 万 | 千 | 百 | 十 | 元 | 角 | 分 | 亿 | 千 | 百 | 十 | 万 | 千 | 百 | 十 | 元 | 角 | 分 | |
| | | | | | | | | | | | | | | | | | | | | | | | | |
| | | | | | | | | | | | | | | | | | | | | | | | | |
| | | | | | | | | | | | | | | | | | | | | | | | | |
| | | | | | | | | | | | | | | | | | | | | | | | | |
| | | | | | | | | | | | | | | | | | | | | | | | | |
| 附件　张 | 合计 | | | | | | | | | | | | | | | | | | | | | | | | |

会计主管：　　　　记账：　　　　复核：　　　　出纳：　　　　制表：

---

## 记 账 凭 证

年　月　日　　　　　　　　　　　　　　　　　　　　　　记字第　　号

| 摘要 | 会计科目 | | 借方金额 | | | | | | | | | | 贷方金额 | | | | | | | | | | √ |
|---|---|---|---|---|---|---|---|---|---|---|---|---|---|---|---|---|---|---|---|---|---|---|---|
| | 总账科目 | 明细科目 | 亿 | 千 | 百 | 十 | 万 | 千 | 百 | 十 | 元 | 角 | 分 | 亿 | 千 | 百 | 十 | 万 | 千 | 百 | 十 | 元 | 角 | 分 | |
| | | | | | | | | | | | | | | | | | | | | | | | | |
| | | | | | | | | | | | | | | | | | | | | | | | | |
| | | | | | | | | | | | | | | | | | | | | | | | | |
| | | | | | | | | | | | | | | | | | | | | | | | | |
| | | | | | | | | | | | | | | | | | | | | | | | | |
| 附件　张 | 合计 | | | | | | | | | | | | | | | | | | | | | | | | |

会计主管：　　　　记账：　　　　复核：　　　　出纳：　　　　制表：

## 记 账 凭 证

年　月　日　　　　　　　　　　　　　　　　　　　　　　　记字第　　号

| 摘要 | 会计科目 | | 借方金额 | | | | | | | | | | 贷方金额 | | | | | | | | | | √ |
|---|---|---|---|---|---|---|---|---|---|---|---|---|---|---|---|---|---|---|---|---|---|---|---|
| | 总账科目 | 明细科目 | 亿 | 千 | 百 | 十 | 万 | 千 | 百 | 十 | 元 | 角 | 分 | 亿 | 千 | 百 | 十 | 万 | 千 | 百 | 十 | 元 | 角 | 分 | |
| | | | | | | | | | | | | | | | | | | | | | | | | |
| | | | | | | | | | | | | | | | | | | | | | | | | |
| | | | | | | | | | | | | | | | | | | | | | | | | |
| | | | | | | | | | | | | | | | | | | | | | | | | |
| | | | | | | | | | | | | | | | | | | | | | | | | |
| 附件　张 | 合计 | | | | | | | | | | | | | | | | | | | | | | | |

会计主管：　　　　　记账：　　　　　复核：　　　　　出纳：　　　　　制表：

---

## 记 账 凭 证

年　月　日　　　　　　　　　　　　　　　　　　　　　　　记字第　　号

| 摘要 | 会计科目 | | 借方金额 | | | | | | | | | | 贷方金额 | | | | | | | | | | √ |
|---|---|---|---|---|---|---|---|---|---|---|---|---|---|---|---|---|---|---|---|---|---|---|---|
| | 总账科目 | 明细科目 | 亿 | 千 | 百 | 十 | 万 | 千 | 百 | 十 | 元 | 角 | 分 | 亿 | 千 | 百 | 十 | 万 | 千 | 百 | 十 | 元 | 角 | 分 | |
| | | | | | | | | | | | | | | | | | | | | | | | | |
| | | | | | | | | | | | | | | | | | | | | | | | | |
| | | | | | | | | | | | | | | | | | | | | | | | | |
| | | | | | | | | | | | | | | | | | | | | | | | | |
| | | | | | | | | | | | | | | | | | | | | | | | | |
| 附件　张 | 合计 | | | | | | | | | | | | | | | | | | | | | | | |

会计主管：　　　　　记账：　　　　　复核：　　　　　出纳：　　　　　制表：

## 记 账 凭 证

年　月　日　　　　　　　　　　　　　　　　　　记字第　号

| 摘要 | 会计科目 | | 借方金额 | | | | | | | | | | 贷方金额 | | | | | | | | | | √ |
|---|---|---|---|---|---|---|---|---|---|---|---|---|---|---|---|---|---|---|---|---|---|---|---|
| | 总账科目 | 明细科目 | 亿 | 千 | 百 | 十 | 万 | 千 | 百 | 十 | 元 | 角 | 分 | 亿 | 千 | 百 | 十 | 万 | 千 | 百 | 十 | 元 | 角 | 分 | |
| | | | | | | | | | | | | | | | | | | | | | | | | |
| | | | | | | | | | | | | | | | | | | | | | | | | |
| | | | | | | | | | | | | | | | | | | | | | | | | |
| | | | | | | | | | | | | | | | | | | | | | | | | |
| | | | | | | | | | | | | | | | | | | | | | | | | |
| | | | | | | | | | | | | | | | | | | | | | | | | |
| 附件　张 | 合计 | | | | | | | | | | | | | | | | | | | | | | | |

会计主管：　　　　记账：　　　　复核：　　　　出纳：　　　　制表：

---

## 记 账 凭 证

年　月　日　　　　　　　　　　　　　　　　　　记字第　号

| 摘要 | 会计科目 | | 借方金额 | | | | | | | | | | 贷方金额 | | | | | | | | | | √ |
|---|---|---|---|---|---|---|---|---|---|---|---|---|---|---|---|---|---|---|---|---|---|---|---|
| | 总账科目 | 明细科目 | 亿 | 千 | 百 | 十 | 万 | 千 | 百 | 十 | 元 | 角 | 分 | 亿 | 千 | 百 | 十 | 万 | 千 | 百 | 十 | 元 | 角 | 分 | |
| | | | | | | | | | | | | | | | | | | | | | | | | |
| | | | | | | | | | | | | | | | | | | | | | | | | |
| | | | | | | | | | | | | | | | | | | | | | | | | |
| | | | | | | | | | | | | | | | | | | | | | | | | |
| | | | | | | | | | | | | | | | | | | | | | | | | |
| | | | | | | | | | | | | | | | | | | | | | | | | |
| 附件　张 | 合计 | | | | | | | | | | | | | | | | | | | | | | | |

会计主管：　　　　记账：　　　　复核：　　　　出纳：　　　　制表：

## 记 账 凭 证

年　月　日　　　　　　　　　　　　　　　　　　　　记字第　　号

| 摘要 | 会计科目 | | 借方金额 | | | | | | | | | | 贷方金额 | | | | | | | | | | √ |
|---|---|---|---|---|---|---|---|---|---|---|---|---|---|---|---|---|---|---|---|---|---|---|---|
| | 总账科目 | 明细科目 | 亿 | 千 | 百 | 十 | 万 | 千 | 百 | 十 | 元 | 角 | 分 | 亿 | 千 | 百 | 十 | 万 | 千 | 百 | 十 | 元 | 角 | 分 | |
| | | | | | | | | | | | | | | | | | | | | | | | | |
| | | | | | | | | | | | | | | | | | | | | | | | | |
| | | | | | | | | | | | | | | | | | | | | | | | | |
| | | | | | | | | | | | | | | | | | | | | | | | | |
| | | | | | | | | | | | | | | | | | | | | | | | | |
| 附件　张 | 合计 | | | | | | | | | | | | | | | | | | | | | | | |

会计主管：　　　　　记账：　　　　　复核：　　　　　出纳：　　　　　制表：

---

## 记 账 凭 证

年　月　日　　　　　　　　　　　　　　　　　　　　记字第　　号

| 摘要 | 会计科目 | | 借方金额 | | | | | | | | | | 贷方金额 | | | | | | | | | | √ |
|---|---|---|---|---|---|---|---|---|---|---|---|---|---|---|---|---|---|---|---|---|---|---|---|
| | 总账科目 | 明细科目 | 亿 | 千 | 百 | 十 | 万 | 千 | 百 | 十 | 元 | 角 | 分 | 亿 | 千 | 百 | 十 | 万 | 千 | 百 | 十 | 元 | 角 | 分 | |
| | | | | | | | | | | | | | | | | | | | | | | | | |
| | | | | | | | | | | | | | | | | | | | | | | | | |
| | | | | | | | | | | | | | | | | | | | | | | | | |
| | | | | | | | | | | | | | | | | | | | | | | | | |
| | | | | | | | | | | | | | | | | | | | | | | | | |
| 附件　张 | 合计 | | | | | | | | | | | | | | | | | | | | | | | |

会计主管：　　　　　记账：　　　　　复核：　　　　　出纳：　　　　　制表：

## 记 账 凭 证

年　月　日　　　　　　　　　　　　　　　　　　记字第　号

| 摘要 | 会计科目 | | 借方金额 | | | | | | | | | | 贷方金额 | | | | | | | | | | √ |
|---|---|---|---|---|---|---|---|---|---|---|---|---|---|---|---|---|---|---|---|---|---|---|---|
| | 总账科目 | 明细科目 | 亿 | 千 | 百 | 十 | 万 | 千 | 百 | 十 | 元 | 角 | 分 | 亿 | 千 | 百 | 十 | 万 | 千 | 百 | 十 | 元 | 角 | 分 | |
| | | | | | | | | | | | | | | | | | | | | | | | | |
| | | | | | | | | | | | | | | | | | | | | | | | | |
| | | | | | | | | | | | | | | | | | | | | | | | | |
| | | | | | | | | | | | | | | | | | | | | | | | | |
| | | | | | | | | | | | | | | | | | | | | | | | | |
| 附件　张 | 合计 | | | | | | | | | | | | | | | | | | | | | | | |

会计主管：　　　　记账：　　　　复核：　　　　出纳：　　　　制表：

---

## 记 账 凭 证

年　月　日　　　　　　　　　　　　　　　　　　记字第　号

| 摘要 | 会计科目 | | 借方金额 | | | | | | | | | | 贷方金额 | | | | | | | | | | √ |
|---|---|---|---|---|---|---|---|---|---|---|---|---|---|---|---|---|---|---|---|---|---|---|---|
| | 总账科目 | 明细科目 | 亿 | 千 | 百 | 十 | 万 | 千 | 百 | 十 | 元 | 角 | 分 | 亿 | 千 | 百 | 十 | 万 | 千 | 百 | 十 | 元 | 角 | 分 | |
| | | | | | | | | | | | | | | | | | | | | | | | | |
| | | | | | | | | | | | | | | | | | | | | | | | | |
| | | | | | | | | | | | | | | | | | | | | | | | | |
| | | | | | | | | | | | | | | | | | | | | | | | | |
| | | | | | | | | | | | | | | | | | | | | | | | | |
| 附件　张 | 合计 | | | | | | | | | | | | | | | | | | | | | | | |

会计主管：　　　　记账：　　　　复核：　　　　出纳：　　　　制表：

## 记 账 凭 证

年　月　日　　　　　　　　　　　　　　　　　　　记字第　号

| 摘要 | 会计科目 | | 借方金额 | | | | | | | | | | 贷方金额 | | | | | | | | | | √ |
|---|---|---|---|---|---|---|---|---|---|---|---|---|---|---|---|---|---|---|---|---|---|---|---|
| | 总账科目 | 明细科目 | 亿 | 千 | 百 | 十 | 万 | 千 | 百 | 十 | 元 | 角 | 分 | 亿 | 千 | 百 | 十 | 万 | 千 | 百 | 十 | 元 | 角 | 分 | |
| | | | | | | | | | | | | | | | | | | | | | | | | | |
| | | | | | | | | | | | | | | | | | | | | | | | | | |
| | | | | | | | | | | | | | | | | | | | | | | | | | |
| | | | | | | | | | | | | | | | | | | | | | | | | | |
| | | | | | | | | | | | | | | | | | | | | | | | | | |
| 附件　张 | 合计 | | | | | | | | | | | | | | | | | | | | | | | | |

会计主管：　　　　　记账：　　　　　复核：　　　　　出纳：　　　　　制表：

---

## 记 账 凭 证

年　月　日　　　　　　　　　　　　　　　　　　　记字第　号

| 摘要 | 会计科目 | | 借方金额 | | | | | | | | | | 贷方金额 | | | | | | | | | | √ |
|---|---|---|---|---|---|---|---|---|---|---|---|---|---|---|---|---|---|---|---|---|---|---|---|
| | 总账科目 | 明细科目 | 亿 | 千 | 百 | 十 | 万 | 千 | 百 | 十 | 元 | 角 | 分 | 亿 | 千 | 百 | 十 | 万 | 千 | 百 | 十 | 元 | 角 | 分 | |
| | | | | | | | | | | | | | | | | | | | | | | | | | |
| | | | | | | | | | | | | | | | | | | | | | | | | | |
| | | | | | | | | | | | | | | | | | | | | | | | | | |
| | | | | | | | | | | | | | | | | | | | | | | | | | |
| | | | | | | | | | | | | | | | | | | | | | | | | | |
| 附件　张 | 合计 | | | | | | | | | | | | | | | | | | | | | | | | |

会计主管：　　　　　记账：　　　　　复核：　　　　　出纳：　　　　　制表：

## 记 账 凭 证

年　月　日　　　　　　　　　　　　　　　　　　　　　　　记字第　号

| 摘要 | 会计科目 | | 借方金额 | | | | | | | | | | 贷方金额 | | | | | | | | | | √ |
|---|---|---|---|---|---|---|---|---|---|---|---|---|---|---|---|---|---|---|---|---|---|---|---|
| | 总账科目 | 明细科目 | 亿 | 千 | 百 | 十 | 万 | 千 | 百 | 十 | 元 | 角 | 分 | 亿 | 千 | 百 | 十 | 万 | 千 | 百 | 十 | 元 | 角 | 分 | |
| | | | | | | | | | | | | | | | | | | | | | | | | |
| | | | | | | | | | | | | | | | | | | | | | | | | |
| | | | | | | | | | | | | | | | | | | | | | | | | |
| | | | | | | | | | | | | | | | | | | | | | | | | |
| | | | | | | | | | | | | | | | | | | | | | | | | |
| | | | | | | | | | | | | | | | | | | | | | | | | |
| 附件　张 | 合计 | | | | | | | | | | | | | | | | | | | | | | | |

会计主管：　　　　记账：　　　　复核：　　　　出纳：　　　　制表：

---

## 记 账 凭 证

年　月　日　　　　　　　　　　　　　　　　　　　　　　　记字第　号

| 摘要 | 会计科目 | | 借方金额 | | | | | | | | | | 贷方金额 | | | | | | | | | | √ |
|---|---|---|---|---|---|---|---|---|---|---|---|---|---|---|---|---|---|---|---|---|---|---|---|
| | 总账科目 | 明细科目 | 亿 | 千 | 百 | 十 | 万 | 千 | 百 | 十 | 元 | 角 | 分 | 亿 | 千 | 百 | 十 | 万 | 千 | 百 | 十 | 元 | 角 | 分 | |
| | | | | | | | | | | | | | | | | | | | | | | | | |
| | | | | | | | | | | | | | | | | | | | | | | | | |
| | | | | | | | | | | | | | | | | | | | | | | | | |
| | | | | | | | | | | | | | | | | | | | | | | | | |
| | | | | | | | | | | | | | | | | | | | | | | | | |
| | | | | | | | | | | | | | | | | | | | | | | | | |
| 附件　张 | 合计 | | | | | | | | | | | | | | | | | | | | | | | |

会计主管：　　　　记账：　　　　复核：　　　　出纳：　　　　制表：

## 记 账 凭 证

年　月　日　　　　　　　　　　　　　　　　　　　　　记字第　　号

| 摘要 | 会计科目 | | 借方金额 | | | | | | | | | | 贷方金额 | | | | | | | | | | √ |
|---|---|---|---|---|---|---|---|---|---|---|---|---|---|---|---|---|---|---|---|---|---|---|---|
| | 总账科目 | 明细科目 | 亿 | 千 | 百 | 十 | 万 | 千 | 百 | 十 | 元 | 角 | 分 | 亿 | 千 | 百 | 十 | 万 | 千 | 百 | 十 | 元 | 角 | 分 | |
| | | | | | | | | | | | | | | | | | | | | | | | | |
| | | | | | | | | | | | | | | | | | | | | | | | | |
| | | | | | | | | | | | | | | | | | | | | | | | | |
| | | | | | | | | | | | | | | | | | | | | | | | | |
| | | | | | | | | | | | | | | | | | | | | | | | | |
| | | | | | | | | | | | | | | | | | | | | | | | | |
| 附件　张 | 合计 | | | | | | | | | | | | | | | | | | | | | | | |

会计主管：　　　　记账：　　　　复核：　　　　出纳：　　　　制表：

---

## 记 账 凭 证

年　月　日　　　　　　　　　　　　　　　　　　　　　记字第　　号

| 摘要 | 会计科目 | | 借方金额 | | | | | | | | | | 贷方金额 | | | | | | | | | | √ |
|---|---|---|---|---|---|---|---|---|---|---|---|---|---|---|---|---|---|---|---|---|---|---|---|
| | 总账科目 | 明细科目 | 亿 | 千 | 百 | 十 | 万 | 千 | 百 | 十 | 元 | 角 | 分 | 亿 | 千 | 百 | 十 | 万 | 千 | 百 | 十 | 元 | 角 | 分 | |
| | | | | | | | | | | | | | | | | | | | | | | | | |
| | | | | | | | | | | | | | | | | | | | | | | | | |
| | | | | | | | | | | | | | | | | | | | | | | | | |
| | | | | | | | | | | | | | | | | | | | | | | | | |
| | | | | | | | | | | | | | | | | | | | | | | | | |
| | | | | | | | | | | | | | | | | | | | | | | | | |
| 附件　张 | 合计 | | | | | | | | | | | | | | | | | | | | | | | |

会计主管：　　　　记账：　　　　复核：　　　　出纳：　　　　制表：

## 记 账 凭 证

年　月　日　　　　　　　　　　　　　　　　　　　　　记字第　　号

| 摘要 | 会计科目 | | 借方金额 | | | | | | | | | | | 贷方金额 | | | | | | | | | | | √ |
|---|---|---|---|---|---|---|---|---|---|---|---|---|---|---|---|---|---|---|---|---|---|---|---|---|---|
| | 总账科目 | 明细科目 | 亿 | 千 | 百 | 十 | 万 | 千 | 百 | 十 | 元 | 角 | 分 | 亿 | 千 | 百 | 十 | 万 | 千 | 百 | 十 | 元 | 角 | 分 | |
| | | | | | | | | | | | | | | | | | | | | | | | | | |
| | | | | | | | | | | | | | | | | | | | | | | | | | |
| | | | | | | | | | | | | | | | | | | | | | | | | | |
| | | | | | | | | | | | | | | | | | | | | | | | | | |
| | | | | | | | | | | | | | | | | | | | | | | | | | |
| | | | | | | | | | | | | | | | | | | | | | | | | | |
| 附件　张 | 合计 | | | | | | | | | | | | | | | | | | | | | | | | |

会计主管：　　　　　记账：　　　　　复核：　　　　　出纳：　　　　　制表：

---

## 记 账 凭 证

年　月　日　　　　　　　　　　　　　　　　　　　　　记字第　　号

| 摘要 | 会计科目 | | 借方金额 | | | | | | | | | | | 贷方金额 | | | | | | | | | | | √ |
|---|---|---|---|---|---|---|---|---|---|---|---|---|---|---|---|---|---|---|---|---|---|---|---|---|---|
| | 总账科目 | 明细科目 | 亿 | 千 | 百 | 十 | 万 | 千 | 百 | 十 | 元 | 角 | 分 | 亿 | 千 | 百 | 十 | 万 | 千 | 百 | 十 | 元 | 角 | 分 | |
| | | | | | | | | | | | | | | | | | | | | | | | | | |
| | | | | | | | | | | | | | | | | | | | | | | | | | |
| | | | | | | | | | | | | | | | | | | | | | | | | | |
| | | | | | | | | | | | | | | | | | | | | | | | | | |
| | | | | | | | | | | | | | | | | | | | | | | | | | |
| | | | | | | | | | | | | | | | | | | | | | | | | | |
| 附件　张 | 合计 | | | | | | | | | | | | | | | | | | | | | | | | |

会计主管：　　　　　记账：　　　　　复核：　　　　　出纳：　　　　　制表：

## 记 账 凭 证

年　月　日　　　　　　　　　　　　　　　　　　记字第　　号

| 摘要 | 会计科目 | | 借方金额 | | | | | | | | | | 贷方金额 | | | | | | | | | | √ |
|---|---|---|---|---|---|---|---|---|---|---|---|---|---|---|---|---|---|---|---|---|---|---|---|
| | 总账科目 | 明细科目 | 亿 | 千 | 百 | 十 | 万 | 千 | 百 | 十 | 元 | 角 | 分 | 亿 | 千 | 百 | 十 | 万 | 千 | 百 | 十 | 元 | 角 | 分 | |
| | | | | | | | | | | | | | | | | | | | | | | | | | |
| | | | | | | | | | | | | | | | | | | | | | | | | | |
| | | | | | | | | | | | | | | | | | | | | | | | | | |
| | | | | | | | | | | | | | | | | | | | | | | | | | |
| | | | | | | | | | | | | | | | | | | | | | | | | | |
| 附件　张 | 合计 | | | | | | | | | | | | | | | | | | | | | | | | |

会计主管：　　　　　记账：　　　　　复核：　　　　　出纳：　　　　　制表：

------------------------------✂

## 记 账 凭 证

年　月　日　　　　　　　　　　　　　　　　　　记字第　　号

| 摘要 | 会计科目 | | 借方金额 | | | | | | | | | | 贷方金额 | | | | | | | | | | √ |
|---|---|---|---|---|---|---|---|---|---|---|---|---|---|---|---|---|---|---|---|---|---|---|---|
| | 总账科目 | 明细科目 | 亿 | 千 | 百 | 十 | 万 | 千 | 百 | 十 | 元 | 角 | 分 | 亿 | 千 | 百 | 十 | 万 | 千 | 百 | 十 | 元 | 角 | 分 | |
| | | | | | | | | | | | | | | | | | | | | | | | | | |
| | | | | | | | | | | | | | | | | | | | | | | | | | |
| | | | | | | | | | | | | | | | | | | | | | | | | | |
| | | | | | | | | | | | | | | | | | | | | | | | | | |
| | | | | | | | | | | | | | | | | | | | | | | | | | |
| 附件　张 | 合计 | | | | | | | | | | | | | | | | | | | | | | | | |

会计主管：　　　　　记账：　　　　　复核：　　　　　出纳：　　　　　制表：

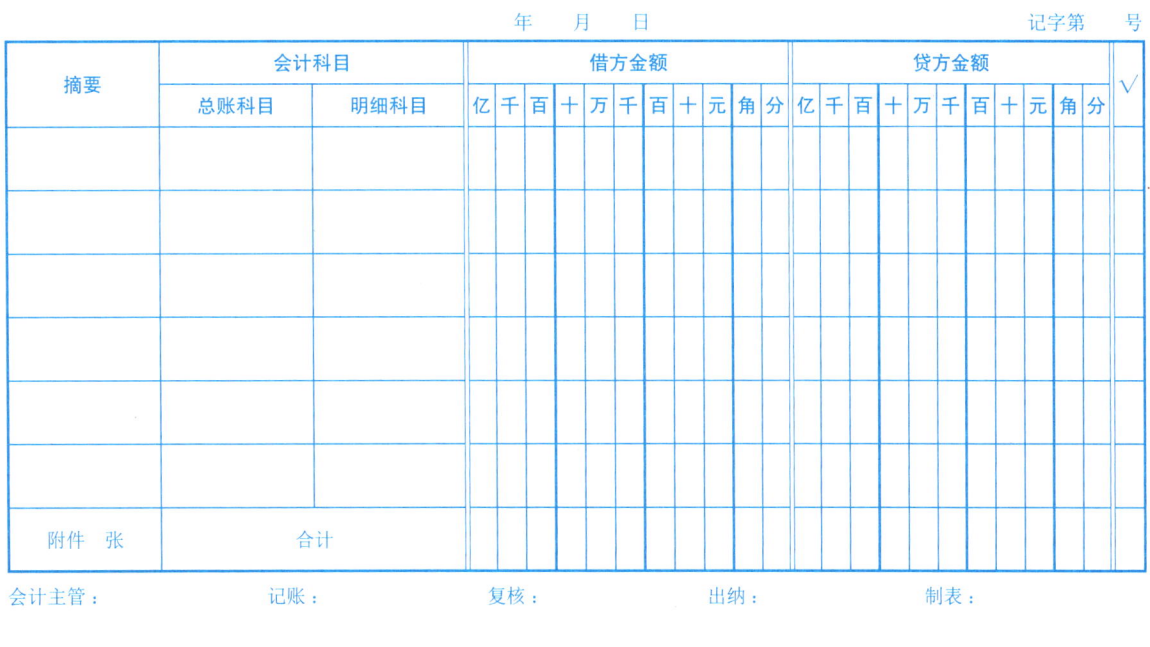

## 记 账 凭 证

年　月　日　　　　　　　　　　　　　　　　　　　　　　　记字第　号

| 摘要 | 会计科目 | | 借方金额 | | | | | | | | | | 贷方金额 | | | | | | | | | | √ |
|---|---|---|---|---|---|---|---|---|---|---|---|---|---|---|---|---|---|---|---|---|---|---|---|
| | 总账科目 | 明细科目 | 亿 | 千 | 百 | 十 | 万 | 千 | 百 | 十 | 元 | 角 | 分 | 亿 | 千 | 百 | 十 | 万 | 千 | 百 | 十 | 元 | 角 | 分 | |
| | | | | | | | | | | | | | | | | | | | | | | | | |
| | | | | | | | | | | | | | | | | | | | | | | | | |
| | | | | | | | | | | | | | | | | | | | | | | | | |
| | | | | | | | | | | | | | | | | | | | | | | | | |
| | | | | | | | | | | | | | | | | | | | | | | | | |
| 附件　张 | 合计 | | | | | | | | | | | | | | | | | | | | | | | |

会计主管：　　　　记账：　　　　复核：　　　　出纳：　　　　制表：

---

## 记 账 凭 证

年　月　日　　　　　　　　　　　　　　　　　　　　　　　记字第　号

| 摘要 | 会计科目 | | 借方金额 | | | | | | | | | | 贷方金额 | | | | | | | | | | √ |
|---|---|---|---|---|---|---|---|---|---|---|---|---|---|---|---|---|---|---|---|---|---|---|---|
| | 总账科目 | 明细科目 | 亿 | 千 | 百 | 十 | 万 | 千 | 百 | 十 | 元 | 角 | 分 | 亿 | 千 | 百 | 十 | 万 | 千 | 百 | 十 | 元 | 角 | 分 | |
| | | | | | | | | | | | | | | | | | | | | | | | | |
| | | | | | | | | | | | | | | | | | | | | | | | | |
| | | | | | | | | | | | | | | | | | | | | | | | | |
| | | | | | | | | | | | | | | | | | | | | | | | | |
| | | | | | | | | | | | | | | | | | | | | | | | | |
| 附件　张 | 合计 | | | | | | | | | | | | | | | | | | | | | | | |

会计主管：　　　　记账：　　　　复核：　　　　出纳：　　　　制表：

## 记 账 凭 证

年　月　日　　　　　　　　　　　　　　　　　记字第　号

| 摘要 | 会计科目 | | 借方金额 | | | | | | | | | | 贷方金额 | | | | | | | | | | √ |
|---|---|---|---|---|---|---|---|---|---|---|---|---|---|---|---|---|---|---|---|---|---|---|---|
| | 总账科目 | 明细科目 | 亿 | 千 | 百 | 十 | 万 | 千 | 百 | 十 | 元 | 角 | 分 | 亿 | 千 | 百 | 十 | 万 | 千 | 百 | 十 | 元 | 角 | 分 | |
| | | | | | | | | | | | | | | | | | | | | | | | | | |
| | | | | | | | | | | | | | | | | | | | | | | | | | |
| | | | | | | | | | | | | | | | | | | | | | | | | | |
| | | | | | | | | | | | | | | | | | | | | | | | | | |
| | | | | | | | | | | | | | | | | | | | | | | | | | |
| 附件　张 | 合计 | | | | | | | | | | | | | | | | | | | | | | | | |

会计主管：　　　　记账：　　　　复核：　　　　出纳：　　　　制表：

---

## 记 账 凭 证

年　月　日　　　　　　　　　　　　　　　　　记字第　号

| 摘要 | 会计科目 | | 借方金额 | | | | | | | | | | 贷方金额 | | | | | | | | | | √ |
|---|---|---|---|---|---|---|---|---|---|---|---|---|---|---|---|---|---|---|---|---|---|---|---|
| | 总账科目 | 明细科目 | 亿 | 千 | 百 | 十 | 万 | 千 | 百 | 十 | 元 | 角 | 分 | 亿 | 千 | 百 | 十 | 万 | 千 | 百 | 十 | 元 | 角 | 分 | |
| | | | | | | | | | | | | | | | | | | | | | | | | | |
| | | | | | | | | | | | | | | | | | | | | | | | | | |
| | | | | | | | | | | | | | | | | | | | | | | | | | |
| | | | | | | | | | | | | | | | | | | | | | | | | | |
| | | | | | | | | | | | | | | | | | | | | | | | | | |
| 附件　张 | 合计 | | | | | | | | | | | | | | | | | | | | | | | | |

会计主管：　　　　记账：　　　　复核：　　　　出纳：　　　　制表：

## 记 账 凭 证

年　月　日　　　　　　　　　　　　　　　　　记字第　号

| 摘要 | 会计科目 | | 借方金额 | | | | | | | | | | 贷方金额 | | | | | | | | | | √ |
|---|---|---|---|---|---|---|---|---|---|---|---|---|---|---|---|---|---|---|---|---|---|---|---|
| | 总账科目 | 明细科目 | 亿 | 千 | 百 | 十 | 万 | 千 | 百 | 十 | 元 | 角 | 分 | 亿 | 千 | 百 | 十 | 万 | 千 | 百 | 十 | 元 | 角 | 分 | |
| | | | | | | | | | | | | | | | | | | | | | | | | | |
| | | | | | | | | | | | | | | | | | | | | | | | | | |
| | | | | | | | | | | | | | | | | | | | | | | | | | |
| | | | | | | | | | | | | | | | | | | | | | | | | | |
| | | | | | | | | | | | | | | | | | | | | | | | | | |
| | | | | | | | | | | | | | | | | | | | | | | | | | |
| 附件　张 | 合计 | | | | | | | | | | | | | | | | | | | | | | | | |

会计主管：　　　记账：　　　复核：　　　出纳：　　　制表：

---

## 记 账 凭 证

年　月　日　　　　　　　　　　　　　　　　　记字第　号

| 摘要 | 会计科目 | | 借方金额 | | | | | | | | | | 贷方金额 | | | | | | | | | | √ |
|---|---|---|---|---|---|---|---|---|---|---|---|---|---|---|---|---|---|---|---|---|---|---|---|
| | 总账科目 | 明细科目 | 亿 | 千 | 百 | 十 | 万 | 千 | 百 | 十 | 元 | 角 | 分 | 亿 | 千 | 百 | 十 | 万 | 千 | 百 | 十 | 元 | 角 | 分 | |
| | | | | | | | | | | | | | | | | | | | | | | | | | |
| | | | | | | | | | | | | | | | | | | | | | | | | | |
| | | | | | | | | | | | | | | | | | | | | | | | | | |
| | | | | | | | | | | | | | | | | | | | | | | | | | |
| | | | | | | | | | | | | | | | | | | | | | | | | | |
| | | | | | | | | | | | | | | | | | | | | | | | | | |
| 附件　张 | 合计 | | | | | | | | | | | | | | | | | | | | | | | | |

会计主管：　　　记账：　　　复核：　　　出纳：　　　制表：

## 记 账 凭 证

年　月　日　　　　　　　　　　　　　　　　　　　记字第　号

| 摘要 | 会计科目 | | 借方金额 | | | | | | | | | | 贷方金额 | | | | | | | | | | √ |
|---|---|---|---|---|---|---|---|---|---|---|---|---|---|---|---|---|---|---|---|---|---|---|---|
| | 总账科目 | 明细科目 | 亿 | 千 | 百 | 十 | 万 | 千 | 百 | 十 | 元 | 角 | 分 | 亿 | 千 | 百 | 十 | 万 | 千 | 百 | 十 | 元 | 角 | 分 | |
| | | | | | | | | | | | | | | | | | | | | | | | | | |
| | | | | | | | | | | | | | | | | | | | | | | | | | |
| | | | | | | | | | | | | | | | | | | | | | | | | | |
| | | | | | | | | | | | | | | | | | | | | | | | | | |
| | | | | | | | | | | | | | | | | | | | | | | | | | |
| 附件　张 | 合计 | | | | | | | | | | | | | | | | | | | | | | | | |

会计主管：　　　　记账：　　　　复核：　　　　出纳：　　　　制表：

---

## 记 账 凭 证

年　月　日　　　　　　　　　　　　　　　　　　　记字第　号

| 摘要 | 会计科目 | | 借方金额 | | | | | | | | | | 贷方金额 | | | | | | | | | | √ |
|---|---|---|---|---|---|---|---|---|---|---|---|---|---|---|---|---|---|---|---|---|---|---|---|
| | 总账科目 | 明细科目 | 亿 | 千 | 百 | 十 | 万 | 千 | 百 | 十 | 元 | 角 | 分 | 亿 | 千 | 百 | 十 | 万 | 千 | 百 | 十 | 元 | 角 | 分 | |
| | | | | | | | | | | | | | | | | | | | | | | | | | |
| | | | | | | | | | | | | | | | | | | | | | | | | | |
| | | | | | | | | | | | | | | | | | | | | | | | | | |
| | | | | | | | | | | | | | | | | | | | | | | | | | |
| | | | | | | | | | | | | | | | | | | | | | | | | | |
| 附件　张 | 合计 | | | | | | | | | | | | | | | | | | | | | | | | |

会计主管：　　　　记账：　　　　复核：　　　　出纳：　　　　制表：

## 记 账 凭 证

年　月　日　　　　　　　　　　　　　　　　　记字第　号

| 摘要 | 会计科目 | | 借方金额 | | | | | | | | | | 贷方金额 | | | | | | | | | | √ |
|---|---|---|---|---|---|---|---|---|---|---|---|---|---|---|---|---|---|---|---|---|---|---|---|
| | 总账科目 | 明细科目 | 亿 | 千 | 百 | 十 | 万 | 千 | 百 | 十 | 元 | 角 | 分 | 亿 | 千 | 百 | 十 | 万 | 千 | 百 | 十 | 元 | 角 | 分 | |
| | | | | | | | | | | | | | | | | | | | | | | | | | |
| | | | | | | | | | | | | | | | | | | | | | | | | | |
| | | | | | | | | | | | | | | | | | | | | | | | | | |
| | | | | | | | | | | | | | | | | | | | | | | | | | |
| | | | | | | | | | | | | | | | | | | | | | | | | | |
| 附件　张 | 合计 | | | | | | | | | | | | | | | | | | | | | | | | |

会计主管：　　　　记账：　　　　复核：　　　　出纳：　　　　制表：

## 实训 3　登记库存现金、银行存款日记账和其他相关总分类账

将上述业务登记到库存现金、银行存款日记账和其他相关总分类账，如表 4～表 6 所示。

表 4　库存现金日记账

### 库存现金日记账

| 年 | | 凭证 | | 摘要 | 借方金额 | | | | | | | | | 贷方金额 | | | | | | | | | 借或贷 | 余额 | | | | | | | | |
|---|---|---|---|---|---|---|---|---|---|---|---|---|---|---|---|---|---|---|---|---|---|---|---|---|---|---|---|---|---|---|---|---|
| 月 | 日 | 字 | 号 | | 千 | 百 | 十 | 万 | 千 | 百 | 十 | 元 | 角 | 分 | 千 | 百 | 十 | 万 | 千 | 百 | 十 | 元 | 角 | 分 | | 千 | 百 | 十 | 万 | 千 | 百 | 十 | 元 | 角 | 分 |

表5　银行存款日记账

## 银行存款日记账

| 年 | | 凭证 | | 摘要 | 借方金额 | | | | | | | | | | 贷方金额 | | | | | | | | | | 借或贷 | 余额 | | | | | | | | | |
|---|---|---|---|---|---|---|---|---|---|---|---|---|---|---|---|---|---|---|---|---|---|---|---|---|---|---|---|---|---|---|---|---|---|---|---|
| 月 | 日 | 字 | 号 | | 千 | 百 | 十 | 万 | 千 | 百 | 十 | 元 | 角 | 分 | 千 | 百 | 十 | 万 | 千 | 百 | 十 | 元 | 角 | 分 | | 千 | 百 | 十 | 万 | 千 | 百 | 十 | 元 | 角 | 分 |

表6 总分类账（40张）

## 总 分 类 账

会计科目：应收票据

| 年 | | 凭证字号 | 摘要 | 借方金额 千 百 十 万 千 百 十 元 角 分 | 贷方金额 千 百 十 万 千 百 十 元 角 分 | 借或贷 | 余额 千 百 十 万 千 百 十 元 角 分 |
|---|---|---|---|---|---|---|---|
| 月 | 日 | | | | | | |
| | | | | | | | |
| | | | | | | | |
| | | | | | | | |
| | | | | | | | |

## 总 分 类 账

会计科目：应收账款

| 年 | | 凭证字号 | 摘要 | 借方金额 千 百 十 万 千 百 十 元 角 分 | 贷方金额 千 百 十 万 千 百 十 元 角 分 | 借或贷 | 余额 千 百 十 万 千 百 十 元 角 分 |
|---|---|---|---|---|---|---|---|
| 月 | 日 | | | | | | |
| | | | | | | | |
| | | | | | | | |
| | | | | | | | |
| | | | | | | | |
| | | | | | | | |
| | | | | | | | |

## 总 分 类 账

会计科目：预付账款

| 年 | | 凭证字号 | 摘要 | 借方金额 千 百 十 万 千 百 十 元 角 分 | 贷方金额 千 百 十 万 千 百 十 元 角 分 | 借或贷 | 余额 千 百 十 万 千 百 十 元 角 分 |
|---|---|---|---|---|---|---|---|
| 月 | 日 | | | | | | |
| | | | | | | | |
| | | | | | | | |
| | | | | | | | |
| | | | | | | | |

## 总 分 类 账

会计科目：应收股利

| 年 | | 凭证 | | 摘要 | 借方金额 | | | | | | | | | 贷方金额 | | | | | | | | | 借或贷 | 余额 | | | | | | | | |
|---|---|---|---|---|---|---|---|---|---|---|---|---|---|---|---|---|---|---|---|---|---|---|---|---|---|---|---|---|---|---|---|---|
| 月 | 日 | 字 | 号 | | 千 | 百 | 十 | 万 | 千 | 百 | 十 | 元 | 角 | 分 | 千 | 百 | 十 | 万 | 千 | 百 | 十 | 元 | 角 | 分 | | 千 | 百 | 十 | 万 | 千 | 百 | 十 | 元 | 角 | 分 |
| | | | | | | | | | | | | | | | | | | | | | | | | | | | | | | | | | | | |
| | | | | | | | | | | | | | | | | | | | | | | | | | | | | | | | | | | | |
| | | | | | | | | | | | | | | | | | | | | | | | | | | | | | | | | | | | |
| | | | | | | | | | | | | | | | | | | | | | | | | | | | | | | | | | | | |

## 总 分 类 账

会计科目：在途物资

| 年 | | 凭证 | | 摘要 | 借方金额 | | | | | | | | | | 贷方金额 | | | | | | | | | | 借或贷 | 余额 | | | | | | | | | |
|---|---|---|---|---|---|---|---|---|---|---|---|---|---|---|---|---|---|---|---|---|---|---|---|---|---|---|---|---|---|---|---|---|---|---|
| 月 | 日 | 字 | 号 | | 千 | 百 | 十 | 万 | 千 | 百 | 十 | 元 | 角 | 分 | 千 | 百 | 十 | 万 | 千 | 百 | 十 | 元 | 角 | 分 | | 千 | 百 | 十 | 万 | 千 | 百 | 十 | 元 | 角 | 分 |
| | | | | | | | | | | | | | | | | | | | | | | | | | | | | | | | | | | | |
| | | | | | | | | | | | | | | | | | | | | | | | | | | | | | | | | | | | |
| | | | | | | | | | | | | | | | | | | | | | | | | | | | | | | | | | | | |
| | | | | | | | | | | | | | | | | | | | | | | | | | | | | | | | | | | | |
| | | | | | | | | | | | | | | | | | | | | | | | | | | | | | | | | | | | |
| | | | | | | | | | | | | | | | | | | | | | | | | | | | | | | | | | | | |

## 总 分 类 账

会计科目：原材料

| 年 | | 凭证 | | 摘要 | 借方金额 | | | | | | | | | | 贷方金额 | | | | | | | | | | 借或贷 | 余额 | | | | | | | | | |
|---|---|---|---|---|---|---|---|---|---|---|---|---|---|---|---|---|---|---|---|---|---|---|---|---|---|---|---|---|---|---|---|---|---|---|
| 月 | 日 | 字 | 号 | | 千 | 百 | 十 | 万 | 千 | 百 | 十 | 元 | 角 | 分 | 千 | 百 | 十 | 万 | 千 | 百 | 十 | 元 | 角 | 分 | | 千 | 百 | 十 | 万 | 千 | 百 | 十 | 元 | 角 | 分 |
| | | | | | | | | | | | | | | | | | | | | | | | | | | | | | | | | | | | |
| | | | | | | | | | | | | | | | | | | | | | | | | | | | | | | | | | | | |
| | | | | | | | | | | | | | | | | | | | | | | | | | | | | | | | | | | | |
| | | | | | | | | | | | | | | | | | | | | | | | | | | | | | | | | | | | |
| | | | | | | | | | | | | | | | | | | | | | | | | | | | | | | | | | | | |

## 总分类账

会计科目：生产成本

| 年 | | 凭证 | | 摘要 | 借方金额 | | | | | | | | | 贷方金额 | | | | | | | | | 借或贷 | 余额 | | | | | | | | |
|---|---|---|---|---|---|---|---|---|---|---|---|---|---|---|---|---|---|---|---|---|---|---|---|---|---|---|---|---|---|---|---|---|
| 月 | 日 | 字 | 号 | | 千 | 百 | 十 | 万 | 千 | 百 | 十 | 元 | 角 | 分 | 千 | 百 | 十 | 万 | 千 | 百 | 十 | 元 | 角 | 分 | | 千 | 百 | 十 | 万 | 千 | 百 | 十 | 元 | 角 | 分 |

## 总分类账

会计科目：制造费用

| 年 | | 凭证 | | 摘要 | 借方金额 | | | | | | | | | 贷方金额 | | | | | | | | | 借或贷 | 余额 | | | | | | | | |
|---|---|---|---|---|---|---|---|---|---|---|---|---|---|---|---|---|---|---|---|---|---|---|---|---|---|---|---|---|---|---|---|---|
| 月 | 日 | 字 | 号 | | 千 | 百 | 十 | 万 | 千 | 百 | 十 | 元 | 角 | 分 | 千 | 百 | 十 | 万 | 千 | 百 | 十 | 元 | 角 | 分 | | 千 | 百 | 十 | 万 | 千 | 百 | 十 | 元 | 角 | 分 |

## 总分类账

会计科目：库存商品

| 年 | | 凭证 | | 摘要 | 借方金额 | | | | | | | | | 贷方金额 | | | | | | | | | 借或贷 | 余额 | | | | | | | | |
|---|---|---|---|---|---|---|---|---|---|---|---|---|---|---|---|---|---|---|---|---|---|---|---|---|---|---|---|---|---|---|---|---|
| 月 | 日 | 字 | 号 | | 千 | 百 | 十 | 万 | 千 | 百 | 十 | 元 | 角 | 分 | 千 | 百 | 十 | 万 | 千 | 百 | 十 | 元 | 角 | 分 | | 千 | 百 | 十 | 万 | 千 | 百 | 十 | 元 | 角 | 分 |

## 总分类账

会计科目：长期股权投资

| 年 | | 凭证 | | 摘要 | 借方金额 | | | | | | | | | | 贷方金额 | | | | | | | | | | 借或贷 | 余额 | | | | | | | | | |
|---|---|---|---|---|---|---|---|---|---|---|---|---|---|---|---|---|---|---|---|---|---|---|---|---|---|---|---|---|---|---|---|---|---|---|---|
| 月 | 日 | 字 | 号 | | 千 | 百 | 十 | 万 | 千 | 百 | 十 | 元 | 角 | 分 | 千 | 百 | 十 | 万 | 千 | 百 | 十 | 元 | 角 | 分 | | 千 | 百 | 十 | 万 | 千 | 百 | 十 | 元 | 角 | 分 |
| | | | | | | | | | | | | | | | | | | | | | | | | | | | | | | | | | | | |
| | | | | | | | | | | | | | | | | | | | | | | | | | | | | | | | | | | | |
| | | | | | | | | | | | | | | | | | | | | | | | | | | | | | | | | | | | |
| | | | | | | | | | | | | | | | | | | | | | | | | | | | | | | | | | | | |

## 总分类账

会计科目：固定资产

| 年 | | 凭证 | | 摘要 | 借方金额 | | | | | | | | | | 贷方金额 | | | | | | | | | | 借或贷 | 余额 | | | | | | | | | |
|---|---|---|---|---|---|---|---|---|---|---|---|---|---|---|---|---|---|---|---|---|---|---|---|---|---|---|---|---|---|---|---|---|---|---|---|
| 月 | 日 | 字 | 号 | | 千 | 百 | 十 | 万 | 千 | 百 | 十 | 元 | 角 | 分 | 千 | 百 | 十 | 万 | 千 | 百 | 十 | 元 | 角 | 分 | | 千 | 百 | 十 | 万 | 千 | 百 | 十 | 元 | 角 | 分 |
| | | | | | | | | | | | | | | | | | | | | | | | | | | | | | | | | | | | |
| | | | | | | | | | | | | | | | | | | | | | | | | | | | | | | | | | | | |
| | | | | | | | | | | | | | | | | | | | | | | | | | | | | | | | | | | | |
| | | | | | | | | | | | | | | | | | | | | | | | | | | | | | | | | | | | |
| | | | | | | | | | | | | | | | | | | | | | | | | | | | | | | | | | | | |
| | | | | | | | | | | | | | | | | | | | | | | | | | | | | | | | | | | | |

## 总分类账

会计科目：累计折旧

| 年 | | 凭证 | | 摘要 | 借方金额 | | | | | | | | | | 贷方金额 | | | | | | | | | | 借或贷 | 余额 | | | | | | | | | |
|---|---|---|---|---|---|---|---|---|---|---|---|---|---|---|---|---|---|---|---|---|---|---|---|---|---|---|---|---|---|---|---|---|---|---|---|
| 月 | 日 | 字 | 号 | | 千 | 百 | 十 | 万 | 千 | 百 | 十 | 元 | 角 | 分 | 千 | 百 | 十 | 万 | 千 | 百 | 十 | 元 | 角 | 分 | | 千 | 百 | 十 | 万 | 千 | 百 | 十 | 元 | 角 | 分 |
| | | | | | | | | | | | | | | | | | | | | | | | | | | | | | | | | | | | |
| | | | | | | | | | | | | | | | | | | | | | | | | | | | | | | | | | | | |
| | | | | | | | | | | | | | | | | | | | | | | | | | | | | | | | | | | | |
| | | | | | | | | | | | | | | | | | | | | | | | | | | | | | | | | | | | |

## 总 分 类 账

会计科目：无形资产

| 年 | | 凭证字号 | 摘要 | 借方金额 | | | | | | | | | | 贷方金额 | | | | | | | | | | 借或贷 | 余额 | | | | | | | | | |
|---|---|---|---|---|---|---|---|---|---|---|---|---|---|---|---|---|---|---|---|---|---|---|---|---|---|---|---|---|---|---|---|---|---|---|
| 月 | 日 | | | 千 | 百 | 十 | 万 | 千 | 百 | 十 | 元 | 角 | 分 | 千 | 百 | 十 | 万 | 千 | 百 | 十 | 元 | 角 | 分 | | 千 | 百 | 十 | 万 | 千 | 百 | 十 | 元 | 角 | 分 |
| | | | | | | | | | | | | | | | | | | | | | | | | | | | | | | | | | | |
| | | | | | | | | | | | | | | | | | | | | | | | | | | | | | | | | | | |
| | | | | | | | | | | | | | | | | | | | | | | | | | | | | | | | | | | |
| | | | | | | | | | | | | | | | | | | | | | | | | | | | | | | | | | | |

## 总 分 类 账

会计科目：短期借款

| 年 | | 凭证字号 | 摘要 | 借方金额 | | | | | | | | | | 贷方金额 | | | | | | | | | | 借或贷 | 余额 | | | | | | | | | |
|---|---|---|---|---|---|---|---|---|---|---|---|---|---|---|---|---|---|---|---|---|---|---|---|---|---|---|---|---|---|---|---|---|---|---|
| 月 | 日 | | | 千 | 百 | 十 | 万 | 千 | 百 | 十 | 元 | 角 | 分 | 千 | 百 | 十 | 万 | 千 | 百 | 十 | 元 | 角 | 分 | | 千 | 百 | 十 | 万 | 千 | 百 | 十 | 元 | 角 | 分 |
| | | | | | | | | | | | | | | | | | | | | | | | | | | | | | | | | | | |
| | | | | | | | | | | | | | | | | | | | | | | | | | | | | | | | | | | |
| | | | | | | | | | | | | | | | | | | | | | | | | | | | | | | | | | | |
| | | | | | | | | | | | | | | | | | | | | | | | | | | | | | | | | | | |
| | | | | | | | | | | | | | | | | | | | | | | | | | | | | | | | | | | |
| | | | | | | | | | | | | | | | | | | | | | | | | | | | | | | | | | | |

## 总 分 类 账

会计科目：应付票据

| 年 | | 凭证字号 | 摘要 | 借方金额 | | | | | | | | | | 贷方金额 | | | | | | | | | | 借或贷 | 余额 | | | | | | | | | |
|---|---|---|---|---|---|---|---|---|---|---|---|---|---|---|---|---|---|---|---|---|---|---|---|---|---|---|---|---|---|---|---|---|---|---|
| 月 | 日 | | | 千 | 百 | 十 | 万 | 千 | 百 | 十 | 元 | 角 | 分 | 千 | 百 | 十 | 万 | 千 | 百 | 十 | 元 | 角 | 分 | | 千 | 百 | 十 | 万 | 千 | 百 | 十 | 元 | 角 | 分 |
| | | | | | | | | | | | | | | | | | | | | | | | | | | | | | | | | | | |
| | | | | | | | | | | | | | | | | | | | | | | | | | | | | | | | | | | |
| | | | | | | | | | | | | | | | | | | | | | | | | | | | | | | | | | | |
| | | | | | | | | | | | | | | | | | | | | | | | | | | | | | | | | | | |
| | | | | | | | | | | | | | | | | | | | | | | | | | | | | | | | | | | |

## 总 分 类 账

会计科目：应付账款

| 年 | | 凭证字号 | 摘要 | 借方金额 ||||||||| 贷方金额 ||||||||| 借或贷 | 余额 |||||||||
|---|---|---|---|---|---|---|---|---|---|---|---|---|---|---|---|---|---|---|---|---|---|---|---|---|---|---|---|---|---|---|
| 月 | 日 | | | 千 | 百 | 十 | 万 | 千 | 百 | 十 | 元 | 角 | 分 | 千 | 百 | 十 | 万 | 千 | 百 | 十 | 元 | 角 | 分 | | 千 | 百 | 十 | 万 | 千 | 百 | 十 | 元 | 角 | 分 |
| | | | | | | | | | | | | | | | | | | | | | | | | | | | | | | | | | | |
| | | | | | | | | | | | | | | | | | | | | | | | | | | | | | | | | | | |
| | | | | | | | | | | | | | | | | | | | | | | | | | | | | | | | | | | |
| | | | | | | | | | | | | | | | | | | | | | | | | | | | | | | | | | | |

## 总 分 类 账

会计科目：应付职工薪酬

| 年 | | 凭证字号 | 摘要 | 借方金额 ||||||||| 贷方金额 ||||||||| 借或贷 | 余额 |||||||||
|---|---|---|---|---|---|---|---|---|---|---|---|---|---|---|---|---|---|---|---|---|---|---|---|---|---|---|---|---|---|---|
| 月 | 日 | | | 千 | 百 | 十 | 万 | 千 | 百 | 十 | 元 | 角 | 分 | 千 | 百 | 十 | 万 | 千 | 百 | 十 | 元 | 角 | 分 | | 千 | 百 | 十 | 万 | 千 | 百 | 十 | 元 | 角 | 分 |
| | | | | | | | | | | | | | | | | | | | | | | | | | | | | | | | | | | |
| | | | | | | | | | | | | | | | | | | | | | | | | | | | | | | | | | | |
| | | | | | | | | | | | | | | | | | | | | | | | | | | | | | | | | | | |
| | | | | | | | | | | | | | | | | | | | | | | | | | | | | | | | | | | |

## 总 分 类 账

会计科目：应交税费

| 年 | | 凭证字号 | 摘要 | 借方金额 ||||||||| 贷方金额 ||||||||| 借或贷 | 余额 |||||||||
|---|---|---|---|---|---|---|---|---|---|---|---|---|---|---|---|---|---|---|---|---|---|---|---|---|---|---|---|---|---|---|
| 月 | 日 | | | 千 | 百 | 十 | 万 | 千 | 百 | 十 | 元 | 角 | 分 | 千 | 百 | 十 | 万 | 千 | 百 | 十 | 元 | 角 | 分 | | 千 | 百 | 十 | 万 | 千 | 百 | 十 | 元 | 角 | 分 |
| | | | | | | | | | | | | | | | | | | | | | | | | | | | | | | | | | | |
| | | | | | | | | | | | | | | | | | | | | | | | | | | | | | | | | | | |
| | | | | | | | | | | | | | | | | | | | | | | | | | | | | | | | | | | |
| | | | | | | | | | | | | | | | | | | | | | | | | | | | | | | | | | | |
| | | | | | | | | | | | | | | | | | | | | | | | | | | | | | | | | | | |

## 总 分 类 账

会计科目：应付利息

| 年 | | 凭证字号 | 摘要 | 借方金额 | | | | | | | | | 贷方金额 | | | | | | | | | 借或贷 | 余额 | | | | | | | | |
|---|---|---|---|---|---|---|---|---|---|---|---|---|---|---|---|---|---|---|---|---|---|---|---|---|---|---|---|---|---|---|---|
| 月 | 日 | | | 千 | 百 | 十 | 万 | 千 | 百 | 十 | 元 | 角 | 分 | 千 | 百 | 十 | 万 | 千 | 百 | 十 | 元 | 角 | 分 | | 千 | 百 | 十 | 万 | 千 | 百 | 十 | 元 | 角 | 分 |
| | | | | | | | | | | | | | | | | | | | | | | | | | | | | | | | | | | |
| | | | | | | | | | | | | | | | | | | | | | | | | | | | | | | | | | | |
| | | | | | | | | | | | | | | | | | | | | | | | | | | | | | | | | | | |
| | | | | | | | | | | | | | | | | | | | | | | | | | | | | | | | | | | |

## 总 分 类 账

会计科目：应付股利

| 年 | | 凭证字号 | 摘要 | 借方金额 | | | | | | | | | 贷方金额 | | | | | | | | | 借或贷 | 余额 | | | | | | | | |
|---|---|---|---|---|---|---|---|---|---|---|---|---|---|---|---|---|---|---|---|---|---|---|---|---|---|---|---|---|---|---|---|
| 月 | 日 | | | 千 | 百 | 十 | 万 | 千 | 百 | 十 | 元 | 角 | 分 | 千 | 百 | 十 | 万 | 千 | 百 | 十 | 元 | 角 | 分 | | 千 | 百 | 十 | 万 | 千 | 百 | 十 | 元 | 角 | 分 |
| | | | | | | | | | | | | | | | | | | | | | | | | | | | | | | | | | | |
| | | | | | | | | | | | | | | | | | | | | | | | | | | | | | | | | | | |
| | | | | | | | | | | | | | | | | | | | | | | | | | | | | | | | | | | |
| | | | | | | | | | | | | | | | | | | | | | | | | | | | | | | | | | | |
| | | | | | | | | | | | | | | | | | | | | | | | | | | | | | | | | | | |
| | | | | | | | | | | | | | | | | | | | | | | | | | | | | | | | | | | |

## 总 分 类 账

会计科目：长期借款

| 年 | | 凭证字号 | 摘要 | 借方金额 | | | | | | | | | 贷方金额 | | | | | | | | | 借或贷 | 余额 | | | | | | | | |
|---|---|---|---|---|---|---|---|---|---|---|---|---|---|---|---|---|---|---|---|---|---|---|---|---|---|---|---|---|---|---|---|
| 月 | 日 | | | 千 | 百 | 十 | 万 | 千 | 百 | 十 | 元 | 角 | 分 | 千 | 百 | 十 | 万 | 千 | 百 | 十 | 元 | 角 | 分 | | 千 | 百 | 十 | 万 | 千 | 百 | 十 | 元 | 角 | 分 |
| | | | | | | | | | | | | | | | | | | | | | | | | | | | | | | | | | | |
| | | | | | | | | | | | | | | | | | | | | | | | | | | | | | | | | | | |
| | | | | | | | | | | | | | | | | | | | | | | | | | | | | | | | | | | |
| | | | | | | | | | | | | | | | | | | | | | | | | | | | | | | | | | | |

## 总分类账

会计科目：实收资本

| 年 | | 凭证字号 | 摘要 | 借方金额 | | | | | | | | | | 贷方金额 | | | | | | | | | | 借或贷 | 余额 | | | | | | | | | |
|---|---|---|---|---|---|---|---|---|---|---|---|---|---|---|---|---|---|---|---|---|---|---|---|---|---|---|---|---|---|---|---|---|---|---|
| 月 | 日 | | | 千 | 百 | 十 | 万 | 千 | 百 | 十 | 元 | 角 | 分 | 千 | 百 | 十 | 万 | 千 | 百 | 十 | 元 | 角 | 分 | | 千 | 百 | 十 | 万 | 千 | 百 | 十 | 元 | 角 | 分 |
| | | | | | | | | | | | | | | | | | | | | | | | | | | | | | | | | | | |
| | | | | | | | | | | | | | | | | | | | | | | | | | | | | | | | | | | |
| | | | | | | | | | | | | | | | | | | | | | | | | | | | | | | | | | | |
| | | | | | | | | | | | | | | | | | | | | | | | | | | | | | | | | | | |

✂ - - - - - - - - - - - - - - - - - - - - - - - - - - - - - - - - - - - - - - - - - - -

## 总分类账

会计科目：资本公积

| 年 | | 凭证字号 | 摘要 | 借方金额 | | | | | | | | | | 贷方金额 | | | | | | | | | | 借或贷 | 余额 | | | | | | | | | |
|---|---|---|---|---|---|---|---|---|---|---|---|---|---|---|---|---|---|---|---|---|---|---|---|---|---|---|---|---|---|---|---|---|---|---|
| 月 | 日 | | | 千 | 百 | 十 | 万 | 千 | 百 | 十 | 元 | 角 | 分 | 千 | 百 | 十 | 万 | 千 | 百 | 十 | 元 | 角 | 分 | | 千 | 百 | 十 | 万 | 千 | 百 | 十 | 元 | 角 | 分 |
| | | | | | | | | | | | | | | | | | | | | | | | | | | | | | | | | | | |
| | | | | | | | | | | | | | | | | | | | | | | | | | | | | | | | | | | |
| | | | | | | | | | | | | | | | | | | | | | | | | | | | | | | | | | | |
| | | | | | | | | | | | | | | | | | | | | | | | | | | | | | | | | | | |
| | | | | | | | | | | | | | | | | | | | | | | | | | | | | | | | | | | |
| | | | | | | | | | | | | | | | | | | | | | | | | | | | | | | | | | | |

✂ - - - - - - - - - - - - - - - - - - - - - - - - - - - - - - - - - - - - - - - - - - -

## 总分类账

会计科目：盈余公积

| 年 | | 凭证字号 | 摘要 | 借方金额 | | | | | | | | | | 贷方金额 | | | | | | | | | | 借或贷 | 余额 | | | | | | | | | |
|---|---|---|---|---|---|---|---|---|---|---|---|---|---|---|---|---|---|---|---|---|---|---|---|---|---|---|---|---|---|---|---|---|---|---|
| 月 | 日 | | | 千 | 百 | 十 | 万 | 千 | 百 | 十 | 元 | 角 | 分 | 千 | 百 | 十 | 万 | 千 | 百 | 十 | 元 | 角 | 分 | | 千 | 百 | 十 | 万 | 千 | 百 | 十 | 元 | 角 | 分 |
| | | | | | | | | | | | | | | | | | | | | | | | | | | | | | | | | | | |
| | | | | | | | | | | | | | | | | | | | | | | | | | | | | | | | | | | |
| | | | | | | | | | | | | | | | | | | | | | | | | | | | | | | | | | | |
| | | | | | | | | | | | | | | | | | | | | | | | | | | | | | | | | | | |

## 总 分 类 账

会计科目：利润分配

| 年 | | 凭证 | | 摘要 | 借方金额 | | | | | | | | | 贷方金额 | | | | | | | | | 借或贷 | 余额 | | | | | | | | |
|---|---|---|---|---|---|---|---|---|---|---|---|---|---|---|---|---|---|---|---|---|---|---|---|---|---|---|---|---|---|---|---|---|
| 月 | 日 | 字 | 号 | | 千 | 百 | 十 | 万 | 千 | 百 | 十 | 元 | 角 | 分 | 千 | 百 | 十 | 万 | 千 | 百 | 十 | 元 | 角 | 分 | | 千 | 百 | 十 | 万 | 千 | 百 | 十 | 元 | 角 | 分 |
| | | | | | | | | | | | | | | | | | | | | | | | | | | | | | | | | | | | |
| | | | | | | | | | | | | | | | | | | | | | | | | | | | | | | | | | | | |
| | | | | | | | | | | | | | | | | | | | | | | | | | | | | | | | | | | | |
| | | | | | | | | | | | | | | | | | | | | | | | | | | | | | | | | | | | |
| | | | | | | | | | | | | | | | | | | | | | | | | | | | | | | | | | | | |
| | | | | | | | | | | | | | | | | | | | | | | | | | | | | | | | | | | | |

## 总 分 类 账

会计科目：主营业务收入

| 年 | | 凭证 | | 摘要 | 借方金额 | | | | | | | | | | 贷方金额 | | | | | | | | | | 借或贷 | 余额 | | | | | | | | | |
|---|---|---|---|---|---|---|---|---|---|---|---|---|---|---|---|---|---|---|---|---|---|---|---|---|---|---|---|---|---|---|---|---|---|---|---|
| 月 | 日 | 字 | 号 | | 千 | 百 | 十 | 万 | 千 | 百 | 十 | 元 | 角 | 分 | 千 | 百 | 十 | 万 | 千 | 百 | 十 | 元 | 角 | 分 | | 千 | 百 | 十 | 万 | 千 | 百 | 十 | 元 | 角 | 分 |
| | | | | | | | | | | | | | | | | | | | | | | | | | | | | | | | | | | | |
| | | | | | | | | | | | | | | | | | | | | | | | | | | | | | | | | | | | |
| | | | | | | | | | | | | | | | | | | | | | | | | | | | | | | | | | | | |
| | | | | | | | | | | | | | | | | | | | | | | | | | | | | | | | | | | | |
| | | | | | | | | | | | | | | | | | | | | | | | | | | | | | | | | | | | |
| | | | | | | | | | | | | | | | | | | | | | | | | | | | | | | | | | | | |

## 总 分 类 账

会计科目：其他业务收入

| 年 | | 凭证 | | 摘要 | 借方金额 | | | | | | | | | | 贷方金额 | | | | | | | | | | 借或贷 | 余额 | | | | | | | | | |
|---|---|---|---|---|---|---|---|---|---|---|---|---|---|---|---|---|---|---|---|---|---|---|---|---|---|---|---|---|---|---|---|---|---|---|---|
| 月 | 日 | 字 | 号 | | 千 | 百 | 十 | 万 | 千 | 百 | 十 | 元 | 角 | 分 | 千 | 百 | 十 | 万 | 千 | 百 | 十 | 元 | 角 | 分 | | 千 | 百 | 十 | 万 | 千 | 百 | 十 | 元 | 角 | 分 |
| | | | | | | | | | | | | | | | | | | | | | | | | | | | | | | | | | | | |
| | | | | | | | | | | | | | | | | | | | | | | | | | | | | | | | | | | | |
| | | | | | | | | | | | | | | | | | | | | | | | | | | | | | | | | | | | |
| | | | | | | | | | | | | | | | | | | | | | | | | | | | | | | | | | | | |
| | | | | | | | | | | | | | | | | | | | | | | | | | | | | | | | | | | | |

## 总 分 类 账

会计科目：主营业务成本

| 年 | | 凭证 | | 摘要 | 借方金额 | | | | | | | | | 贷方金额 | | | | | | | | | 借或贷 | 余额 | | | | | | | | |
|---|---|---|---|---|---|---|---|---|---|---|---|---|---|---|---|---|---|---|---|---|---|---|---|---|---|---|---|---|---|---|---|---|
| 月 | 日 | 字 | 号 | | 千 | 百 | 十 | 万 | 千 | 百 | 十 | 元 | 角 | 分 | 千 | 百 | 十 | 万 | 千 | 百 | 十 | 元 | 角 | 分 | | 千 | 百 | 十 | 万 | 千 | 百 | 十 | 元 | 角 | 分 |
| | | | | | | | | | | | | | | | | | | | | | | | | | | | | | | | | | | | |
| | | | | | | | | | | | | | | | | | | | | | | | | | | | | | | | | | | | |
| | | | | | | | | | | | | | | | | | | | | | | | | | | | | | | | | | | | |
| | | | | | | | | | | | | | | | | | | | | | | | | | | | | | | | | | | | |

## 总 分 类 账

会计科目：其他业务成本

| 年 | | 凭证 | | 摘要 | 借方金额 | | | | | | | | | 贷方金额 | | | | | | | | | 借或贷 | 余额 | | | | | | | | |
|---|---|---|---|---|---|---|---|---|---|---|---|---|---|---|---|---|---|---|---|---|---|---|---|---|---|---|---|---|---|---|---|---|
| 月 | 日 | 字 | 号 | | 千 | 百 | 十 | 万 | 千 | 百 | 十 | 元 | 角 | 分 | 千 | 百 | 十 | 万 | 千 | 百 | 十 | 元 | 角 | 分 | | 千 | 百 | 十 | 万 | 千 | 百 | 十 | 元 | 角 | 分 |
| | | | | | | | | | | | | | | | | | | | | | | | | | | | | | | | | | | | |
| | | | | | | | | | | | | | | | | | | | | | | | | | | | | | | | | | | | |
| | | | | | | | | | | | | | | | | | | | | | | | | | | | | | | | | | | | |
| | | | | | | | | | | | | | | | | | | | | | | | | | | | | | | | | | | | |

## 总 分 类 账

会计科目：税金及附加

| 年 | | 凭证 | | 摘要 | 借方金额 | | | | | | | | | 贷方金额 | | | | | | | | | 借或贷 | 余额 | | | | | | | | |
|---|---|---|---|---|---|---|---|---|---|---|---|---|---|---|---|---|---|---|---|---|---|---|---|---|---|---|---|---|---|---|---|---|
| 月 | 日 | 字 | 号 | | 千 | 百 | 十 | 万 | 千 | 百 | 十 | 元 | 角 | 分 | 千 | 百 | 十 | 万 | 千 | 百 | 十 | 元 | 角 | 分 | | 千 | 百 | 十 | 万 | 千 | 百 | 十 | 元 | 角 | 分 |
| | | | | | | | | | | | | | | | | | | | | | | | | | | | | | | | | | | | |
| | | | | | | | | | | | | | | | | | | | | | | | | | | | | | | | | | | | |
| | | | | | | | | | | | | | | | | | | | | | | | | | | | | | | | | | | | |
| | | | | | | | | | | | | | | | | | | | | | | | | | | | | | | | | | | | |

## 总分类账

会计科目：销售费用

| 年 | | 凭证 | | 摘要 | 借方金额 | | | | | | | | | | 贷方金额 | | | | | | | | | | 借或贷 | 余额 | | | | | | | | | |
|---|---|---|---|---|---|---|---|---|---|---|---|---|---|---|---|---|---|---|---|---|---|---|---|---|---|---|---|---|---|---|---|---|---|---|---|
| 月 | 日 | 字 | 号 | | 千 | 百 | 十 | 万 | 千 | 百 | 十 | 元 | 角 | 分 | 千 | 百 | 十 | 万 | 千 | 百 | 十 | 元 | 角 | 分 | | 千 | 百 | 十 | 万 | 千 | 百 | 十 | 元 | 角 | 分 |
| | | | | | | | | | | | | | | | | | | | | | | | | | | | | | | | | | | | |
| | | | | | | | | | | | | | | | | | | | | | | | | | | | | | | | | | | | |
| | | | | | | | | | | | | | | | | | | | | | | | | | | | | | | | | | | | |
| | | | | | | | | | | | | | | | | | | | | | | | | | | | | | | | | | | | |

## 总分类账

会计科目：管理费用

| 年 | | 凭证 | | 摘要 | 借方金额 | | | | | | | | | | 贷方金额 | | | | | | | | | | 借或贷 | 余额 | | | | | | | | | |
|---|---|---|---|---|---|---|---|---|---|---|---|---|---|---|---|---|---|---|---|---|---|---|---|---|---|---|---|---|---|---|---|---|---|---|---|
| 月 | 日 | 字 | 号 | | 千 | 百 | 十 | 万 | 千 | 百 | 十 | 元 | 角 | 分 | 千 | 百 | 十 | 万 | 千 | 百 | 十 | 元 | 角 | 分 | | 千 | 百 | 十 | 万 | 千 | 百 | 十 | 元 | 角 | 分 |
| | | | | | | | | | | | | | | | | | | | | | | | | | | | | | | | | | | | |
| | | | | | | | | | | | | | | | | | | | | | | | | | | | | | | | | | | | |
| | | | | | | | | | | | | | | | | | | | | | | | | | | | | | | | | | | | |
| | | | | | | | | | | | | | | | | | | | | | | | | | | | | | | | | | | | |
| | | | | | | | | | | | | | | | | | | | | | | | | | | | | | | | | | | | |
| | | | | | | | | | | | | | | | | | | | | | | | | | | | | | | | | | | | |
| | | | | | | | | | | | | | | | | | | | | | | | | | | | | | | | | | | | |
| | | | | | | | | | | | | | | | | | | | | | | | | | | | | | | | | | | | |
| | | | | | | | | | | | | | | | | | | | | | | | | | | | | | | | | | | | |
| | | | | | | | | | | | | | | | | | | | | | | | | | | | | | | | | | | | |

## 总分类账

会计科目：财务费用

| 年 | | 凭证字号 | 摘要 | 借方金额 | | | | | | | | | | 贷方金额 | | | | | | | | | | 借或贷 | 余额 | | | | | | | | | |
|---|---|---|---|---|---|---|---|---|---|---|---|---|---|---|---|---|---|---|---|---|---|---|---|---|---|---|---|---|---|---|---|---|---|---|
| 月 | 日 | | | 千 | 百 | 十 | 万 | 千 | 百 | 十 | 元 | 角 | 分 | 千 | 百 | 十 | 万 | 千 | 百 | 十 | 元 | 角 | 分 | | 千 | 百 | 十 | 万 | 千 | 百 | 十 | 元 | 角 | 分 |
| | | | | | | | | | | | | | | | | | | | | | | | | | | | | | | | | | | |
| | | | | | | | | | | | | | | | | | | | | | | | | | | | | | | | | | | |
| | | | | | | | | | | | | | | | | | | | | | | | | | | | | | | | | | | |
| | | | | | | | | | | | | | | | | | | | | | | | | | | | | | | | | | | |
| | | | | | | | | | | | | | | | | | | | | | | | | | | | | | | | | | | |

## 总分类账

会计科目：投资收益

| 年 | | 凭证字号 | 摘要 | 借方金额 | | | | | | | | | | 贷方金额 | | | | | | | | | | 借或贷 | 余额 | | | | | | | | | |
|---|---|---|---|---|---|---|---|---|---|---|---|---|---|---|---|---|---|---|---|---|---|---|---|---|---|---|---|---|---|---|---|---|---|---|
| 月 | 日 | | | 千 | 百 | 十 | 万 | 千 | 百 | 十 | 元 | 角 | 分 | 千 | 百 | 十 | 万 | 千 | 百 | 十 | 元 | 角 | 分 | | 千 | 百 | 十 | 万 | 千 | 百 | 十 | 元 | 角 | 分 |
| | | | | | | | | | | | | | | | | | | | | | | | | | | | | | | | | | | |
| | | | | | | | | | | | | | | | | | | | | | | | | | | | | | | | | | | |
| | | | | | | | | | | | | | | | | | | | | | | | | | | | | | | | | | | |
| | | | | | | | | | | | | | | | | | | | | | | | | | | | | | | | | | | |
| | | | | | | | | | | | | | | | | | | | | | | | | | | | | | | | | | | |

## 总分类账

会计科目：营业外收入

| 年 | | 凭证字号 | 摘要 | 借方金额 | | | | | | | | | | 贷方金额 | | | | | | | | | | 借或贷 | 余额 | | | | | | | | | |
|---|---|---|---|---|---|---|---|---|---|---|---|---|---|---|---|---|---|---|---|---|---|---|---|---|---|---|---|---|---|---|---|---|---|---|
| 月 | 日 | | | 千 | 百 | 十 | 万 | 千 | 百 | 十 | 元 | 角 | 分 | 千 | 百 | 十 | 万 | 千 | 百 | 十 | 元 | 角 | 分 | | 千 | 百 | 十 | 万 | 千 | 百 | 十 | 元 | 角 | 分 |
| | | | | | | | | | | | | | | | | | | | | | | | | | | | | | | | | | | |
| | | | | | | | | | | | | | | | | | | | | | | | | | | | | | | | | | | |
| | | | | | | | | | | | | | | | | | | | | | | | | | | | | | | | | | | |
| | | | | | | | | | | | | | | | | | | | | | | | | | | | | | | | | | | |

## 总 分 类 账

会计科目：营业外支出

| 年 | | 凭证 | | 摘要 | 借方金额 | | | | | | | | | | 贷方金额 | | | | | | | | | | 借或贷 | 余额 | | | | | | | | | |
|---|---|---|---|---|---|---|---|---|---|---|---|---|---|---|---|---|---|---|---|---|---|---|---|---|---|---|---|---|---|---|---|---|---|---|---|
| 月 | 日 | 字 | 号 | | 千 | 百 | 十 | 万 | 千 | 百 | 十 | 元 | 角 | 分 | 千 | 百 | 十 | 万 | 千 | 百 | 十 | 元 | 角 | 分 | | 千 | 百 | 十 | 万 | 千 | 百 | 十 | 元 | 角 | 分 |
| | | | | | | | | | | | | | | | | | | | | | | | | | | | | | | | | | | | |
| | | | | | | | | | | | | | | | | | | | | | | | | | | | | | | | | | | | |
| | | | | | | | | | | | | | | | | | | | | | | | | | | | | | | | | | | | |

## 总 分 类 账

会计科目：所得税费用

| 年 | | 凭证 | | 摘要 | 借方金额 | | | | | | | | | | 贷方金额 | | | | | | | | | | 借或贷 | 余额 | | | | | | | | | |
|---|---|---|---|---|---|---|---|---|---|---|---|---|---|---|---|---|---|---|---|---|---|---|---|---|---|---|---|---|---|---|---|---|---|---|---|
| 月 | 日 | 字 | 号 | | 千 | 百 | 十 | 万 | 千 | 百 | 十 | 元 | 角 | 分 | 千 | 百 | 十 | 万 | 千 | 百 | 十 | 元 | 角 | 分 | | 千 | 百 | 十 | 万 | 千 | 百 | 十 | 元 | 角 | 分 |
| | | | | | | | | | | | | | | | | | | | | | | | | | | | | | | | | | | | |
| | | | | | | | | | | | | | | | | | | | | | | | | | | | | | | | | | | | |
| | | | | | | | | | | | | | | | | | | | | | | | | | | | | | | | | | | | |

## 总 分 类 账

会计科目：本年利润

| 年 | | 凭证 | | 摘要 | 借方金额 | | | | | | | | | | 贷方金额 | | | | | | | | | | 借或贷 | 余额 | | | | | | | | | |
|---|---|---|---|---|---|---|---|---|---|---|---|---|---|---|---|---|---|---|---|---|---|---|---|---|---|---|---|---|---|---|---|---|---|---|---|
| 月 | 日 | 字 | 号 | | 千 | 百 | 十 | 万 | 千 | 百 | 十 | 元 | 角 | 分 | 千 | 百 | 十 | 万 | 千 | 百 | 十 | 元 | 角 | 分 | | 千 | 百 | 十 | 万 | 千 | 百 | 十 | 元 | 角 | 分 |
| | | | | | | | | | | | | | | | | | | | | | | | | | | | | | | | | | | | |
| | | | | | | | | | | | | | | | | | | | | | | | | | | | | | | | | | | | |
| | | | | | | | | | | | | | | | | | | | | | | | | | | | | | | | | | | | |
| | | | | | | | | | | | | | | | | | | | | | | | | | | | | | | | | | | | |
| | | | | | | | | | | | | | | | | | | | | | | | | | | | | | | | | | | | |

## 总分类账

会计科目：

| 年 | | 凭证字号 | 摘要 | 借方金额 千 百 十 万 千 百 十 元 角 分 | 贷方金额 千 百 十 万 千 百 十 元 角 分 | 借或贷 | 余额 千 百 十 万 千 百 十 元 角 分 |
|---|---|---|---|---|---|---|---|
| 月 | 日 | | | | | | |
| | | | | | | | |
| | | | | | | | |
| | | | | | | | |
| | | | | | | | |

## 总分类账

会计科目：

| 年 | | 凭证字号 | 摘要 | 借方金额 千 百 十 万 千 百 十 元 角 分 | 贷方金额 千 百 十 万 千 百 十 元 角 分 | 借或贷 | 余额 千 百 十 万 千 百 十 元 角 分 |
|---|---|---|---|---|---|---|---|
| 月 | 日 | | | | | | |
| | | | | | | | |
| | | | | | | | |
| | | | | | | | |
| | | | | | | | |

## 实训4　编制库存商品明细账

根据上述业务资料，运用不同的存货计价方法编制库存商品明细账（见表7）。

表7　库存商品明细账（4张）

### 1. 移动加权平均法

**库存商品明细账**

产品名称：A产品

数量单位：件
金额单位：元

| 年 | | 凭证 | | 摘要 | 收入 | | | 发出 | | | 结存 | | |
|---|---|---|---|---|---|---|---|---|---|---|---|---|---|
| 月 | 日 | 字 | 号 | | 数量 | 单价 | 金额 | 数量 | 单价 | 金额 | 数量 | 单价 | 金额 |
| | | | | | | | | | | | | | |
| | | | | | | | | | | | | | |
| | | | | | | | | | | | | | |
| | | | | | | | | | | | | | |

**库存商品明细账**

产品名称：B产品

数量单位：件
金额单位：元

| 年 | | 凭证 | | 摘要 | 收入 | | | 发出 | | | 结存 | | |
|---|---|---|---|---|---|---|---|---|---|---|---|---|---|
| 月 | 日 | 字 | 号 | | 数量 | 单价 | 金额 | 数量 | 单价 | 金额 | 数量 | 单价 | 金额 |
| | | | | | | | | | | | | | |
| | | | | | | | | | | | | | |
| | | | | | | | | | | | | | |
| | | | | | | | | | | | | | |

## 2. 先进先出法

### 库存商品明细账

产品名称：A产品

数量单位：件
金额单位：元

| 年 | | 凭证 | | 摘要 | 收入 | | | 发出 | | | 结存 | | |
|---|---|---|---|---|---|---|---|---|---|---|---|---|---|
| 月 | 日 | 字 | 号 | | 数量 | 单价 | 金额 | 数量 | 单价 | 金额 | 数量 | 单价 | 金额 |
| | | | | | | | | | | | | | |
| | | | | | | | | | | | | | |
| | | | | | | | | | | | | | |
| | | | | | | | | | | | | | |

### 库存商品明细账

产品名称：B产品

数量单位：件
金额单位：元

| 年 | | 凭证 | | 摘要 | 收入 | | | 发出 | | | 结存 | | |
|---|---|---|---|---|---|---|---|---|---|---|---|---|---|
| 月 | 日 | 字 | 号 | | 数量 | 单价 | 金额 | 数量 | 单价 | 金额 | 数量 | 单价 | 金额 |
| | | | | | | | | | | | | | |
| | | | | | | | | | | | | | |
| | | | | | | | | | | | | | |
| | | | | | | | | | | | | | |

## 实训 5　编制试算平衡表

根据上述业务资料编制试算平衡表（见表 8）。

表 8　试算平衡表（2 张）

### 试算平衡表

年　月　日　　　　　　　　　　　　　　　　　　　　　　　　　单位：元

| 序号 | 会计科目 | 期初余额 | | 本期发生额 | | 期末余额 | |
|---|---|---|---|---|---|---|---|
| | | 借方 | 贷方 | 借方 | 贷方 | 借方 | 贷方 |
| 1 | 库存现金 | | | | | | |
| 2 | 银行存款 | | | | | | |
| 3 | 应收票据 | | | | | | |
| 4 | 应收账款 | | | | | | |
| 5 | 预付账款 | | | | | | |
| 6 | 应收股利 | | | | | | |
| 7 | 在途物资 | | | | | | |
| 8 | 原材料 | | | | | | |
| 9 | 生产成本 | | | | | | |
| 10 | 制造费用 | | | | | | |
| 11 | 库存商品 | | | | | | |
| 12 | 长期股权投资 | | | | | | |
| 13 | 固定资产 | | | | | | |
| 14 | 累计折旧 | | | | | | |
| 15 | 无形资产 | | | | | | |
| 16 | 短期借款 | | | | | | |
| 17 | 应付票据 | | | | | | |
| 18 | 应付账款 | | | | | | |
| 19 | 应付职工薪酬 | | | | | | |
| 20 | 应交税费 | | | | | | |
| 21 | 应付利息 | | | | | | |
| 22 | 应付股利 | | | | | | |
| 23 | 长期借款 | | | | | | |
| 24 | 实收资本 | | | | | | |
| 25 | 资本公积 | | | | | | |
| 26 | 盈余公积 | | | | | | |
| 27 | 利润分配 | | | | | | |
| | 合计数 | | | | | | |

## 试算平衡表

年　　月　　日　　　　　　　　　　　　　　　　　　　　　　单位：元

| 序号 | 会计科目 | 期初余额 | 本期发生额 | | 期末余额 |
| --- | --- | --- | --- | --- | --- |
| | | | 借方 | 贷方 | |
| 1 | 主营业务收入 | | | | |
| 2 | 其他业务收入 | | | | |
| 3 | 主营业务成本 | | | | |
| 4 | 其他业务成本 | | | | |
| 5 | 税金及附加 | | | | |
| 6 | 销售费用 | | | | |
| 7 | 管理费用 | | | | |
| 8 | 财务费用 | | | | |
| 9 | 投资收益 | | | | |
| 10 | 营业外收入 | | | | |
| 11 | 营业外支出 | | | | |
| 12 | 所得税费用 | | | | |
| 13 | 本年利润 | | | | |
| | 合计数 | | | | |

## 实训 6  编制财务报表

根据上述业务编制资产负债表（简表）和利润表（简表），分别如表 9 和表 10 所示。

表 9  资产负债表（简表）

### 资产负债表（简表）

编制单位：　　　　　　　　　　　　　年　月　日　　　　　　　　　　　　　单位：元

| 资产 | 期末余额 | 年初余额 | 负债和所有者权益 | 期末余额 | 年初余额 |
|---|---|---|---|---|---|
| 流动资产： | | | 流动负债： | | |
| 货币资金 | | | 短期借款 | | |
| 交易性金融资产 | | | 应付票据 | | |
| 应收票据 | | | 应付账款 | | |
| 应收账款 | | | 预收账款 | | |
| 预付账款 | | | 应付职工薪酬 | | |
| 其他应收款 | | | 应交税费 | | |
| 存货 | | | 其他应付款 | | |
| 1年内到期的非流动资产 | | | 1年内到期的非流动负债 | | |
| 其他流动资产 | | | 其他流动负债 | | |
| 流动资产合计 | | | 流动负债合计 | | |
| 非流动资产： | | | 非流动负债： | | |
| 债权投资 | | | 长期借款 | | |
| 长期应收款 | | | 应付债券 | | |
| 长期股权投资 | | | 长期应付款 | | |
| 固定资产 | | | 非流动负债合计 | | |
| 在建工程 | | | 负债合计 | | |
| 生产性生物资产 | | | 所有者权益（或股东权益）： | | |
| 无形资产 | | | 实收资本（或股本） | | |
| 开发支出 | | | 资本公积 | | |
| 长期待摊费用 | | | 盈余公积 | | |
| 其他非流动资产 | | | 未分配利润 | | |
| 非流动资产合计 | | | 所有者权益（或股东权益）合计 | | |
| 资产总计 | | | 负债和所有者权益（或股东权益）总计 | | |

单位负责人：　　　　　　　财务负责人：　　　　　　　会计主管：

表 10  利润表（简表）

## 利润表（简表）

编制单位：　　　　　　　　　　　　　　年　　月　　　　　　　　　　　　　　单位：元

| 项目 | 本期金额 | 上期金额 |
|---|---|---|
| 一、营业收入 |  | （略） |
| 　减：营业成本 |  |  |
| 　　　税金及附加 |  |  |
| 　　　销售费用 |  |  |
| 　　　管理费用 |  |  |
| 　　　财务费用（收益以"－"号填列） |  |  |
| 　　　资产减值损失 |  |  |
| 　加：公允价值变动收益（损失以"－"号填列） |  |  |
| 　　　投资收益（损失以"－"号填列） |  |  |
| 二、营业利润（亏损以"－"号填列） |  |  |
| 　加：营业外收入 |  |  |
| 　减：营业外支出 |  |  |
| 三、利润总额（亏损总额以"－"号填列） |  |  |
| 　减：所得税费用 |  |  |
| 四、净利润（净亏损以"－"号填列） |  |  |

单位负责人：　　　　　　　　　财务负责人：　　　　　　　　　会计主管：